金融专业
"十三五"规划教材

证券投资理论与实务
（第3版）

李锦生 ◎ 主编

北京师范大学出版集团
BEIJING NORMAL UNIVERSITY PUBLISHING GROUP
安徽大学出版社

图书在版编目(CIP)数据

证券投资理论与实务/李锦生主编.—3版.—合肥:安徽大学出版社,
2019.8(2023.8重印)

ISBN 978-7-5664-1915-6

Ⅰ.①证… Ⅱ.①李… Ⅲ.①证券投资－高等学校－教材 Ⅳ.①F830.91

中国版本图书馆 CIP 数据核字(2019)第 167435 号

证券投资理论与实务(第3版)   李锦生 主编

出版发行:	北京师范大学出版集团 安 徽 大 学 出 版 社 (安徽省合肥市肥西路3号 邮编230039) www.bnupg.com www.ahupress.com.cn
印 刷:	安徽利民印务有限公司
经 销:	全国新华书店
开 本:	787 mm×1092 mm 1/16
印 张:	16.5
字 数:	346 千字
版 次:	2019 年 8 月第 3 版
印 次:	2023 年 8 月第 5 次印刷
定 价:	45.00 元

ISBN 978-7-5664-1915-6

策划编辑:姚 宁   装帧设计:李伯骥
责任编辑:姚 宁   美术编辑:李 军
责任印制:陈 如 孟献辉

版权所有   侵权必究

反盗版、侵权举报电话:0551—65106311
外埠邮购电话:0551—65107716
本书如有印装质量问题,请与印制管理部联系调换。
印制管理部电话:0551—65106311

前　言

自 2011 年 11 月《证券投资理论与实务》(第 2 版)出版发行以来,至今已有近八年时间。在这期间,国际、国内金融市场都发生了许多重大事件,金融市场形势出现了许多变化以及未来发展趋势呈现更多的不确定性。

从全球来看,金融市场风云变幻。欧洲主权债务危机持续发酵,主权债务风险上升并不断恶化,经济快速衰退,为后金融危机时代世界经济的复苏蒙上了一层阴影;以美国为代表的发达经济体轮番实施量化宽松货币政策,其溢出效应对新兴市场国家金融市场产生了重大冲击,阿根廷、土耳其等国货币频现大幅贬值;以比特币为代表的虚拟货币暗潮涌动,搅动全球金融市场;2016 年英国举行脱欧公投并启动脱欧,给国际金融市场带来新的不确定性。

在这八年里,我国的金融市场更是快速发展,变化剧烈。

1. 金融法规建设不断完善。《中华人民共和国公司法》分别于 2013 年和 2018 年进行了两次修正;《中华人民共和国证券法》分别于 2013 年和 2014 年进行了两次修正,为注册制扫清主要的法律障碍;修订后的《证券投资基金法》于 2013 年 6 月 1 日正式实施;《股票期权交易试点管理办法》《证券公司融资融券业务管理办法》相继出台,这对于规范股票期权交易试点,规范证券公司融资融券业务活动,促进资本市场健康发展具有积极作用。

2. 金融市场监管进一步规范。沪、深交易所分别改进和完善上市公司退市制度的方案,并根据方案修订相应股票上市规则,新股发行和退市制度进一步完善;中国人民银行公布了获得第三方支付牌照的首批企业名单,第三方支付正式进入监管时代;中国银行保险监督管理委员会成立,金融监管体系形成"一委一行两会"的新格局。

3. 多层次资本市场体系基本建立。"新三板"全国扩容,并通过了分层制度的改革,多层次资本市场建设取得实质性进展;2017 年,《区域性股权市场监督管理试行办法》发布实施,这对于完善多层次资本市场体系,推进供给侧结构性改革、支持实体经济特别是中小微企业发展等方面具有重要意义;首批民营银行挂牌成立,民营资本进入金融业的政策"玻璃门"被拆除;互联网金融快速发展,传统金融遭受剧烈冲击,越来越多的传统金融机构开始被迫调整战略,争相布局金融科技;《沪港股票市场交易互联互通机制试点若干规定》《深圳证券交易所深港通业务实施办法》相继发布,建立了内地与香港股票市场交易互联互通机制,促进了中国内地与香港资本市场双向开放和健康发展;沪伦通,即上海证券交易所与伦敦证券交易所互联互通机制,已正式启动,这是扩大我国资本市场双向开放的一项重要举措,为两地发行人和投资者提供进入对方市场投融资的便利机会;上海证券交易所设立科创板并试点注册制,支持上海国际金融中心和科技创新中心建设,不断完善资本市场基础制度。

4.我国金融市场的国际地位不断提高。人民币正式纳入国际货币基金组织(IMF)特别提款权(SDR)货币篮子,成为新的 SDR 五种构成货币中唯一的新兴经济体货币;摩根士丹利资本国际公司(MSCI)宣布,从 2018 年 6 月开始将中国 A 股纳入 MSCI 新兴市场指数和全球基准指数,A 股纳入因子不断扩容。

国际、国内金融市场的发展变化对教材的修订提出了要求,同时为了兼顾各高校老师已形成的使用习惯,本版教材在教学内容的编写顺序上沿用了第 2 版的体系结构。

第 3 版教材第一章证券投资概论、第三章证券市场、第七章证券投资技术分析由江苏师范大学商学院李锦生老师修订;第二章证券投资工具、第四章证券交易的程序与方式由江苏师范大学商学院王露老师修订;第五章证券投资的收益与风险、第八章证券投资策略由江苏师范大学科文学院袁冲老师编写;第六章证券投资基本分析由江苏师范大学商学院潘善启老师修订。江苏师范大学商学院李锦生教授担任主编。

在此衷心感谢北京师范大学出版集团安徽大学出版社,特别是方青老师对本教材的面世所付出的辛勤劳动,衷心感谢广大读者的热心支持与帮助!

由于编写者学识水平所限,本书难免有错误或不当之处,恳请各位读者及专家不吝赐教。

李锦生
2019 年 8 月

目 录

第一章 证券投资概论 ... 1
- 第一节 证券概述 ... 1
- 第二节 证券投资概述 ... 4
- 第三节 现代企业的组织形式 ... 8
- 复习思考题 ... 13

第二章 证券投资工具 ... 14
- 第一节 股票 ... 14
- 第二节 债券 ... 19
- 第三节 投资基金 ... 28
- 第四节 金融衍生资产 ... 36
- 复习思考题 ... 45

第三章 证券市场 ... 46
- 第一节 证券市场概述 ... 46
- 第二节 证券市场的参与者 ... 59
- 第三节 证券发行市场 ... 65
- 第四节 证券流通市场 ... 72
- 第五节 股票价格指数 ... 78
- 第六节 证券市场的监管 ... 89
- 复习思考题 ... 93

第四章 证券交易的程序与方式 ... 94
- 第一节 证券交易的程序 ... 94
- 第二节 证券交易的方式 ... 105
- 第三节 期货交易 ... 113
- 第四节 期权交易 ... 120
- 复习思考题 ... 126

第五章 证券投资的收益与风险 ………………………………………… 128

第一节 证券投资的收益 …………………………………………… 128
第二节 证券投资的风险 …………………………………………… 138
复习思考题 …………………………………………………………… 148

第六章 证券投资基本分析 …………………………………………… 149

第一节 证券投资分析概述 ………………………………………… 149
第二节 证券投资的宏观经济分析 ………………………………… 152
第三节 证券投资的行业分析 ……………………………………… 162
第四节 证券投资的公司分析 ……………………………………… 167
复习思考题 …………………………………………………………… 179

第七章 证券投资技术分析 …………………………………………… 180

第一节 技术分析概述 ……………………………………………… 180
第二节 技术分析的理论基础 ……………………………………… 185
第三节 看盘的技巧 ………………………………………………… 191
第四节 K线分析 …………………………………………………… 194
第五节 股价趋势分析 ……………………………………………… 201
第六节 股价形态分析 ……………………………………………… 206
第七节 移动平均线分析 …………………………………………… 215
第八节 技术指标分析 ……………………………………………… 221
复习思考题 …………………………………………………………… 230

第八章 证券投资策略 ………………………………………………… 232

第一节 选时策略 …………………………………………………… 233
第二节 选股策略 …………………………………………………… 238
第三节 买卖策略 …………………………………………………… 243
第四节 跟庄策略 …………………………………………………… 252
复习思考题 …………………………………………………………… 257

参考文献 ………………………………………………………………… 258

第一章 证券投资概论

第一节 证券概述

一、证券的含义与种类

证券是指用来证明持有者有权按其所载取得相应收益的各类权益凭证。证券可以分为三类：证据证券、所有权证券和有价证券。

证据证券只是单纯证明某种事实的凭证，如借据、收据、保险单等。此类证券证明了其所载内容的客观、真实性，通常不具有什么经济意义，也不可自由让渡。

所有权证券是认定持有人为某种私权的合法权利者，证明对持有人所履行义务是有效的文件，如存单、土地所有权证书、房屋使用证等。

有价证券是具有一定票面金额，表明证券持有人有权按其券面所载取得一定收益，并可自由转让买卖的所有权或债权证书，如支票、汇票、债券、股票等。

有价证券按其所表明的财产权利的不同性质，又可分为三类：货物证券、货币证券和资本证券。货物证券是代表或实现商品运动的，证明某种商品所有权的凭证，是一种物权，如提货单、运货单等。货币证券是证明某种商品的所有权转化为对货币的索取权的凭证，它的权利标的物是一定的货币额，如汇票、支票等。资本证券是证明投资这一事实以及投资者拥有相应权利的凭证，如股票、债券等。资本证券的标的物也是货币额，但与货币证券不同的是，它侧重于对一定本金所带来的收益的请示权。货币证券与资本证券的区别以及有些证券的归类并不是十分严格。如货币证券在法律上一般称为有价证券，再比如在证券制度的发展和创新中产生出来的优先认股权证，本身并不反映投资的事实，不应将其作为资本证券，但因为它是预定要转化为股票的证券，所以将其看作资本证券的"相关证券"或"派生证券"，并得以在证券市场上流通。

有价证券是商品经济和信用经济发展的产物。在商品经济中，生产的目的是追求利润的最大化。厂商要实现这一目标，一方面要在同样生产规模条件下，尽可能减少资本的使用；另一方面，在资本能够充分、有效利用的前提下，尽可能扩大资本使用的规模，以适应竞争和社会化生产的需要。而扩大资本规模仅仅依靠个体资本的积累是非常低效且远远满足不了要求的,这就需要将各个独立资本的组合集中成一个资本,或者是借入别人的闲置资本,由此就产生了对股票、债券等有价证券的需求。同时有价证券又是一种信用凭证,其产生也是信用经济发展的结果。

二、有价证券的实质与特性

(一)有价证券的实质

有价证券作为一种经济权益的书面凭证,其本身并没有价值,但它能在金融市场上按一定价格出售,能为持有者带来一定的预期收入,因而也是一种资本。需要说明的是,这种资本与厂房、设备等现实资本不同,它是由证券收益资本化而虚拟出来的,其实质是一种虚拟资本,是现实资本的"纸质副本"。

(二)有价证券的特性

有价证券是一种代表证券持有人所有权或债权的法律证书,同时也是一种金融工具、一种投资对象。从证券投资的角度来看,有价证券具有以下几个方面的特性。

1. 收益性

构成虚拟资本的有价证券本身并没有任何价值,它只是证明持有者拥有据此索取收益的权利。证券的收益有多种形式,但可以归纳为经常性收入和资本收入两部分。其中,经常性收入是指投资者在持有证券期间,以利息的形式获得的收益。有价证券可以在市场上买卖,并因此形成了市场价格。资本收入是指投资者在进行交易的过程中,由于市场价格的变化而给投资者带来的收益。有价证券的收益性是投资者购买的前提,当投资者认为可以接受这种收益预期的实现可能性(风险)时,他才会选择这种有价证券进行投资。

2. 期限性

有价证券的期限分为绝对期限和相对期限。绝对期限是指有价证券从发行起到这种证券的功能完全消失,归还本金所经历的时间;相对期限则是指投资者持有证券的时间。对于有价证券的发行者而言,他们主要关心的是有价证券的绝对期限,也就是他们所筹集资金的使用期限;而对于投资者来说,他们关心的则是相对期限,也就是购买证券后还有多长时间才可以归还本金。不同类型有价证券的期限有很大的差异,而对于股票这种有价证券来讲,也可以说是没有期限的。

3. 虚拟性

有价证券这种虚拟资本与由其所形成的厂房、设备、原材料等现实资本,既有联系又有区别。现实资本是由虚拟资本形成的,而虚拟资本又可以脱离它所代表的现实资本,在证券市场上进行相对独立的运动。有价证券不仅与现实资本在本质上有较大的差别,在数量上也有很大的差异。有价证券所形成的虚拟资本的数量取决于有价证券的发行数量和价格,其中发行数量是相对稳定的,价格却处在不断变化之中,从而导致虚拟资本的数量在不断地发生变化，但不会对现实资本的数量产生直接的影响。

4. 流动性

有价证券的流动性是指证券投资者根据自身流动性管理或偿还债务的要求以及资产置换的需要，在需要资金时可以让渡有价证券的所有权及其所代表的一切权益。一种有价证券的流动性好就是指这种有价证券容易变现，且交易费用低。不同类型的有价证券的流动性不同。流动性的好坏一般取决于这种证券的信用级别、证券期限、证券市场的发达程度等。

5. 风险性

投资者通过投资所能获得的未来收益是不确定的，甚至可能与投资者的预期是相背离的，这种未来收益的不确定性就是风险。受政治、经济、社会、心理以及其他因素的影响，投资者未来收益的变数非常大，也就是说，证券投资的风险非常大。证券投资中的所有风险可以分为两部分：系统性风险（Systematic Risk）和非系统性风险（Unsystematic Risk）。系统性风险也称之为不可避免风险，是指由于一些全局性的因素引起的投资收益的变化，主要包括市场风险（Market Risk）、利率风险（Interest Rate Risk）和购买力风险（Purchasing Power Risk）；非系统性风险是指只对某个行业或个别公司的证券产生影响的风险，主要包括经营风险（Business Risk）、财务风险（Financial Risk）和信用风险（Expropriation Risk。本部分详细内容请参照第五章——证券投资的收益与风险。

6. 权利性

有价证券作为一种财产权利的凭证，证明和反映了持有者享有证券所规定的权利。比如股票投资者，在取得了上市公司股票的同时，也取得了上市公司的股权，他有权参与公司重大问题的决策、公司的收益分配以及公司破产时对公司剩余资产的分配等。债券投资者则相应地拥有了到期获取本金和利息的权利以及公司破产时对剩余财产的优先索偿权。

三、有价证券的功能

有价证券在推动发行人筹集资金、投资者选择投资、经济快速发展等方面产生了巨大的作用。其功能主要表现在以下几个方面。

（一）有价证券的首要功能是筹资

信用经济决定了各类组织对外部资金具有很强的依赖性。为了保证持续、稳定、快速的发展，组织需要通过各种方式筹集资金。筹资人取得资金的方式主要有两种：一种是通过银行贷款等方式进行间接融资，另一种则是通过发行股票、债券等有价证券进行直接融资。间接融资方式除了资金使用期限较短外，往往还要受各种条件的限制；而直接融资则可以方便地将社会上零散的货币资金集中为整体，并带来诸多融资好处，比如减少债权人对自身经营的干扰、降低融资成本、扩大公司知名度等。

（二）有价证券具有分散风险的功能

分散风险一方面表现为分散筹资人的风险,另一方面表现为分散投资人的风险。在证券投资中,有价证券购买人在分享筹资人投资所获得的一部分收益的同时,也通过有限责任有条件地分担了一部分筹资人可能会遇到的经营风险。例如,一个股票投资者在购买了某股份公司的股票之后,就成为这家公司的股东,并以投入这家公司的股份为限对公司债务承担责任,这样就使社会经济活动中风险承担者的数量大大增加,从而有效降低了筹资者的风险压力。有价证券分散风险的功能更重要地表现在分散投资者的风险上。由于有价证券的购买者所承担的投资风险是有条件的,投资者一方面通过证券投资的有效组合,分散投资风险;另一方面通过选择收益高而风险小的有价证券,将资金投入那些经济效益好的公司和项目中,一旦这些投资对象的经营状况恶化,投资者也可以将手中的有价证券及时变现并转换为其他公司的证券,从而将风险分散给更多的投资者承担。

（三）有价证券可以使社会资源得以有效配置

有价证券的收益性与风险性的存在,决定了购买者会尽力选择那些收益高而风险小的有价证券。一旦投资对象的收益预期不能满足投资者的期望时,投资者可以迅速转移资金,使资金向投资效益高的方向流动,从而使社会资源得以有效的配置。

（四）有价证券有利于融资

有价证券及其衍生工具的发展,可以使社会融资范围进一步扩大,有利于在国际上进行投资和融资。

（五）有价证券具有较强的告示功能

有价证券的价格与发行者的经营状况以及国民经济的运行状况有着密切的关系,其价格走势是受多种因素共同影响的结果。经济运行状况决定了有价证券的价格,而有价证券价格的变化又反映了经济运行状况,而且这种反映具有较为显著的超前性。一种有价证券价格的变化,可以反映出证券的发行者经营状况的变化;而总体证券价格的变化,则可以反映出国民经济运行状况的变化。

第二节　证券投资概述

一、投资的概念与种类

（一）投资的概念

投资是商品经济中一种普遍存在的一种经济现象。从一般意义上来说,投资就是牺牲了目前一定的消费,而将这部分消费资金转化为有价证券或其他资产的行为。投资者之所以要牺牲目前的消费,是因为要得到一定的收益和回报,实现将来的消费增加。投资者所可能获得的未来的收益和回报是不确定的,也就是说投资是有风险的。投资学家威廉·夏普在其所著的《投资学》一书中将投资定义为:"投资就是为了获得可能的、不确定的未来值而作出的确定的现值牺牲。"

(二)投资的种类

投资依据不同的划分标准可以分为多种类型。

1. 直接投资和间接投资

按照投资者与实际资本形成的关系,投资可划分为直接投资和间接投资。直接投资是指投资者直接把资金用于开办企业、进行项目建设等生产经营的投资行为。投资的结果直接形成了固定资产、流动资产、无形资产等实际资本。在直接投资的方式下,投资者一般都直接参与企业的生产经营管理活动,能够有效控制投资资金的使用。

间接投资是指投资者购买金融资产后所投入的资金需经过他人之手或其他方式转化为实际资本的投资行为。在间接投资方式下,投资者一般不参与企业的生产经营管理过程,对投资资金的使用控制力较弱。间接投资的资本运用方式较为灵活,投资者可以根据金融市场行情灵活地买卖各种金融工具。

2. 实物投资与金融投资

依据投入资金所形成资产的种类,投资可划分为实物投资和金融投资。实物投资是指投资者直接投资于土地、机器设备、厂房、人力资本等实物资本的投资行为。在实物投资中,投资者直接拥有实物资产,投资者将货币资金直接转化为固定资产或流动资产。实物投资能够增加社会生产能力,并直接增加社会物质财富和服务。

金融投资是指投资者投资于金融工具,将货币资金转化为金融资产的投资行为。金融投资包括购买股票、债券、基金等有价证券投资,也包括银行储蓄、信贷投资、信托投资等。在金融投资中,投资者拥有的是金融资产,投资体现的是一种财务关系,没有直接实现实物资产的增加。

实物投资和金融投资虽然有区别,但并不是截然分开的,二者也相互联系。投资者购买证券进行金融投资,当股份公司把从证券市场上融入的资金用于生产经营过程,如购买厂房、设备、原材料等,投资者所投资的有价证券这种虚拟资本就转变为现实资本,因此说,金融投资是间接拥有实物资产。在现实经济生活中,实物投资和金融投资相互依存、相互促进,金融投资是在实物投资的基础上产生的,除部分特殊的金融投资外,大多数的金融投资最终转化为实物资本,虽然实物投资在国民经济和社会发展中占有主导地位,但是金融投资在现代经济运行中的作用同样不可或缺。

3. 长期投资和短期投资

长期投资和短期投资是根据投资者持有投资资产期限划分的。短期投资一般指持有期限在一年以内(含一年)的投资;长期投资指持有期限在一年以上的投资。投资期限会影响到投资者的收益,一般来说,短期投资风险较小,相应收益率比较低,但短期投资的资金周转速度较快,投资者可以寻求更好的投资机会。

二、证券投资的含义与要素

(一)证券投资的含义

证券投资就是投资者为获取未来的预期收益而购买有价证券及其衍生工具的行为。

(二)证券投资的要素

证券投资的基本要素有以下三个。

1. 收益

证券投资收益是指证券投资者从事证券投资而获得的报酬。投资者在进行投资时,最先考虑的是收益,获取收益是投资的最直接动因。投资收益既包括资金收益也包括各种权益,如股东的参与权等。资金收益由股息、利息、分红等各种经常性收入和证券价格涨跌所带来的资本利得(即买卖价差)两部分构成。

2. 风险

风险是指证券收益对投资者预期收益的背离,或者说是证券预期收益的不确定性。风险是证券投资遇到的普遍问题,丝毫没有风险的证券投资几乎是不存在的。收益与风险是相伴随、成正比的:风险越高,收益越高;风险越低,收益越低。

3. 时间

投资者在买进证券之后,需根据自身利益决定持有时间的长短。持有时间越长,收益一般越高,同时风险也越高。另外,投资者会根据市场变化随时决定买进或卖出,在不同的时机买卖证券将影响到投资收益。证券市场行情多变,机会转瞬即逝,买卖时机的选择非常重要。

三、投资与投机的区别

投机是指利用机会获取私利。在证券市场上,投机是一个中性词,并非贬义,从某种程度上说它还具有一定的积极意义。适度投机使证券市场得以活跃,有利于增强证券市场对投资者的吸引力。恶性投机会损害广大投资者的利益,对证券市场产生负面、消极的影响,甚至会产生严重的破坏作用。因此相关的法律、法规都对过度投机进行了限制和惩罚。

在证券交易过程中,投资和投机都要投入一定的资金,通过证券的买卖行为,以获取收益为目的,并要为达到这一目的而承担一定的风险。因此,投资与投机往往是很难准确地区分的。一般来说,投资与投机主要区别在以下几个方面。

(一)以风险的大小作为区分的标准

投机者选择的主要是高风险、高收益的品种,而投资者则一般倾向于选择一些预期收益相对稳定、本金相对安全的品种。

这种区分方法虽然是大多数人可以接受的,但是也有很明显的局限性。其一,许多投资对象的风险程度难以测定,这样就难以确定其到底是高风险品种还是低风险品种;其二,所有为获取未来收入和本金增值的投资都涉及一定程度的风险,这样高、低风险的界定就有一定的主观性。

(二)以投资的期限作为区分的标准

投资者以长线投资为主,着眼于长远利益,期望获得股息收入和资本增值收益;投机则表现为持有证券的时间短,频繁地进行买卖交易,将赚取买卖差价作为取得收益的主要方式。

这种划分虽然有一定的道理,但是短期周转性交易也不一定全是投机行为,比如许多公司常常购买短期债券以提高资产安全性,而避免风险较大的长期投资,另外,投机者也可能购买长期证券。同时,在某一具体的投资活动中,证券买卖者的目的也可能随形势而变。如股市中有一句话为"炒股炒成股东",就是指投机者本来是想通过炒股取得一些买卖差价,但是由于股票买入即套牢,而且越套越深,不得已由短期投机变成了长期投资。这些都给以投资期限来区分投资与投机带来了困难。

(三)以是否重视证券的实际价值作为区分的标准

一般认为,投资者注重证券的内在价值,关心公司的经营业绩、财务状况和发展前景;而投机者则注重证券市场的行情变化。但在证券投资的实际操作中,不论是投资者还是投机者,都不可能完全无视证券的内在价值或证券市场的行情变化。

(四)以交易者的分析方法作为区分的标准

一般认为,投资者主要注重证券的质量分析,通过证券的基本面分析作出投资决策;而投机者主要注重市场的变动、证券价格的走势,利用技术分析作出投资决策。然而,投机者不可能对证券的基本面不作一点分析;同样,任何投资者也不可能对买入证券价格的走势不作任何技术分析。

四、证券投资的步骤

证券投资是一个复杂的过程,要实现证券投资的目的,需要经过充分的准备、详细的论证和科学的选择。

(一)投资准备阶段

证券投资准备主要包括资金的准备、知识的准备和心理的准备。投资者进行证券投资必须有一定数量的资金,这是有价证券投资最基本的条件,如果没有足够的资金,有价证券的投资也就无从谈起。投资者要进行证券投资还应具有一定的基本知识,减少投资的盲目性,有效地规避投资风险,最大限度地获取投资收益。同时,证券市场变化莫测,风险无处不在,投资者要有承受投资损失的充分心理准备,保持良好的投资心态,只有这样才能保证长期获得较好的投资回报。

(二)调查研究阶段

投资者在确定投资对象之前,还必须进行深入的调查研究,了解整个市场状况和投资环境以及有关证券投资的法律、法规和税收情况。投资者应当选择较好的投资时机,最好选择在经济开始复苏,市场交易投资开始活跃,政府支持、鼓励投资的时机进行投资。更重要的是要对具体的投资品种和投资对象进行研究,了解有关证券的性质、期限、担保情况、收益率、流动性、风险等,了解公司的经营业绩、财务状况、获利能力和发展前景等。

(三)投资决策阶段

在经过上述分析之后,投资者就可以作出投资决策,确定证券投资的品种或投资组合。在作出投资决策时,投资者应根据自己的具体情况,综合考虑决策方案的收益水平和风险程度以及在一定时间内对资金的需求情况。

(四)投资管理阶段

投资者在对自身及投资对象进行客观准确的分析后,根据拟定的投资目标,确定投资的具体品种或投资组合。在此之后,投资者还需不断地进行分析研究,根据社会经济环境、公司财务状况的变化,及时地修正原有的投资方案,调整持仓比例及投资组合的结构,使投资始终保持低风险、高收益之状态。

第三节 现代企业的组织形式

企业的组织形式是按照财产的组织形式和所承担的法律责任来划分的,把每一个生产、交换的主体都视为平等、独立的对象,强调对象是按照什么样的财产形式联系和组织起来,在经济交往中能够承担什么样的法律责任,确定其信誉度。

国际上通常将企业财产的组织形式分为三类:个体业主制企业、合伙制企业、公司制企业。前两者属于自然人企业,出资者承担无限责任;后者属于法人企业,出资者承担有限责任。

一、个体业主制企业

个体业主制企业亦称"个人独资企业",是指依法设立的由一个自然人投资,财产为投资人个人所有,投资人以其个人财产对企业债务承担无限责任的经营实体。

个体业主制企业将所有权与经营权归于一体,经营灵活,决策迅速。投资人、经营者以及企业的目标具有高度的一致性,不存在委托代理过程所可能产生的种种弊端,企业开业和关闭的手续简单,产权可自主转让。但个体业主制企业规模小、结构简单、财力有限,难以从事规模较大的产业,企业的存续时间较短,信誉度有限。这种类型的企业一般适用于零售商业、服务业、手工业、家庭农场、家庭诊所等。

个体业主制企业的投资人要对企业债务承担无限责任。因此,个体业主制企业在解散后,原投资人对企业存续期间的债务仍应承担偿还责任,但债权人在5年内未向债务人提出偿债请求的,该责任消灭。

二、合伙制企业

合伙制企业是指依法设立的由各合伙人订立合伙协议,共同出资、合伙经营、共享收益、共担风险,并对合伙企业债务承担无限连带责任的营利性组织。

合伙制企业由若干合伙人共同出资,筹集资金量较大,能够从事一些资产规模需求较大的生产经营活动。由于在企业内对财产实行无限连带责任,全体合伙人对企业的经营都具有很强的责任心,这有利于提高企业的信誉。但由于合伙制企业的合伙人数量有限,资产规模一般难以达到社会化大生产的要求,生产和经营的规模受到一定的局限。另外,由于合伙制企业是按合伙协议建立起来的,并没有建立财产委托关系,所有的决策都必须经过全体合伙人的同意,这影响了决策的时效性。如果合伙人中有一人撤出或死亡,则需修改原协议,这也影响了企业的稳定性。由于合伙企业实行无限连带责任,这增加了投资者的风险,易使集资受到一定的限制。合伙制企业一般适用于资产规模较小、管理不复杂、不需要设专门管理机构的行业,如会计师事务所、律师事务所等。

个体业主制企业和合伙制企业承担无限责任,从财产的法律关系上来看,其不具有法人性质。

三、公司制企业

公司是指依照法律规定,由股东出资设立的,以营利为目的的法人组织。由于不同国家法律体系存在差异,对公司的界定是有区别的。如英美法等国家所确认的公司不仅包括以营利为目的的经济组织,还包括非营利性的团体。《中华人民共和国公司法》(以下简称《公司法》)所称公司是指依法在中国境内设立的有限责任公司和股份有限公司。

(一)有限责任公司

有限责任公司是由两个以上的股东共同出资,每个股东以其认缴的出资额为限对公司承担责任,公司以其全部资产对公司的债务承担责任的法人企业。

同时,《公司法》规定也可设立一人有限公司和国有独资公司。

有限责任公司具有以下特征:它是人资两合公司。有限责任公司是股东基于相互间的信任而联合出资组建的,其股东的最多人数有一定的限制,如我国《公司法》规定"有限责任公司由五十个以下股东出资设立",这就使得公司具有一定的封闭性,公司的财务不需对外公开。股权转让要求较高。股东不得随意向股东以外的人员转让出资。股东向股东以外的人转让股权,应当经其他股东过半数同意。其他股东半数以上不同意转让的,不同意的股东应当购买该转让的股权,不购买则视为同意转让。不公开募集股份。有限责任公司由全体股东出资设立,公司不向社会公开募集股份、发行股票。公司成立后向股东签发出资证明。设立程序简单,适应性强。有限责任公司只需发起设立,无需募集设立,设立时无需发布公告,设立所需资本少于股份有限公司,内部组织管理机构的设立也比较简单。

(二)股份有限公司

股份有限公司是将其全部资本分为等额股份,股东以其所持股份为限对公司承担责任,公司以其全部资产对公司的债务承担责任的法人组织。

股份有限公司是各类公司形式最为适应社会化大生产的要求、组织结构最为科学与合理、运行机制最为成熟与规范的一种公司。各国的公司法都对股票的发行主体有严格的规定,只有股份有限公司才可以发行股票。

1. 股份有限公司的特征

(1)发起人符合法定人数。《公司法》第七十八条规定:"设立股份有限公司,应当有二人以上二百人以下为发起人,其中须有半数以上的发起人在中国境内有住所。"

(2)股份有限公司的资本总额被划分为等额股份,并以股票的形式表现出来。一方面,这能够推动其集资活动的标准化,便于股东参与特别是投票决定股份有限公司的决策事宜;另一方面,通过发行股票,股份有限公司可以针对不同类型的潜在投资者募集资本。

(3)股份有限公司的股票可以依法自由转让。股票在一定意义上是股东权力的载体,它在证券市场上发行和流通,投资者可以到市场上自由购买或转让股票,这也是股份有限公司区别于其他类型公司的一个重要特征。但是,对于公司的发起人、董事、监事、高级管理人员以及持有公司5%以上股权的股东,其股权转让在转让期限及信息披露方面有一定的要求。

(4)股份有限公司的股东以其出资额为限对公司债务承担有限责任。

(5)股份有限公司的所有者与经营者相分离。在股份有限公司中,公司的生产经营活动是由以董事和经理为中心的专门机构进行的,公司的所有者即广大股东只是对公司重大问题的决策进行表决。

2. 股份有限公司的优点

(1)有利于巨量资本的迅速集中。股份有限公司在集中小额资金形成巨额资金进而举办大型事业的过程中,有其特殊的优势。它不但可以发行股票和债券,而且由于它的股份金额一般较小,它可以更为广泛地吸收社会上零散的货币资金,使巨量资金得以迅速集中。

(2)有利于建立科学的企业组织形式和管理体系,提高管理水平。股份有限公司适应了所有权与经营权相分离的需要,公司治理科学合理,这有利于管理水平的提升。

(3)有利于社会资源的优化配置。在股份制条件下,股份有限公司是通过市场的方法来调节社会资源的流向。投资者在选择投资的过程中,为了保证其投资收益,肯定要对公司所在行业的发展前景、公司的经营状况进行认真的调查研究,使资金流向业绩好、发展前景广阔的公司。

(4)有利于分散投资者的风险。由于股份有限公司具有广泛的社会性,大量的股东个人所拥有的股份只占公司总资本的很小一部分,而股东又仅以其所持股份对公司承担责任,这样每个股东所承担的责任是有限的,从而便于一些规模较大、经营风险较大的公司的创立。

3. 股份有限公司的设立

股份有限公司的设立可以采取发起设立或者募集设立的方式。发起设立是指由发起人认购公司应发行的全部股份而设立公司。募集设立是指由发起人认购公司应发行股份的一部分,其余股份向社会公开募集或者向特定对象募集而设立公司。

股份有限公司采取发起设立方式设立的,注册资本为在公司登记机关登记的全体发起人认购的股本总额。在缴足前,不得向他人募集股份。

股份有限公司采取募集方式设立的,注册资本为在公司登记机关登记的实收股本总额。以募集设立方式设立股份有限公司的,发起人认购的股份不得少于公司股份总数的35%,其余股份应当向社会公开募集。

股东可以用货币出资,也可以用实物、知识产权、土地使用权等能够用货币估价并依法转让的非货币财产作价出资。对作为出资的非货币财产应当评估作价,核实财产,不得高估或者低估作价。

以发起设立方式设立股份有限公司的,发起人应当书面认足公司章程规定其认购的股份,并按照公司章程规定缴纳出资。以非货币财产出资的,应当依法办理其财产权的转移手续。发起人认足公司章程规定的出资后,应当选举董事会和监事会,由董事会向公司登记机关报送公司章程以及法律、行政法规规定的其他文件,申请设立登记。

以募集设立方式设立股份有限公司的,必须公告附有发起人制订的公司章程的招股说明书,并制作认股书。发行股份的股款缴足后,必须经依法设立的验资机构验资并出具证明。发起人应当自股款缴足之日起30日内主持召开公司创立大会。

4. 股份有限公司的组织机构

股份有限公司的组织机构主要由股东会、董事会、经理和监事会构成。股东大会是公司的权力机构;股东大会与董事会是委托代理关系;董事会与经理是授权经营关系;监事会代表股东会对其财产受托人——董事会和经理实施监督关系。

(1)股东大会。股份有限公司的股东大会由全体股东组成。股东大会是公司的权力机构。

股东出席股东大会会议,所持每一股份有一表决权。但是,公司持有的本公司股份没有表决权。

股东大会作出决议,必须经出席会议的股东所持表决权过半数通过。但是,股东大会作出修改公司章程、增加或者减少注册资本的决议以及公司合并、分立、解散或者变更公司形式的决议,必须经出席会议的股东所持表决权的2/3以上通过。

股东大会选举董事、监事,可以依照公司章程的规定或者股东大会的决议,实行累积投票制。累积投票制是指股东大会在选举董事或者监事时,每一股份拥有与应选董事或者监事人数相同的表决权,股东拥有的表决权可以集中使用。

(2)董事会。股东大会虽然是股份有限公司的权力机构,但是股东大会只能定期召开,不能开展日常工作。日常工作只能由董事会负责,董事会是股东大会的常设机构,在公司股东大会闭会期间代替股东大会行使权力,对内代表全体股东占有公司的全部资产,对外代表公司从事民事活动。董事长为公司的法定代表人。

20世纪70年代末80年代初,美国及其他市场经济国家出现了很多对公司董事会或管理层不信任的法律诉讼案,从而引发了人们对如何完善公司治理结构、防止内部人控制及大股东操纵等问题的思索。正是在这一背景下,人们开始探索引入具有中立地位的独立董事以强化董事会的职能,确保董事会运作的公正性、科学性。自独立董事制度问世以来,其良好的监督与平衡作用便被西方企业所认同,并将其确立为法人管理模式的基本原则。在美国及其他欧美国家,走向独立董事的趋势日益显著。独立董事又称作"外部董事"(Outside Director)、"独立非执行董事"(Non-Executive Director),是指不在公司担任除董事外的其他职务,并与其所受聘的上市公司及其主要股东不存在可能妨碍其进行独立客观判断的关系的董事。他既不代表出资人(包括大股东),也不代表公司管理层,独立地在公司战略、运作、资源、经营标准以及一些重大问题上作出自己的判断,阐明自己的决策意见。为了解决我国上市公司"一股独大"、内部人控制、控股股东侵害上市公司和中小股东的权益等问题,中国证监会于2001年8月16日出台了《关于在上市公司建立独立董事制度的指导意见》。指导意见要求上市公司建立独立董事制度,并且要求在2003年6月30日前上市公司董事会成员中应当至少包括1/3的独立董事。2005年修订的《公司法》规定了上市公司须设独立董事,从法律上明确了上市公司须设立独立董事,加强了对中小股东合法权益的保护。从十多年来的实践情况看,独立董事制度对于促进完善上市公司治理结构、提高规范运作水平,保护投资者特别是中小投资者合法权益起到了积极作用。

(3)经理。股份有限公司的重大问题由董事会决策,但公司具体的生产经营管理活动是由董事会聘任的经理负责。经理拥有公司的生产经营权,对公司的生产经营全面负责,统一指挥。

股份有限公司的经理由董事会聘任或者解聘。公司董事会可以决定是否由董事会成员兼任经理。非董事经理应列席董事会会议。

(4)监事会。监事会对股东大会负责。监事会对公司财务及公司董事、经理等高级管理人员履行职责的合法性进行监督,维护公司及股东的合法权益。我国《公司法》规定,股份有限公司设监事会的,监事会其成员不得少于3人。

监事会应当包括股东代表和适当比例的公司职工代表,其中职工代表的比例不得低于1/3。监事会中的职工代表由公司职工通过职工代表大会、职工大会或者其他形式民主选举产生。监事的任期每届为3年。监事任期届满,可以连选连任。董事、高级管理人员不得兼任监事。监事列席董事会会议。

复习思考题

一、名词解释

1. 证券　　　　2. 证券投资　　　　3. 投机
4. 有价证券　　5. 有限责任公司　　6. 股份有限公司
7. 发起设立　　8. 募集设立　　　　9. 独立董事

二、简答题

1. 简述有价证券的种类。
2. 有价证券具有哪几个方面的特性?
3. 投资与投机的区别是什么?
4. 现代企业的组织形式有哪几种?股份有限公司的优点是什么?

第二章 证券投资工具

第一节 股 票

一、股票的定义和性质

(一) 股票的定义

股票是指由股份有限公司发行的,用以证明投资者的股东身份和权益的凭证。

将股份有限公司的资本总额划分为许多等值的单位,每一个单位叫作一个"股份",它代表了对公司的资产占有了一定的份额,同时在公司重大问题的决策、收益分配等方面拥有了一份权益。将一个或数个股份印制成一定的书面形式,并在其中载明有关股份的相关说明,这就是股票。股票与股份,前者是形式,后者是内容。由于科学技术的发展和现代证券交易的要求,目前世界各国上市交易的股票都已实现无纸化,股票这种表示股份的实物形式已不再存在,投资者所拥有的股份是通过证券交易所主机中投资者股票账户的记录反映出来的。

投资者购买了股票,即成为公司的股东。股票实质上代表了股东对股份公司的所有权。股东凭借手中的股票可以获得公司的股息和红利,参加股东大会并行使对重大问题决策的权利以及在公司破产时参与剩余财产分配的权利,当然同时也承担相应的责任与风险。

(二) 股票的性质

股票是一种有价证券,是财产价值和财产权利的统一表现形式。不同于商品证券和货币证券,股票是代表股份所有权的股权证书。持有股票一方面表明拥有一定价值量的财产,另一方面也表明股票持有人可以行使该证券所代表的权利。

证券可以分为设权证券和证权证券。股票是一种证权证券。设权证券是指证券所代表的权利本来不存在,而是随着证券的制作而产生,即权利的发生是以证券的制作和存在为条件的。而证权证券是指证券是权利的一种物化的外在形式,它是权利的载体,权利是已经存在的。股票只是把已存在的股东权利表现为证券的形式。

股票是一种资本证券。股份公司发行股票是一种吸引认购者投资以筹措公司自有资本的手段,对于认购股票的人来说,购买股票就是一种投资行为,股票是投入股份公司的资本份额的证券化。

股票是一种综合权利证券。投资者购买了股票即拥有了股权,股权是一种综合权利,包括通过出席股东大会参与公司重大问题的决策、收益分配等。

二、股票的特征

（一）期限上的永久性

股票与债券不同。债券界定了债权人与债务人之间的债权、债务关系,而股票则反映股东与投资者之间的权属关系。从这个意义上来说,股本资金是没有期限的（公司章程中另有约定的除外）,公司可以长期占有使用这些资金,不需对股东还本付息。股东凭投入公司的股本数量获得相应的权益。只要公司没有进入破产清理阶段,股东就无权要求上市公司退还股本。股东若想收回投资,只能将股票转让。但这种公司资本所有者的变化,并不涉及公司资本的变化,也不会对公司的经营产生直接的影响。

（二）责任上的有限性

股份有限公司的股东对公司债务仅以他所认购的股份金额为限承担有限责任。一旦公司破产,股东最大的可能损失就是其投入有限公司的股金,而不会对投资者的个人资产产生影响,这是股份公司能对社会游资产生巨大吸引力的重要特征。

（三）收益性上的剩余性

股票收益可分成两类:第一类来自于股份公司,称为"经常性收入",是投资者从公司获取的股息收益;第二类来自于股票流通,称为"资本性收入",是投资者在进行股票交易过程中赚取的差价收益。收益上的剩余性是指股东的经常性收入,它的多少取决于股份公司的经营状况好坏和盈利水平高低,它是在公司利润弥补以前年度亏损、支付债息、缴纳税金、提取公积金和公益金之后,对剩余利润的分配所得,即股东在利润分配顺序上处于公司利益相关人的最后一位。

（四）决策上的参与性

股东凭其持有的股票,享有与其股份数相应的权利即股权。股东拥有股票的数量越多,其所占股权的比例就越大。股东可以通过参加股东大会来听取董事会的工作报告和财务报告、对公司的重大经营决策投票表决、选举公司的董事和监事等。股东通过行使权力参与公司的经营管理决策。

（五）交易上的流动性

股票的流动性是指股票在不同的投资者之间可以进行转让,股票持有人可以通过股票的转让随时收回自己的投资。股东是无权向公司索回股本的,正是股票在交易上的流动性提高了股票的变现能力,弥补了股票期限上的永久性所带来的缺陷,促进了社会资金的有效分配和利用。

（六）价格上的波动性

由于股票的交易价格是受多方面因素的综合影响，股票的市场价格是不断波动的，这也为投资者投资股票带来了较大的风险和增加了分析的难度。

（七）投资上的风险性

股票价格存在着波动性，受到诸如公司经营状况、宏观经济政策、市场供求关系及投资者心理等多种因素的综合影响。股票是一种高风险的投资工具，因此，股票投资必须承担一定的风险。

三、股票的种类

（一）按照股东的权益，股票可以分为普通股和优先股

1. 普通股

普通股是股份有限公司最重要、最基本的一种股份，它是构成股份公司股东的基础。普通股股东享有以下几种权利。

(1)经营参与权。普通股股东有权参加股东大会，并且拥有选举表决的权利。通过股东大会，股东可以选举和更换董事、监事，决定他们的报酬；审议批准董事会、监事会的工作报告、财务预算方案、决算方案、利润分配方案等；对公司的经营方针和投资计划，增加或者减少注册资本，修改公司章程，对公司合并、分立、解散和清算等事项作出决议。

"同股同权"是股份有限公司经营权分配的主要特征，普通股股东参与公司经营的决策权大小取决于他所持有股份的多少。普通股的投票方式有两种：多数投票制和累积投票制。多数投票制又叫"直接投票制"，在选举公司的董事时，股东每持有一股便有一个投票权，并且必须对每位董事的空缺进行分散投票。累积投票制是指股东大会在选举董事或者监事时，股东的每一股份拥有与应选董事或者监事人数相同的表决权，股东拥有的表决权可以集中使用。在采用多数投票制时，由于每个董事候选人都必须得到半数以上的选票才能当选，小股东是难以进入董事会的；而在累积投票制下，股东可以把投向全体董事的投票权累积起来，集中投向一位或几位候选人，并使他们的票数超过半数以上，从而使小股东或其代言人有机会进入董事会，保障中小股东的权益。例如，某公司总股本是1000万股，为简化分析假定只有2位股东，大股东持有800万股，小股东持有200万股。现公司欲选5名董事。如果采用直接投票制，小股东对每位董事的候选人只能投200万票，基本上是不可能依靠自己的力量选出自己所中意的董事的；而如果采用累积投票制，这位小股东则可以将他投向5名董事候选人的1000万张选票集中投向一位候选人，从而让他认为合适的人选入选董事会。

(2)收益分配权。普通股股东有权凭其所持有的股份参加公司盈利分配，其收益与公司经营状况直接相关，具有不确定性。普通股的盈利分配顺序在优先股后。

(3)认股优先权。如果股份公司增发普通股票，原有普通股股东有权优先认购新发

行的股票,以保证其对股份公司的持股比例保持不变。

(4)剩余资产分配权。股份公司在破产清盘时,在其资产用于清偿债务和分配给优先股股东之后,剩余资产可按普通股股东所持有股份进行分配。

2.优先股

优先股是指股份有限公司在筹集资本时给予认购者某些优先条件的股票。优先股是介于债券与股票之间的一种有价证券,它具有以下几个特征。

(1)约定股息率。优先股股东先于普通股股东获得收益,事先确定固定的股息率,其收益与公司经营状况无关。

(2)优先清偿剩余资产。股份公司破产清盘时,优先股股东优先于普通股股东分配剩余资产。

(3)表决权受限制。优先股股东一般无经营参与权和选举权。

(4)一般不能上市交易。优先股的流通性受到一定限制。

(5)股票可由公司赎回。优先股股东不能要求公司退股,但公司可以将优先股赎回。大多数优先股股票在发行时都附有赎回条款,发行公司可以根据公司发展的需要,决定是否买回已发行的股票。赎回的价格一般是按优先股发行时的价格再加上适当的加价确定。

根据优先股所包含的权利不同,优先股分为累积优先股和非累积优先股、可转换优先股和不可转换优先股、参与优先股和非参与优先股、可收回优先股和不可收回优先股、保息优先股等。累积优先股是指任一年度中未能分派或未能派足的股息可在以后年度中一并支付的优先股股票,换言之,不论公司是否营利,优先股均享有分配股息的权利,公司只有将全部优先股股息支付以后才能对普通股进行分配;非累积优先股与累积优先股相对应,它是指股息的发放只限于当期,对于未分派或未能派足的股息以后不再补发的优先股股票。可转换优先股是在公司章程中规定的年限内,允许股东以一定的比例将优先股转换为普通股或公司债券的优先股股票;不可转换优先股则是与可转换优先股相对应,指不能转换为普通股或公司债券的优先股股票。参与优先股是指不仅可以获得固定股息,还可以与普通股一样参与剩余收益分配的优先股股票;非参与优先股是指除按规定获取固定的股息外,不能再参与剩余收益的分配的优先股股票。可收回优先股是指发行公司可以根据发行时所规定的赎回条件,在一定的时间内按一定的价格收回已发行的股票的优先股股票;不可收回优先股是指没有规定赎回条件,发行公司不能收回的优先股股票。保息优先股是指股息为另一公司所担保的优先股股票。

例如,交通银行于2016年9月2日以非公开方式平价发行了4亿5千万股优先股,面值为100元/股,初始票面股息率为3.9%,该股票具有不可累积、不可回售、可赎回、不可参与以及可转换的特征。

(二)按是否记名,股票可以分为记名股票和无记名股票

记名股票是指在股票上记载股东的姓名,并在公司的股东名册上有记录的股票。

非经原持有人转让并在公司过户的记名股票的持有人不得行使其股权。记名股票在转让时必须照章办理过户手续,将受让人的姓名、住所分别记载于股票票面和公司股东名单上。若受让人的姓名只记载于股票票面上而未载入公司的股东名册,则这种股票不能生效。由此可见,记名股票较为保险,但其在转让过程中的手续较为繁琐。

无记名股票是指在票面上不记载股东姓名的股票。此种股票的持有人仅凭股票本身就可行使股权,故无记名股票可以自由转让。

(三)按有无面值,股票可以分为有面值股票和无面值股票

有面值股票是指在股票票面上记载一定价值的股票。记载的票面金额叫作票面价值。有面值股票票面金额的计算方法是用资本总金额除以股份数,其股息用票面金额的百分比来表示。对于有面值股票的最低票面金额,许多国家的公司法都给予了明确的规定。但也有不少国家对此未作限定,如美国、英国、比利时、意大利等。我国也未对此作出明确规定。有面值股票的发行价格可以高于、等于或低于股票票面金额,相应地称之为溢价发行、平价发行和折价发行。但许多国家的公司法都规定不允许股票的折价发行。《公司法》第131条也规定,股票发行价格可以按票面金额,也可以超过票面金额,但不得低于票面金额。

无面值股票是指在股票票面上不记载金额,只在票面上表示这张股票占公司全部资产的比例的一种股票。票面总和是一个相对稳定的数额,但在实际经济生活中,股份有限公司的经营活动始终处在不断变化的状态,因此,无面值股票所代表的价格随公司资本总额的增减而变化。

无面值股票与有面值股票的本质内容是一致的,都代表着同等的股东权,也代表着股东对公司总资本的投资比例。但无面值股票既可在股票发行时灵活掌握发行价格,又便于今后对股票进行分割,以提高股票的流动性。

(四)按投资主体的性质不同分为国家股、法人股、社会公众股和外资股

在我国目前上市公司中,由于投资主体的性质不同,其股权结构由国家股、法人股、社会公众股和外资股4部分构成。

1. 国家股

国家股是指有权代表国家投资部门或机构以国有资产向公司投资形成的股份。国家股一般是指国家投资或经评估并经国有资产管理部门确认的国有资产折成的股份。国家股股权由国有资产管理机构或其授权单位、主管部门行使所有权职能。

由于形成国家股的资金来源不同,国家股主要有3种。

(1)国有企业由国家计划投资所形成的固定资产、国拨流动资金和各种专用拨款。

(2)各级政府的财政部门、经济主管部门对企业投资所形成的股份。

(3)原有行政性公司的资金所形成的企业固定资产。

2. 法人股

法人股是指企业法人或具有法人资格的事业单位和社会团体以其依法可支配的资

产向股份有限公司投资所形成的股份。

法人股主要有2种形式。

(1)企业法人股。它是指具有法人资格的企业把其所拥有的法人财产投资于股份有限公司所形成的股份。

(2)非企业法人股。它是指具有法人资格的事业单位或社会团体以国家允许用于经营的资产向股份公司投资所形成的股份。

3. 社会公众股

社会公众股是指我国境内个人和机构投资可上市流通股票所形成的股份,也称为"流通股"。

国家股、法人股、社会公众股3种股票形式合称为A种股票。因为它们是用人民币购买的,所以又称为"人民币股票"。

4. 外资股

外资股是指外国和我国港、澳、台地区投资者以购买人民币特种股票的形式向股份有限公司投资形成的股权,它分为境内上市外资股和境外上市外资股。

(1)境内上市外资股。境内上市外资股是指外国和我国港、澳、台地区投资者向我国大陆股份有限公司投资所形成的股份。境内上市的外资股又称为"B种股票",是指以人民币标明面值,以外币认购,专供外国和我国港、澳、台地区投资者买卖的股票,因此又称为"人民币特种股票"。境内上市外资股在我国境内进行交易。上海证券交易所的B股以美元认购,深圳证券交易所的B股以港币认购。

(2)境外上市外资股。境外上市外资股是指我国的股份有限公司在境外上市的股票。目前我国境外上市的外资股有H股和N股。H股,即在内地注册、在香港上市的外资股,它是境内公司发行的以人民币标明面值,供境外投资者以外币认购,在香港联合交易所上市的股票;N股是以人民币标明面值,供境外投资者以外币认购,在纽约证券交易所上市的股票。

第二节 债 券

一、债券的定义与特征

（一）债券的定义

债券是债的证明书。债是按照合同的约定或者依照法律的规定,在当事人之间产生的特定的权利和义务关系。债券是社会各类经济主体为筹措资金而依照法定程序发行,并约定在一定期限还本付息的有价证券。债券有四个方面的含义:其一,发行人是借入资金的经济主体;其二,投资者是出借资金的经济主体;其三,发行人需要在一定时期还本付息;其四,债券反映了发行者和投资者之间的债权债务关系,并且是这一关系的法律凭证。

(二)债券的性质

1. 债券属于有价证券

首先,债券反映和代表一定的价值。债券本身有一定的面值,通常是债券投资者投入资金的量化表现。另外,持有债券可按期取得利息,利息也是债券投资者收益的价值表现。其次,债券与其代表的权利联系在一起,拥有债券也就拥有了债券所代表的权利,转让债券也就将债券代表的权利一并转移。

2. 债券是一种虚拟资本

债券尽管有面值,代表了一定的财产价值,但它也只是一种虚拟资本,而非真实资本。债券的本质是证明债权债务关系的证书,在债权债务关系建立时所投入的资金已被债务人占用,因此,债券是实际运用真实资本的证书。债券的流动并不意味着它所代表的实际资本也同样流动,债券独立于实际资本之外。

3. 债券是债权的表现

债券代表债券投资者的权利,这种权利不能直接支配财产,也不以资产所有权表现,而是一种债权。拥有债券的人是债权人,债权人不同于财产所有人。以公司为例,在某种意义上,财产所有人可以视作公司的内部构成分子,而债权人是与公司相对立的。债权人除了按期取得本息外,对债务人不能作其他干预。

(三)债券的票面要素

债券作为证明债权债务关系的凭证,一般用具有一定格式的票面形式来表现。通常,债券票面有以下四个基本要素。

1. 票面价值

在债券的票面价值中,首先要规定票面价值的币种,即以何种货币作为债券价值的计量标准。币种主要根据债券发行对象确定。一般而言,在国内发行的债券通常选择本币作为面值的计量单位;在国际金融市场筹资,则通常以债券发行地所在国家或地区的货币或以国际上的通用货币为计量标准。此外,确定币种还应考虑债券发行者本身对币种的需要。币种确定后,要规定债券的票面金额。票面金额不同,可以适应不同的投资对象,同时也会产生不同的发行成本。票面金额定得较小,有利于小额投资者购买,持有者分布面广,但债券本身的印刷及发行工作量大,费用可能较高;票面金额定得较大,有利于少数大额投资者认购,且印刷费用等会相应减少,却使小额投资者难以参与。因此,债券票面金额的确定,要根据债券的发行对象、市场资金供给情况及债券发行费用等因素综合考虑。

2.偿还期限

债券的偿还期限是指债券从发行之日起至偿清本息之日止的时间。各种债券有着不同的偿还期限,短则几个月,长则几十年甚至永久。根据偿还期限,债券一般可以分为短期债券、中期债券和长期债券。

发行人在确定债券期限时,主要考虑以下因素的影响。

(1)债务人对借入资金需求时间的长短。债务人借入资金可能是为了弥补自己临时性资金周转的短缺,也可能是为了长期资金的需求。在前一种情况下,可以发行一些短期债券;在后一种情况下,可以发行一些中长期债券。这样既能保证发行人的资金需要,又不会因占用资金过长而多承担利息。

(2)市场利率变化。发行者应根据市场利率的情况,相应选择有助于减少其筹资成本的期限。一般来说,当未来市场利率趋于下降时,发行者应选择发行期限较短的债券,这样可以避免市场利率下跌后仍负担较高的利息;当未来市场利率趋于上升时,发行者应选择发行期限较长的债券,这样可在市场利率趋高情况下保持较低的利息负担。

(3)债券变现能力。这一因素与债券流通市场的发育程度有关。如果流通市场发达,债券容易变现,那么购买长期债券的投资者就会比较多,长期债券的需求更高;如果流通市场不发达,投资者买的长期债券在急需资金时不易变现,长期债券的需求就可能不如短期债券。

3.票面利率

债券的票面利率是债券利息与债券票面价值的比率。

债券利息对于债务人来说是筹资成本,利率高则负担重,利率低则负担轻;反之,债券利息对于债权人来说是投资收益,利率高则得益大,利率低则得益小。因此,票面利率是影响投资人与筹资人切身利益的重要因素,也是债券票面要素中不可缺少的内容。

影响债券利率的因素主要如下。

(1)市场利率水平。当市场基准利率水平较高时,债券的票面利率也必须高些,否则,投资者会选择其他投资方式而舍弃债券;反之,当市场利率较低时,票面利率也可以相应低些。

(2)债券发行者的资信状况。如果债券发行人的资信状况好,债券信用等级高,投资者风险小,则票面利率可以定得低一些;如果债券发行人的资信状况差,或者投资人对发行人的情况不了解,债券信用等级低,投资者的风险大,这时就要通过提高票面利率来提高吸引力。

(3)债券期限的偿还期限。一般来说,偿还期限较长的债券,流动性差,变现能力弱,风险相对较大,票面利率应该定得高一些;而偿还期限较短的债券,流动性好,变现能力强,风险相对较小,票面利率就可以定得低一些。不过,票面利率与期限的关系是较复杂的关系,它们还受其他因素的影响。有时也能见到短期债券利率高而长期债券利率低的现象。

(4)资金供求状况。当资本市场中的资金充裕时,票面利率就可以低一些;当资本市场中的资金短缺时,票面利率就必须高一些。

4.债券的发行价格

债券的发行价格是指债券发行时确定的价格。债券的发行价格与债券的票面价值不同,可能会等于其票面价值,也可能会高于或低于债券的票面价值。当债券的发行价格高于债券的票面价值时,称为"溢价发行";当债券的发行价格等于债券的票面价值时,称为"平价发行";当债券的发行价格低于债券的票面价值时,称为"折价发行"。由于债券利息的支付方式不同,债券的发行价格也会有较大的差异。

(四)债券的特征

1.偿还性

偿还性是指到债券所规定的偿还期限时,债务人必须向债权人支付利息和偿还本金。它与股票所具有的永久性特征不同,债券的发行者不能无限期地占用投资者的资金,他们之间的借贷经济关系将随偿还期结束、还本付息手续完毕而消失。当然也有例外,如统一公债,这种公债无固定偿还期,持券者不能要求政府清偿,只可按期取息。但这只是个别现象,不能因此而否定债券具有偿还性的一般特性。

2.流动性

流动性指的是有价证券以合理的成本变现的能力。债券一般都有规定的偿还期限,在到期之前是不能兑付的。但是,债券持有人在债券到期之前可按自己的需要和市场的实际状况,在证券交易市场按一定的价格转让债券,收回本息。债券不但具有迅速转化为货币的能力,而且其交易成本相对较低,因而具有较好的流动性。债券流动性受到其收益水平、信用等级以及债券交易市场流动性等多种因素影响。

3.安全性

任何一项投资都具有一定的风险。债券投资同样也存在一定的风险,这种风险主要来自于三个方面。

(1)信用风险。即债务人不能充分和按时履行约定的利息支付或者偿还本金所带来的风险。不同的债务人不履行债务的风险程度是不一样的。一般情况下,政府债券的信用风险低于金融债券和公司债券。

(2)市场利率风险。即债券的市场价格因市场利率的上升而跌落的风险。债券的市场价格与市场利率呈反向变化的关系。市场利率上升,债券价格下降;市场利率下降,债券价格上升。债券的有效期越长,债券的价格受市场利率波动的影响越大。

(3)通货膨胀风险。由于债券的利率固定,当出现通货膨胀时,债券的实际利息收入下降。债券的安全性是指与股票相比,债券的投资风险相对较小,债券持有人的收益相对固定,不随发行者经营收益的变动而变动,并且可按期收回本金。

4. 收益性

收益性是指债券能为投资者带来一定的收入。这种收入主要表现为利息,即债权投资的报酬。在实际经济活动中,债券收益可以表现为两种:一种是债权人将债券一直保持至期满日为止,在债券期限内,债权人可以按约定的条件分期、分次取得利息或者到期一次取得利息;另一种是债务人在债券期满之前将债券转让,债权人有可能获得与购入价格之间的价差。理论上讲,如果利率水平一直不变,这一价差就是债权人持有债券这段时间的收益。但是,实际上市场利率会不断变化,因而债券在市场上的转让价格将随市场利率的升降而波动。

二、债券的种类

（一）按发行主体分类

1. 政府债券

政府债券的发行主体是政府,它是政府为筹集资金而发行的,并承诺在一定时期支付利息和到期偿还本金的债务凭证。中央政府发行的债券也称为"国债"。发行国债的主要目的是满足由中央政府投资的公共设施或重点建设项目的资金需求或者弥补国家财政赤字。由于中央政府是国家的代表,国债的发行和收入的安排使用是从国民经济的范围和角度来考虑的。根据不同的发行目的,政府债券有不同的期限,从几个月至几十年不等。国债是由中央政府承担还本付息义务的,由于中央政府既有征税权,又有货币发行权,国债具有最高的信用等级,基本上不存在信用风险。在进行方案评价的过程中,一般都将国债的收益率视为无风险收益率。

政府债券除了国债之外,还有地方政府发行的债券,一般称为"市政债券"。发行市政债券主要是为当地经济开发、公共设施建设筹集资金。

政府债券具有本金安全、收益稳定和税收优惠的特征,被称为"金边债券",深受投资者的欢迎,特别是受到一些需要缴纳高额所得税的投资者的欢迎。

2. 金融债券

金融债券是银行或非银行金融机构为筹措资金而向社会发行的债务凭证。金融债券的发行主体即金融机构一般有雄厚的资金实力,信用度较高,因此金融债券一般都具有良好的信誉。发行金融债券是金融机构的主动负债,金融机构可以根据自己对资金的需要,灵活确定发行期限。同时,债券在到期之前,持有人不得要求提前兑付,只能在证券市场上出售或转让,因而资金的稳定性较好。另外,发行金融债券还可以改变金融机构本身的资产负债结构。

3. 公司债券

公司债券是公司为了筹措资金,依照法定程序向社会发行、约定在一定期限还本付息的债务凭证。公司债券的发行主体发行公司债券的主要目的是筹集长期资金、扩大经营规模,筹资期限一般较长。企业资金的外部来源主要有三种途径:发行股票、向金融机构贷款、发行债券。发行股票虽然可以取得长期、稳定的资金,但是发行股票对公司的要求很高,且会影响公司的权力结构,有关发行股票种类及发行数量的制约因素较多;向金融机构贷款的性质与发行债券相近,但是获得的资金使用期限一般较短,资金的使用要受到债权人的干预,有时还要有一定的附加条件;采用发行公司债券的方式筹集资金,不会改变公司的权力结构,同时筹资的成本较低,对公司的要求也比较低,当企业的资金收益高于筹资成本时,还可以为股东获得更多的投资回报。公司债券是深受公司喜爱的一种筹资方式。

由于公司的情况千差万别,未来的收益不确定性很大,公司债券的还款资金的来源就是公司的经营利润,一旦公司经营不善,投资者就可能会面临利息甚至是本金损失的风险,因此,公司债券的风险相对于政府债券和金融债券要高一些。也正是因为公司债券有较高的投资风险,其利息也要高于政府债券利息和金融债券利息。

(二)按计息方式分类

1. 单利债券

单利债券是指在计算利息时,不论期限长短,仅按本金计息,所生利息不计入计息基础计算下期利息的债券。

2. 复利债券

复利债券与单利债券相对应,是指一次性还本付息债券。在计算利息时,始终将上一计息周期的本金与利息之和作为计息基础。

(三)按付息方式分类

1. 附息债券

附息债券是指约定票面利率和利息支付频率,定期支付固定利息的债券。有些附息债券在券面上附有息票,债券持有人于息票到期时,凭从债券上剪下的息票,按照债券票面上所载明的利率领取本期债券的利息;也有不附息票但仍可按照约定的利率定期领取利息的附息债券。

2. 贴现债券

贴现债券属于折价方式发行的债券,在票面上不规定票面利率,发行时按某一折扣率或折价发行,到期时按面额偿还本金的债券。贴现债券发行价格与票面金额(即偿还价格)的差额,构成了实际的利息。短期债券常以折扣率形式发行;长期债券以折价形式发行,一般称为"零息债券"。

(四)按利率是否固定分类

1. 固定利率债券

固定利率债券就是每期计算利息所依据的利率固定的债券。在偿还期内,无论市场利率如何变化,债券持有人只能按债券票面载明的利率获取债息。这种债券有可能为债券持有人带来风险。当偿还期内的市场利率上升且超过债券票面利率时,债券持有人就要承担利率相对降低的风险。当然,在偿还期内如果利率下降且低于债券票面利率,债券持有人也就相当于获得了由于利率下降而带来的额外利益。

2. 浮动利率债券

浮动利率债券的利率是不固定的,而是以事先所确定的某一市场利率为参考指标确定。由于市场利率是不断变化的,债券利率也会上下浮动。比如在发行债券时约定利息的支付标准是比同期银行存款利率高1%,在到期支付利息时,利率的高低就会因银行利率的变化而变化,这样就可以消除投资者因市场利率的提高而带来的风险。投资者如果预计未来市场利率提高的可能性较大时,一般会青睐此类债券。

3. 累进利率债券

累进利率债券是指每期计算利息所依据的利率是变化的,随着时间的推移利率逐步提高。采用这种计息方式的目的主要是鼓励投资者进行长期投资,以保证企业资金的长期稳定。但是债券的发行人一般会规定利率上限或者规定债券的最长持有期。

(五)按债券形态分类

1. 实物债券

实物债券是一种具有标准格式实物券面的债券。在标准格式的债券券面上,一般标明债券面额、债券利率、债券期限、债券发行人全称、还本付息方式等各种债券票面要素。上述要素中的有些内容,如债券利率、债券期限等如果在发行之初已通过公告向社会公布,可以不再在债券券面上注明。在我国现阶段的国债品种中,无记名国债就属于实物债券,它以实物券的形式记录债权、面值等,不记名,不挂失,可上市流通。实物债券是一般意义上的债券,很多国家通过法律或者法规对实物债券的格式予以明确规定。实物债券的发行成本较高,目前已经较少发行。

2. 凭证式债券

凭证式债券的形式是一种债权人认购债券的收款凭证。我国近年通过银行系统发行的凭证式国债,券面上不印制票面金额,而是填写认购者实际缴款的金额,该国债是一种国家储蓄债,可记名、挂失,以"凭证式国债收款凭证"记录债权,不能上市流通,从购买之日起计息。在持有期内,持券人如果遇到特殊情况,需要提取现金,可以到购买网点提前兑取。提前兑取时,除偿还本金外,还按实际持有天数及相应的利率档次计算并支付利息,经办机构按兑付本金的0.2%收取手续费。

3. 记账式债券

记账式债券没有实物形态的票券,而是以记账形式记录债权,通过证券交易所交易系统发行和交易。在我国,上海证券交易所和深圳证券交易所已为证券投资者建立电子证券账户,债券发行人可以利用证券交易所的交易系统来发行债券。投资者在开立股票账户之后,可以同时进行记账式债券的交易。记账式债券的发行和交易过程都已实现无纸化,具有效率高、成本低、交易安全性好的优点。

(六) 按债券的募集方式分类

1. 公募债券

公募债券是指经证券主管机构批准面向社会公开发行的债券。公募债券的发行人一般要求具有较高的信用等级,公司经营状况及管理水平必须符合一定条件。公募债券的发行对象是不固定的、分散的,因而要求债券的发行人必须严格遵守信息披露制度,及时、全面、准确地将投资者所应当知晓的公司各类情况向社会公开披露。

2. 私募债券

私募债券是指债券的发行人向特定的发行对象发行的债券。私募债券的发行人不需要将公司的相关信息向社会公开披露。由于发行范围小,而且对债券转让又有严格的限制,私募债券的流动性较差。

(七) 按债券是否记名分类

1. 记名债券

记名债券是指在债券券面上注明债权人的姓名的债券。记名债券的持有人必须凭其印鉴领取本息,在转让时还须向发行人处办理登记过户手续。这种债券在转让时,受让人除了支付买卖债券手续费之外,还需支付过户费,手续繁琐且费用较高,因而流动性较差。但它可以有效地防止本息的冒领,在债券失窃或丢失时,债权人可向债券发行人挂失,减少不必要的损失。

2. 无记名债券

无记名债券是指在债券券面上不注明债权人姓名的债券。这种债券在领取本息时不需要提供持有人的印鉴,在转让时也不需要办理过户手续,因而流通较为方便。但在债券失窃或丢失时不可挂失。对个人投资者发行的债券多为无记名债券。

(八) 按债券有无担保分类

1. 抵押担保债券

抵押担保债券是指通过一定的方式对债券的到期还本付息责任进行抵押或担保的债券,又可细分为抵押债券、质押债券和保证债券。如果债券发行人到期不能还本付息,债券持有人有权处理抵押品、质押证券,以此作为抵偿,或由担保人代为偿债。

2. 无担保债券

无担保债券也称为"信用债券",是指不提供任何形式的担保,只以发行者自身信用为保证而发行的债券。一般来说,只有政府和一些信用等级很高的公司才可以发行无担保债券。许多国家还要求无担保债券发行人必须签订信托契约,并在信托契约中规定发行人不得随意增加其债务、在无担保债券清偿前公司股东分红不得超过一定标准等,对债券发行人的限制性措施。

(九)按债券的偿还期限分类

根据债券偿还期限的长短,债券可分为短期债券、中期债券和长期债券。一般来说,偿还期限在1年以内的为短期债券;偿还期限在1~5年的为中期债券;偿还期限在5年以上的为长期债券。不同的国家对期限划定标准有所不同(如美国等一些国家就将偿还期限在1~10年的债券作为中期债券)。

(十)按债券的发行市场所在地和债券面值货币分类

1. 国内债券

国内债券指的是发行人在本国市场发行的以本币为面值的债券。

2. 国际债券

国际债券是指发行人为筹集资金在国外金融市场上发行的债券。它的发行人、发行地、计价货币都可能分属不同的国家。国际债券又可以分为外国债券和离岸债券。

(1)外国债券是指发行人在国外金融市场上发行并且以市场所在国的货币为面值的债券。例如,外国投资者在美国市场发行的美元债券,又被称之为"扬基债券",在日本发行的日元债券称为"武士债券"。

(2)离岸债券是发行人在国外金融市场发行、以发行地所在国以外的第三国的货币作为计价货币的债券,因其最早出现在欧洲离岸市场,所以又称为欧洲债券。离岸债券涉及发行人所在国、发行地所在国以及计价货币所在国三方,其发行除经发行人所在国政府批准外,并不受到发行地所在国及计价货币所在国相关法律的管制,是一种监管宽松的筹资方式。

近年来,我国经济持续、高速、稳定发展,众多国外投资者纷纷看好中国经济的发展前景。我国政府、金融机构和一些工商企业利用这一有利时机,在国外发行了几十种外国债券,为我国的经济发展筹措了大量宝贵的国外资金(例如,2003年10月,我国财政部发行了15亿美元债券外国债券,其中包括10亿美元债券和等值5亿美元的欧元债券两部分)。

三、债券与股票的区别

债券与股票同属于有价证券,持有人都可以根据自己所持证券获取一定的收益,并可以依法进行转让或交易。但是,两者之间还是有很大区别的。

(一)对发行主体的要求不同

作为一种筹资手段,无论是中央政府、地方政府、社会团体,还是工商企业,一般都可以发行债券;股票的发行主体却只有股份有限公司。这是股票与债券的重要区别之一。

（二）股票与债券的性质不同

发行股票与发行债券都是筹集资金的手段，但两者性质却有根本的不同。股票是所有权凭证，公司发行股票，筹集了资金，增加了所有者权益；债券是债务凭证，公司发行债券，筹集了资金，增加了公司负债。债券的持有者拥有的是债权，他只能要求发行人必须按期还本付息；股票的持有者拥有的是股权，他虽然无权要求发行人还本付息，但有权参与公司收益的分配、公司的经营管理和公司剩余资产的分配。

（三）股票与债券的收益不同

债券的利率是固定的，它不随举债人剩余利润的变化而变化；而股票的收益是不确定的，收益的高低取决于公司剩余利润的多少。

（四）股票与债券的期限不同

股票是没有期限的永久性证券，投资者一经购买，便不能从公司中抽回股本，而只能通过市场转让的方式收回资金；而债券是发行者的债务，一般都有明确规定的偿还期限，期满时必须还本付息。

（五）股票与债券的风险不同

债券的利息固定、偿还期限固定，在公司清算时它也可以优先清偿，因而具有相对的安全性；而股票的经常性收入是很不固定的，具有清偿上的附属性，因而其风险要高于债券。

第三节　投资基金

一、投资基金的定义与特点

（一）投资基金的定义

投资基金就是将众多投资者的资金集中起来，交由专门的投资机构经营管理，投资于各种投资领域，投资收益按照投资比例分配给原投资者，投资经营管理机构从中获取相应的报酬。

投资基金实现了投资资金与投资能力的有效组合。对于专业基金管理人员来说，他们凭借渊博的理论知识、丰富的管理经验，对资金进行分散投资，趋利避险，达到获利的目的；对于那些资金不多，或没有时间和精力，或缺少证券投资专门知识的投资者而言，将自己的资金交由专家进行理财，既可免去劳心费神的烦恼，又可获得令人满意的投资回报，是甚佳的投资选择。

（二）投资基金的发展

投资基金起源于英国，发展于美国。19世纪初，英国的工业革命成功之后，生产力水平有了很大的提高，国家建设对资金的需求减少，资金过剩，利率下降。而此时美国等其他各国正处于工业化进程中，急需资金，因而纷纷到英国发行各种证券筹集资金。英国大量的资金为追求高额利润而涌向美国等国家。然而不久美国的许多公司破产，这使英国投资者蒙受了巨大的损失。为了避免损失，一些投资者便萌发了众人集资，委托熟悉海外经济的专家进行运营管理的想法。这一想法得到了英国政府的支持。1868年，英国政府出面组建了国外和殖民地政府信托组织的"投资托拉斯"，公开向社会发售受益凭证，它被公认为是世界上最早的基金机构。第一次世界大战以后，美国取代英国成为世界第一经济大国，美国的基金业也开始发展起来。"马萨诸塞投资信托基金"作为美国最早的基金于20世纪20年代诞生，但很快在1929年经济危机中遭到了沉重的打击。危机过后，美国政府为了保护投资者利益先后制定了《证券法》《证券交易法》《投资公司法》和《投资顾问法》等，从此美国的共同基金进入了健康发展的新阶段。从第二次世界大战结束至20世纪60年代，美国基金逐步从储蓄保值型走向增长型，重视对各种成长型股票的投资。1965年，大约有半数的基金将股票作为主要的投资对象，这对股市的稳定起到了重要的作用。进入20世纪90年代以来，美国国民的资金绝大多数是通过投资基金进入股市的，如在1992年新注入股票市场的资金中约有96%来自基金。美国家庭对共同基金的投资自1990年以来稳步增长。据统计，2016年底，全球开放式基金资产总额为40.4万亿美元，美国共同基金和ETF市场的资产管理规模为18.9万亿美元，占比47%，大约管理了22%的家庭金融资产。

我国的投资基金事业虽然起步较晚，但是发展很快。我国最早的基金业务始于1987年，当时，中国银行和中国国际信托投资公司首先开发了这一业务。进入20世纪90年代，我国基金业的发展正式进入实质性的阶段。1992年11月，经中国人民银行总行批准，由中国农村发展信托投资公司和淄博市信托投资公司等机构发起的"淄博乡镇企业投资基金"成为我国第一家国内专门基金，并于1993年8月20日在上海证交所挂牌上市，从此我国基金业进入一个快速发展的时期。1994年，我国共设立了投资基金78只，其中在深、沪证券交易所上市交易的共27只。但是在此期间，我国基金业的发展也暴露出了不少的问题，管理混乱、越权审批的现象较为严重，有的基金的设立已经完全背离了发展投资基金的宗旨，基金规模小、管理不规范、炒作成风。针对这些问题，中国人民银行于1993年5月19日发出紧急通知，要求各省级分行立即停止不规范发行投资基金与信托受益券的做法，并于1994年3月下发了《关于投资基金有关问题的通知》，停止审批设立和发行新的投资基金。1994年至1997年，我国的投资基金业基本上处于停滞状态。1997年11月，我国《证券投资基金管理暂行办法》颁布，我国的基金业从此进入了健康发展的新阶段，先后成立了10家基金管理公司，按照国际惯例对原有的基金进行了重组和规范。1998年4月，2支较为规范的、规模为20亿基金单位的契约型、封闭式基金——开元基金、金泰基金闪亮登场，分别在深、沪证券交易所上市交易。2001年9月11日，我国第一支规模为50亿基金单位的开放式基金——华安创新证券投资基金在我国 13 个城市公开发售。据证监会统计,至 2018 年底,我国已有 4992 只基金,资产净值合计 127593.81 亿元,份额规模合计 143359.79 亿份。基金在改善我国证券市场以中、小散户为主的投资结构、引导市场参与者树立正确的投资理念,以及促进我国证券市场健康发展等方面都起到了相当积极的作用。

(三)投资基金与股票、债券的区别

1. 反映的关系不同

股票反映的是所有权关系,债券反映的是债权债务关系,而基金反映的是基金投资者和基金管理人之间的一种委托代理关系。

2. 筹集资金的投向不同

股票和债券是直接投资形式,筹集的资金主要投向实业;而基金主要投向其他有价证券等金融工具,是一种间接投资。

3. 风险水平与收益水平不同

股票的收益取决于发行公司的经营效益,不确定性强,风险性大,一般收益也相对较高;债券的收益取决于债券利率,利率是事先确定的,收益稳定性高,投资风险小;投资基金主要投资于有价证券,其投资选择相当灵活,又具有专家理财、规模经营等优势,收益有可能高于债券,投资风险又可能小于股票。因此,基金能满足那些不能或不宜于直接参与股票、债券投资的个人或机构投资的需要。

(四)投资基金的特点

1. 分散风险

利用投资组合理论分散风险的原理,"不要把所有的鸡蛋放进一个篮子",是在投资过程中防范投资风险的一种有效措施。但对于普通的投资者而言,难以做到这一点。而投资基金可以凭借其雄厚的资金实力,在法律规定的投资范围内进行科学投资组合,实现多元化投资,从而有效降低投资风险。

2. 专家理财

证券投资基金由专业的基金管理公司来运作管理,基金管理公司的管理人员一般都受过高等教育和专业训练,具有丰富的证券投资实践经验,信息资料齐全,分析手段先进,从而克服了业余人士在专业知识和时间精力上的不足,提高了资产的运作效率。

3. 规模经济

单支投资基金的规模可能在数亿元、数十亿元甚至数百亿元,它们可以在证券投资过程中有效地控制仓位,可以在股票、债券、期货以及实业等方面灵活地选择投资,从而保证收益的稳定性。

4. 收益可观

基金的投资者按照持有的基金单位份额分享基金的增值效益。一般而言,投资基金采取组合投资的方式,在一定程度上分散了风险,收益比较稳定;同时由于专家理财和规模效益,投资者一般都可获得相对较高的投资收益。

二、投资基金的种类

(一)按可否追加投资份额划分

1. 封闭式基金

封闭式基金是指经核准的基金份额总额在基金合同期限内固定不变,基金份额可以在依法设立的证券交易场所交易,但基金份额持有人不得申请赎回的基金。封闭式基金的基金管理公司在设立基金之初就限定了基金单位的发行总额,在完成发行后即宣告成立,并进行封闭,不再增加新的基金单位。封闭式基金在设立后,投资者不得要求基金管理公司赎回自己所购基金单位。封闭式基金的流通有点类似于股票,它可以在投资者之间进行转让,也可以通过上市的方式竞价交易,其转让或交易的价格由基金净值、市场供求等因素所决定,其价格可能高于基金净值,也可能等于或低于基金净值。封闭式基金有一定的封闭期(也就是基金的存续期),即基金从成立起到终止之间的时间。基金封闭期满后即为基金终止。管理人应组织清算小组对基金资金进行清产核资,并将清产核资后的基金净资产按照投资者的出资比例进行分配。

2. 开放式基金

开放式基金是指基金份额总额不固定,基金份额可以在基金合同约定的时间和场所申购或者赎回的基金。开放式基金的投资者可根据自己的需要,以基金单位的资产净值为基准,随时购买基金单位,也可随时要求基金管理公司赎回自己所购基金单位。为了满足投资者的赎回要求,开放式基金一般在基金资产中必须保持一定的流动性,这虽然会影响基金的盈利水平,但对于开放式基金来说是必需的。

3. 开放式基金与封闭式基金的不同点

(1)开放式基金与封闭式基金在规模限制上有差别。封闭式基金在发行上市后,在存续期内,未经法定程序认可不能改变基金的规模;而开放式基金的规模是不固定的,一般是在基金设立3个月或半年后,投资人随时可以申购新的基金单位,也可以随时向基金管理公司赎回自己的投资。因此,业绩好的开放式基金,规模会越来越大;相反,业绩差的开放式基金,会遭到投资者的抛弃,规模逐渐萎缩,直到规模小于某一标准被清盘为止。

(2)开放式基金与封闭式基金的交易方式不同。封闭式基金的投资者不能向基金管理公司赎回自己的投资,但由于封闭式基金一般在交易所挂牌交易,投资者可以将其持有的基金单位转让给其他投资者,变现自己在基金上的投资,其属于二级市场交易;而开放式基金一般不上市,投资者要想买卖开放式基金,一般要向基金管理公司或其代理人(银行)提出申购或赎回申请,其属于一级市场交易。

(3)开放式基金与封闭式基金交易价格的形成机制不同。封闭式基金上市后要受到市场供求关系的影响,其交易价格并不完全与其单位净资产值一致,会出现溢价或折价的现象;而开放式基金的交易价格只受基金单位净资产的影响,买入价格是基金单位净资产值加上一定的申购费用,卖出价格是基金单位净资产值减去一定的赎回费用。

(4)开放式基金与封闭式基金的投资策略有区别。封闭式基金在设立后,在相当长时期内规模固定,资本不会大规模减少,因此基金管理人可以进行长期投资,更好地设计投资组合,分散风险;而开放式基金由于要随时应付投资者的申购和赎回,基金资产不能全部用来买股票,更不能全部进行长线投资,必须留存部分现金资产以备日常赎回之用。

(5)开放式基金与封闭式基金在期限上也有区别。封闭式基金通常有固定的存续期,目前市场中的封闭式基金的存续期一般为 10 年或 15 年,当期满时,经基金份额持有人大会通过并经监管机关同意可以延长存续期;而开放式基金没有固定的存续期,只要基金的运作得到基金持有人的认可,就可以一直运作下去。

(二)按基金的组织形式划分

1. 契约型基金

契约型基金又称为"信托基金",是由基金经理人(即基金管理公司)与代表受益人权益的信托人(托管人)之间订立信托契约而发行受益单位,由经理人依照信托契约从事对信托资产的管理,由托管人作为基金资产的名义持有人负责保管基金资产。契约型基金的设立法律性文件是信托契约,而没有基金章程。基金经理人、托管人、投资人三方当事人的行为通过信托契约来规范。

2. 公司型基金

公司型基金又称为"互惠基金""共同基金"(Mutual Fund),是以公司形态组建,以发行股份的方式募集资金的基金。投资者通过购买公司股份成为基金公司股东。公司型基金结构类似于一般股份公司,但基金公司本身不从事实际运作,而是将其资产委托给专业的基金管理公司管理运作。

契约型基金与公司型基金相比主要区别于以下几个方面。

第一,公司型基金具有法人资格,其所筹集的资金作为公司法人的资本;契约型基金不具有法人资格,其所筹集的资金作为信托财产由基金管理公司经营。

第二,公司型基金的结构与股份公司基本相同,它既可发行普通股,也可发行优先股或公司债券;而契约型基金只能发行受益凭证。

第三,契约型基金的投资者购买受益凭证后成为基金契约的当事人之一,只能依据基金契约享受投资收益,对资金运作没有发言权;公司型基金的投资者购买基金公司的股票后即成为该公司的股东,享有股权。

第四,契约型基金依据基金契约营运基金,公司型基金依据基金公司章程营运基金。

(三)按基金投资的对象划分

1. 债券基金

债券基金是一种以政府债券、公司债券为主要投资对象的证券投资基金。

2. 股票基金

股票基金是指以股票为主要投资对象的证券投资基金。

3. 货币市场基金

货币市场基金是以可转让定期存单、短期商业票据、银行承兑汇票以及政府短期债券等为主要投资对象的证券投资基金。

4. 衍生证券投资基金

衍生证券投资基金是以期货、期权、远期合约、认股权证、可转换债券等衍生工具为主要投资对象的证券投资基金。

(四)根据投资目标划分

1. 成长型基金

成长型基金是以追求基金资产的长期增值为主的基金。成长型基金的获利能力较强,但本金损失的风险也相对较高。

2. 收入型基金

收入型基金主要投资于可带来现金收入的有价证券,以获取当期最大收益为目的,多投资于风险较小,但收益相对较高的品种。

3. 平衡型基金

平衡型基金的投资目标是既要获得当期收入,又要追求长期增值,通常是把资金分散投资于股票和债券,以保证资金的安全性和赢利性。

三、证券投资基金的运作与管理

(一)证券投资基金的当事人

证券投资基金当事人有3类:基金份额持有人、基金管理人和基金托管人。如封闭式基金"嘉实元和",基金管理人是嘉实基金管理有限公司,基金托管人是中国工商银行有限公司。

1. 基金份额持有人

基金份额持有人是指持有基金单位或基金股份的自然人或法人,也就是基金的投资者。

2003年10月28日,我国第十届全国人民代表大会常务委员会第五次会议通过的

《中华人民共和国证券投资基金法》(以下简称《基金法》)规定：基金份额持有人有权分享基金财产收益；参与分配清算后的剩余基金财产；依法转让或者申请赎回其持有的基金份额；按照规定要求召开基金份额持有人大会；对基金份额持有人大会审议事项行使表决权；查阅或者复制公开披露的基金信息资料；对基金管理人、基金托管人、基金份额发售机构损害其合法权益的行为依法提起诉讼等。

2.基金管理人

基金管理人是负责基金的具体投资操作和日常管理的机构。我国《基金法》规定，基金管理人由依法设立的基金管理公司担任。担任基金管理人应当经国务院证券监督管理机构核准。基金管理公司通常由证券公司、信托投资公司发起成立，具有独立法人地位。如"基金兴华"这支封闭式基金，基金管理人是华夏基金管理有限公司。

基金管理人应凭借自己所具有的人才优势，根据法律、法规及基金章程或基金契约的规定，科学进行投资决策，谋求所管理基金资产的不断增值，并使基金份额持有人获取尽可能多的收益。由于基金份额持有人通常是人数众多的中小投资者，为了保护这些投资者的利益，基金管理人资质必须符合相关要求，认真履行基金管理职责，切实担负起管理基金的责任。

3.基金托管人

为了防止基金运作过程中基金管理人侵害基金份额持有人的权益，依据基金运行"管理与保管分开"的原则，需对基金管理人进行监督和保管基金资产。各国的证券投资信托法规都规定基金要由某一托管机构，即基金托管人来对基金管理机构的投资操作进行监督和保管基金资产。

基金托管人由依法设立并取得基金托管资格的商业银行担任。如"基金兴华"的托管人是中国建设银行。

(二)证券投资基金的运作与管理

基金募集期限届满，封闭式基金募集的基金份额总额达到准予注册规模的百分之八十，开放式基金募集的基金份额总额超过准予注册的最低募集份额总额，并且基金份额持有人人数符合国务院证券监督管理机构规定的，基金管理人应当自募集期限届满之日起十日内聘请法定验资机构验资，自收到验资报告之日起十日内，向国务院证券监督管理机构提交验资报告，办理基金备案手续，并予以公告。该基金即可宣告成立。

证券投资基金是一种投资信托方式，是基金持有人将其资产委托基金管理人进行理财。基金管理人必须切实保障投资者的合法权益，维护基金资产的安全性与流动性。因此，许多国家都对证券投资基金的运作实施限制政策。具体表现为对以下几个方面的管理。

1.证券投资基金的投资范围限制

《基金法》规定，证券投资基金的投资范围必须是上市交易的股票、债券以及国务院证券监督管理机构规定的其他证券及其衍生品种。同时证券投资基金不得从事与基金本身或其关系人的交易、基金资产相互间的交易和信用交易等。如我国《基金法》要求基金财产不得用于下列投资或者活动。

(1)承销证券。

(2)违反规定向他人贷款或者提供担保。

(3)从事承担无限责任的投资。

(4)买卖其他基金份额,但是国务院证券监督管理机构另有规定的除外。

(5)向基金管理人、基金托管人出资。

(6)从事内幕交易、操纵证券交易价格及其他不正当的证券交易活动。

(7)法律、行政法规和国务院证券监督管理机构规定禁止的其他活动。

运用基金财产买卖基金管理人、基金托管人及其控股股东、实际控制人或者与其有其他重大利害关系的公司发行的证券或承销期内承销的证券,或者从事其他重大关联交易的,应当遵循基金份额持有人利益优先的原则,防范利益冲突,符合国务院证券监督管理机构的规定,并履行信息披露义务。

2.证券投资基金的投资对象限制

即使在允许的投资范围之内,投资基金也须严格按照基金章程所规定的投资基金类型、投资证券品种的比例限制选择具体的投资对象,而不能够随意地改变投资对象或调整投资证券品种的比例。

3.证券投资基金的投资方法限制

为降低投资基金在获取投资收益的过程中所伴随的投资风险,证券投资基金必须采取组合投资的方法进行投资。《基金法》规定:"基金管理人运用基金财产进行证券投资,应当采用资产组合的方式。资产组合的具体方式和投资比例,依照本法和国务院证券监督管理机构的规定在基金合同中约定。"

4.证券投资基金的信息披露限制

为了保证基金运作过程公平、公正,维护基金份额持有人的合法权益,基金管理人、基金托管人和其他基金信息披露义务人应依法披露基金信息,并保证所披露信息的真实性、准确性和完整性。基金信息披露义务人应确保应予披露的基金信息在国务院证券监督管理机构规定时间内披露,并保证投资人能够按照基金合同约定的时间和方式查阅或者复制公开披露的信息资料。公开披露的基金信息不得有虚假记载、误导性陈述或者重大遗漏,不得对证券投资业绩进行预测,不得违规承诺收益或者承担损失,不得诋毁其他基金管理人、基金托管人或者基金份额发售机构。

第四节　金融衍生资产

一、期货

期货交易是人类社会在商品生产和交换过程中逐步发展起来的一种商品交易方式。它是商品经济发展到一定阶段的产物，也是贸易方式长期演进的结果。金融期货是在商品期货的基础上发展起来的一种衍生投资工具，尽管只有几十年的发展历史，但其发展的速度十分惊人，目前已经成为主要的期货交易品种。

（一）期货交易的定义

期货交易是指买卖双方约定在将来的某个日期按成交时双方商定的条件交割一定数量某种商品的交易方式。

期货交易是在现货交易基础上发展起来的，在期货交易所内成交标准化期货合约的一种新型交易方式。准确地讲，期货交易不同于远期合同交易方式，但是在远期合同交易方式的基础上演变、发展而来的。世界上第一个较为正规的期货交易所是1848年由美国的82位商人在芝加哥组建的芝加哥商品交易所（又称为"芝加哥谷物交易所"，英文简称CBOT）。该交易所设立之初就是采用远期合同交易方式，为商人和农民提供一个交易的地点。进场交易者通过交易所寻找交易对象，缔结远期合同。待合同到期后，实买实卖，进行货物的实际交割。这类似于目前我国农村所采用的"公司＋农户"的经营方式，但期货交易在开始便注重交易品种的数量和质量的标准化问题。采用这种交易方式，供货方可以提前完成销售，锁定生产成本，避免季节性价格波动的影响；需求方可以保证有稳定的货源，回避价格波动风险，锁定经营成本。后来，一些投机者看到倒卖合同也能够赚钱，便对倒卖合同产生了兴趣，并且逐渐更加热衷于合同的交易。

在期货交易发展过程中，出现了两次变革：一是合约的标准化，二是结算制度的建立。在期货交易过程中，交易双方在成交时并未真正实现商品和价款的转移，而要到未来某个日期按原来达成的协议进行货款交割。期货合约就是指由期货交易所统一制定的、约定在将来某个日期和地点交割一定标准数量和质量的实物商品或金融商品的可转移的协议。1865年，芝加哥期货交易所为规范交易行为，实现了合约标准化，推出了第一批标准期货合约，并实行了保证金制度，以消除交易双方由于不履约而产生的各类纠纷。在标准化合约中，除价格外，商品的品质、数量、交货时间、交货地点以及付款条件等都进行了标准化的约定，这使得市场参与者能够非常方便地转让期货合约，同时使生产经营者能够通过对冲平仓来解除自己的履约责任，还使期货交易者能够方便地参与交易，大大提高了期货交易的市场流动性。随着交易品种的增多和交易量的增加，结算出现了较大的困难。为了处理日趋复杂的结算业务，专门从事结算业务的结算所便应运而生。直到现代结算所成立,真正意义上的期货交易才算产生,期货市场才算完整地建立起来。

在现代期货交易中,交易的对象并不是商品(标的物)的实体,而是商品(标的物)的标准化合约。绝大多数期货的买方并非真正需要合约上指定的商品,绝大多数期货的卖方也并非真正拥有合约上指定的商品,他们交易的目的是通过交易期货合约获取买卖的差价。但是,对买卖双方来说,只要在合约到期前没有做过相反的交易,就都要承担合约规定的义务,即不管实际交割时价格发生了什么变化,不管这种变化对自己是有利还是不利,买方到期必须承担按合约规定价格买入指定商品的义务,卖方则应承担按合约规定的价格卖出指定商品的义务。因此,期货交易者为了免除实物交割所带来的麻烦,一般都会在合约到期以前,各自做一个相反的交易。也就是说,买入期货合约的投资者可以在合约上规定的交割日到来之前卖出相同种类、数量和交割日期的期货合约;卖出期货合约的投资者可以在合约上规定的交割日到来之前买入相同种类、数量和交割日期的期货合约。

据统计,在现代期货交易中,只有2%左右的投资者进行期货的实物交割,而绝大多数合约在到期之前通过做相反的交易平仓了结。虽然最终进行实物交割的期货合约的比例非常小,但正是这极少量的实物交割将期货市场与现货市场联系起来,为期货市场功能的发挥提供了重要的前提条件。

由于过分投机,当发生期货价格严重偏离现货价格时,交易者就会在期货和现货两个市场间进行套利交易。某一商品在某一特定地点的现货价格与该商品在期货市场中的期货价格之差,称之为"基差"。当基差为负值,也就是现货价格低于期货价格,称之为"远期升水";当基差为正值,也就是现货价格高于期货价格,称之为"远期贴水"。当期货价格高于现货价格较多,即远期升水时,交易者就会在期货市场上卖出期货合约,在现货市场上买进商品,于是,现货市场的需求增多,现货价格上升,期货合约供给增多,期货价格下降,期现价差缩小;当期货价格低于现货价格较多,即远期贴水时,交易者就会在期货市场上买进期货合约,在现货市场卖出商品,于是市场对期货的需求增多,期货价格上升,现货供给增多,现货价格下降,期现价差缩小。以上分析表明,通过实物交割,期货、现货两个市场得以实现互动,期货价格最终与现货价格趋于一致,期货市场真正发挥价格晴雨表的作用。

(二)期货的种类

根据期货交易的标的不同,期货可以分为商品期货和金融期货。

1. 商品期货

商品期货是指以实物商品为交易标的物的期货。商品期货根据交易的标的不同又可以分为谷物期货、棉花期货、金属期货、贵金属期货等。

期货市场最初即诞生于商品的远期交易及较为规范的商品期货中。到19世纪末,期货交易方式不断改进,标准化合约、保证金制度和每日清算制度等逐步推出,使期货交易日臻完善,同时交易品种也日趋丰富。20世纪70年代,金融品种开始进入期货市场。

2．金融期货

(1)金融期货的产生与发展。金融期货是指以金融工具作为标的物的期货。

20世纪70年代初,随着美元的两次贬值和美国政府宣布美元与黄金脱钩,布雷顿森林体系彻底崩溃。国际货币制度从以美元为中心的固定汇率制走向浮动汇率制。由于浮动汇率条件下汇率变动受市场的供求关系及其他各种人为因素的影响,汇率的波动频繁且剧烈,人们迫切地需要能有效地回避或降低金融风险的工具。金融期货正是在这种情况下应运而生的。

金融商品的同质性、价格的易变性以及结算与交割的便利性,决定了它在期货交易中具有比商品期货更为显著的先天优势。同时随着虚拟经济的发展,金融商品日益丰富,利用金融工具规避金融风险的要求也愈加强烈。因此,金融期货从一出现就迅猛地发展起来,盛行100多年的商品期货被金融期货逐步取代,汇率、利率、股票价格指数等金融工具十分活跃地涌现,成为主要的期货品种。

(2)金融期货的种类。金融期货主要有3种类型:外汇期货、利率期货和股票价格指数期货。

①外汇期货。外汇期货是指协议双方同意在未来某一时期,根据约定价格即汇率,买卖一定标准数量的某种外汇的可转让的标准化协议。外汇期货是金融期货中较早出现的品种。20世纪70年代初,外汇市场固定汇率制崩溃,为规避汇率风险,外汇期货应运而生。随着国际贸易的发展和世界经济一体化进程的加快,外汇期货交易一直保持着旺盛的发展势头。

目前,外汇期货交易的主要产品种有:美元、日元、欧元、英镑、瑞士法郎、加拿大元、澳大利亚元等。

②利率期货。利率期货是指协议双方同意在约定的将来某个日期,按约定条件买卖一定数量的某种长短期信用工具的可转让的标准化协议。利率期货的标的物是一定数量的某种与利率相关的资产,即各种固定利率的有价证券。由于现行利率和预期利率的变化对固定利率有价证券的价格产生着巨大的影响,这为利率期货的产生创造了条件。

期货按利率期限可分为短期利率期货和长期利率期货;按债务凭证可分为国库券期货、国债期货和欧洲美元期货。目前,我国已上市交易三种国债期货,其标的分别为2年期国债、5年期国债和10年期国债。

③股票价格指数期货。股票价格指数期货是指协议双方同意在将来某一时期按约定的价格买卖股票指数的可转让的标准化合约。股票价格指数期货交易的实质是,投资者通过股指期货将其对整个股票市场价格指数的预期风险转移至期货市场上来,其风险是通过对股市走势持不同判断的投资者的买卖操作来相互抵消的。股票价格指数期货中最具代表性的股票指数有美国的道·琼斯股票指数和标准·普尔500种股票指

数、英国的金融时报工业普通股票指数、香港的恒生指数、日本的日经指数等。在具体交易时,股票指数期货合约的价值是用指数的点数乘以事先规定的单位金额,即用合约乘数计算的。例如,标准·普尔指数规定每点代表250美元,香港恒生指数规定每点代表50港元,沪深300指数的合约乘数为每点300元人民币。

(三)期货交易与现货交易的区别

期货交易是在现货交易的基础上对一般契约交易的发展。期货交易具有与现货交易所不同的基本特征。

1. 交易的对象不同

现货交易的直接对象是某一有具体形态的商品本身,而期货交易买卖的直接对象是期货合约。

2. 交易的目的不同

现货交易是"一手交钱、一手交货"的交易,即马上或在一定时期内进行实物交收和货款结算,取得商品的使用价值和实现商品的价值。现货交易的目的主要是筹集生产经营过程中所需的资金或为投资者提供投资获利的机会。但期货交易的目的不是到期获得实物,而是通过套期保值回避价格风险,发现和形成价格,同时也可以为一部分投机者提供投机获利的机会。

3. 交易方式不同

现货交易一般是一对一谈判签订合同,双方所签订的合同即使是远期合同,具体内容也是由双方商定的,是个性化的、非标准的合同;期货交易是以公开、公平竞争的方式进行交易,双方所订立的合约是由期货交易所统一制定的、标准化的。

4. 交易场所不同

现货交易一般进行分散交易;期货交易必须在交易所内依照法规进行公开、集中交易,不能进行场外交易。

5. 交易的保障制度不同

现货交易的有效合同一旦订立,将会受到《中华人民共和国合同法》等法律制度的保护,如果由于非不可抗力导致合同不能履行,要依据相关法律追究相关责任人的责任;而期货交易中期货合约的履行主要是以保证金制度为保障。

6. 交易的结算方式不同

现货交易的结算方式是钱货两清;期货交易则实行逐日盯市的交易制度,每日结算盈亏,决定是否追加保证金或者是对期货合约进行强制平仓。

7. 交易商品的范围不同

现货交易的品种可以是一切进入流通的商品。而期货交易商品具有特殊性。许多适宜于用现货交易方式进行交易的商品,并不一定适宜于期货交易。一般而言,商品是否能进行期货交易,取决于四个条件:一是商品是否具有价格风险,即价格是否波动频繁;二是商品的拥有者和需求者是否渴求避险保护;三是商品能否耐贮藏及便于运输;四是商品的等级、规格、质量等是否比较容易划分。这是四个最基本条件。商品只有符合这四个条件才有可能作为期货商品进行期货交易。期货交易品种是有限的,主要是农产品、石油、金属商品以及一些初级原材料和金融产品。

二、期权

期权交易与期货交易一样,也是随着市场经济的发展而发展起来的一种重要的金融衍生投资工具。自20世纪70年代现代期权交易开始以来,其发展十分迅猛,交易品种从商品期权发展到股票期权、利率期权、股指期权、货币期权和期货期权等。交易数量也不断增加,世界主要交易所的期权交易量基本上都已超过股票交易量。

(一)期权的基本概念

期权,又称"选择权",是指它的持有者可以在规定的期限内(或在一个特定的时间)按交易双方商定的价格向卖出方购买或出售一定数量某种资产的权利。

期权是一种合约。期权的买入方在向卖出方支付一定的权利金后,合约就赋予了其向期权的卖出方在规定时间买进或卖出某种资产的权利。买入方可以在规定期限行使这个权利,也可以放弃行使这个权利。但对出售期权的交易者来说,则只能按合约规定出售或购进该项资产。由此可见,期权交易是权利的单方面让渡,这种权利仅属于买方。

期权合约需要考虑的因素包括以下三个方面:一是期权的期限,即期权的有效期;二是期权标的物的种类、数量和敲定价格;三是权利金,又称之为"期权费",是期权的买方在一定期限内按协议价格买卖某种资产的权利而付出的代价。期权合约中指定标的物的买卖价格称之为"敲定价格"(履约价格、协议价格)。期权的买方在约定时间按此价格购买或出售一定数量的指定的资产,卖方不得以任何方式拒绝。

例如,2018年12月11日,一份2019年2月份到期的50ETF期权合约约定,持有者可以按2.15元(敲定价格)的价格购买一单位50ETF基金,每份合约的价格为0.6元(权利金)。

这是一份看涨期权,甲买入这份期权,付出0.6元,获得到期买入标的资产50ETF基金的权利;乙卖出期权,收入0.6元,但必须在到期时应甲的要求履行卖出标的资产的义务。

假设到2019年2月1日时,50ETF基金市价为每单位3元,期权的价格涨至0.8元。甲可采取两个策略。

一是行使权利——甲有权按2.15元的价格从乙手中买入一单位50ETF基金;乙在甲提出行权要求后,必须无条件予以满足。而甲可以3元的市价抛出基金,每单位获利0.25元〔(3-2.15)-0.6〕。乙则损失0.25元〔(2.15-3)+0.6〕。

二是售出权利——甲可以0.8元的价格售出看涨期权,甲获利0.2元(0.8－0.6)。

假设到2019年2月1日时,如果基金价格下跌,低于敲定价格2.15元,甲就会放弃这个权利,这时甲要损失0.6元的权利金,乙则净赚0.6元。

(二)期权的种类

1. 根据期权的权利分类

(1)看涨期权。它又称为"买入期权、多头期权",是指期权的买方在约定的期限内按协议价格买入一定数量某种资产的权利。

(2)看跌期权。它又称为"卖出期权、空头期权",是指期权的买方在约定的期限内按协议价格卖出一定数量某种资产的权利。

(3)双向期权。它又称为"双重期权",是指期权购买方在向期权卖方支付了一定数量的权利金之后,即可获得要未来一定期限内按照合约约定的价格买入和卖出某种资产的双向权利。当期权交易者预测期权标的物的未来价格将出现较大的波动,但难以确定其变动方向时,一般会倾向于购买双向期权。在双向期权中,只要标的物的价格与敲定价格之差大于权利金,期权买入者就可以通过执行某项期权而从中获利;反之,双向期权的卖方只有预测未来价格走势没有大的波动,才乐于出售该期权,以期赚取购买方的权利金。例如,某年3月份,某投资者预测某股票价格在未来3个月将会出现较大波动,但又难以确定其变动方向,便购买了行权日为6月1日的双向期权。看涨期权的权利金为2元/股,看跌期权的权利金为1元/股,敲定价格为15元,每份期权合约的股数为100股,则该期权买入者实际支付的权利金为300元。在双向期权中,合约的买入方一般不会放弃行权,只要标的物的价格与敲定价格之间存在差额,买入方就可以获利或减少损失。如本例中,如果行权日标的股票的价格高于18元或低于12元,期权买入方就可以获利;如果行权日标的股票的价格在12~18元,期权买入方也会选择行权,这时行权虽然不能获利,但可以使权利金损失低于300元。由于双向期权对于购买方略为有利,权利金也较看涨期权或看跌期权要高一些。

2. 根据期权标的资产分类

(1)股票期权。股票期权是以某一股票为标的的期权合约。行使期权时,期权的买方可以按照协议价格买入或卖出相应数量的股票。

(2)指数期权。指数期权是以变动的股票价格指数为对象的期权合约的买卖。在指数期权中,若期权的购买方预测指数将会上升,且有效期指数变化确如其预料,则可通过购买看涨期权并行权而从中获利;若购买方预测指数将会下跌,且有效期指数变化确如其预料,则可通过购买看跌期权并行权而从中获利。

(3)货币期权。货币期权是以外汇为基础证券的期权形式,包括外汇现货期权和外汇期货期权两种类型。在货币期权中,若期权的购买方向期权的卖出方支付一定的权利金,就具有在规定的期限内按照合约约定的汇价向期权的卖出方购入或出售一定数量某种外汇现货或期货的权利。

(4)利率期权。利率期权是标的资产为国库券、中长期国债、大额可转让存单等的期权。这些资产往往与利率水平的高低有着密切的关系,因此称为"利率期权"。

(5)期货期权。期货期权是以期货合约作为标的资产的期权合约,也称之为"期货合约期权",包括商品期货期权和金融期货期权。期货期权的购买方向期权的卖出方支付一定的权利金之后,就赋予购买方在规定期限内按照合约约定的价格向期权的卖出方购买或出售某段时期的期货合约的权利。因此,期货期权在实际交割时并不是期货合约所代表的商品,而是期货合约本身。

3. 根据期权的执行时限分类

(1)欧式期权。欧式期权是指期权的购买方只能在约定时间到达时才有权向期权的卖出方购买或出售合约所规定的某种标的资产的期权。

(2)美式期权。美式期权是指期权的购买方在约定时间到达前的任意时刻都有权向期权的卖出方购买或出售合约所规定的某种标的资产的期权。

由此可见,与欧式期权相比,美式期权的购买方在行权日期上有较大的选择范围,这有利于投资者把握行权时机。因此,一般美式期权比欧式期权的权利金要高一些。

(3)百慕大式期权。百慕大式期权是指期权的购买方在约定时间内的几个时刻都有权向期权的卖出方购买或出售合约所规定的某种标的资产的期权。它是介于美式与欧式之间的期权履行方式。

4. 根据期权交易的地点分类

(1)场内期权。场内期权是指在交易所内以固定的程序和方式进行的期权交易。场内交易的期权合约是标准化的期权合约,标的物数量、敲定价格、期权合约的期限等都已在合约中作出约定,交易双方所需确定的只有权利金。

(2)场外期权。场外期权是指不能在交易所进行交易的期权。场外交易的期权合约是非标准化合约,合约的内容需要由交易双方商定。

三、权证

权证是一种有价证券,投资者付出权利金购买后,有权利在某一特定期间(或特定时点)按约定价格向发行人购买或者出售标的证券。标的证券可以是股票、基金、债券或其他证券,是发行人承诺按约定条件向权证持有人购买或出售的证券。权证本质上与期权是相同的。

表 2-1　宝钢股权证的基本要素

权证发行人	上海宝钢集团公司(简称:宝钢集团)
权证简称	宝钢 JTB1
权证代码	580000
行权简称	ES060830
行权代码	582000
标的股票	宝钢股份
权证类型	欧式认购权证
权证规模	3.877 亿份
结算方式	实物交割
存续期	2005 年 08 月 18 日至 2006 年 08 月 30 日
上市日	2005 年 08 月 22 日
行权日	2006 年 08 月 30 日
行权价格	4.50 元
申报规则	申报数量为 100 份的整数倍;单笔权证买卖申报数量不超过 100 万份;申报价格最小变动单位为 0.001 元。
行权规则	当日买进权证,当日可以行权。当日行权取得的标的股票,当日不得卖出。
买卖规则	"T+0",当日买入,可以当日卖出。
涨跌停限制	涨停价格=权证前一交易日收盘价格+(标的股票当日涨停价格-标的股票前一日收盘价格)125%;跌停价格=权证前一交易日收盘价格-(标的股票前一日收盘价-标的股票当日跌停价格)×125%
权证交易费用	权证交易佣金不超过交易金额的 0.3%;行权时向登记公司按过户股票的面值缴纳 0.05%的股票过户费用

新中国历史上权证交易首次出现在 1992 年,部分上市公司发行了优先认股权并上市交易。由于过度的投机,1996 年 7 月,权证退出了中国的证券市场。2005 年,权证在中国证券市场消失 9 年之后,在股权分置改革的过程中,又有一部分上市公司以权证的方式补偿非流通股股东而支付对价。如上海宝钢集团公司为获得其持有股份的流通权而支付的对价为:于股权登记日登记在册的流通股股东每持有 10 股流通股将获得上海宝钢集团公司支付的 2.2 股股份、1 份认购权证,于对价被划入流通股股东账户之日,公司的非流通股份即获得上市流通权。

（一）权证的种类

1. 按买卖方向可分为认购权证和认沽权证

认购权证持有人有权按约定价格在特定期限内或到期日向发行人买入标的证券;认沽权证持有人则有权按约定价格在特定期限内或到期日向发行人卖出标的证券。

2. 按权利行使期限可分为欧式权证和美式权证

美式权证持有人在权证到期日前的任何交易时间均可行使其权利;欧式权证持有

人只可以在权证到期日当日行使其权利。

3. 按发行人可分为股本权证和备兑权证

股本权证由上市公司或其任何附属公司发行。股本权证必须以股票实物交割,即权证持有人全数缴付行权价后,权证发行人必须交付有关股票,从而改变上市公司在外流通的股份数量。我国的分离交易可转债发行时附带的权证,属于股本权证,其随债券发行,单独交易,行权时会改变公司股本规模,对上市公司具有二次融资的效果。备兑权证的发行机构是与权证本身所涉及证券的发行人或其附属公司并无关系的独立第三者,一般都是投资银行,其标的资产既可以是股票,也可以是债券、股价指数、基金、货币、商品又或"一篮子证券"等。备兑权证既有用实物交割的,也有用现金交割的。并且,由于备兑权证的标的是已发行在外的证券,备兑权证的到期执行没有稀释效应,对股份公司的股权结构不会产生影响。我国部分上市公司的股改权证是以非流通股股东的名义发行的,只为原非流通股份获取流通权,也属于备兑权证。

4. 按结算方式可分为证券给付结算型权证和现金结算型权证

权证如果采用证券给付方式进行结算,其标的证券的所有权发生转移;如采用现金结算方式,则仅按照结算差价进行现金兑付,标的证券所有权不发生转移。

(二) 权证要素

1. 标的证券

标的证券是指权证的持有人有权利在某一特定期间(或特定时点)按约定价格向发行人购买或者出售的证券。标的证券可以是股票、基金、债券或其他证券,也可以是"一篮子股票"及其他证券。我国前几年推出认股权证,主要是用来解决公司的股权分置问题。如上海宝钢集团公司为获得其持有股份的流通权而向流通股股东支付的对价为流通股股东每持有10股流通股获得1份认购权证。

2. 有效期

认股权证的有效期通常会比较长,通常在1年以上。到期后,认股权证持有者可以有2种选择:要么执行认股权证,要么弃权。如宝钢股份在解决股权分置问题时向流通股股东支付的1份认购权证,其有效期为2005年8月22日至2006年8月30日。因为是欧式权证,所以该权证只能在2006年8月30日选择是否行权。

3. 行权价

行权价是指在执行认股权证时买入或卖出标的股票的价格,是事先就定好的价格。如宝钢股份的认购权证规定行权价格为4.5元。也就是在权证行权日2005年8月30日选择是否以4.5元/股的价格购买宝钢股份的股票。若当时宝钢股份股票的市场价格高于4.5元/股,权证持有者就会选择行权;若股票市场价格低于4.5元/股,权证持有者就会放弃行权。若权证存续期内公司有除权除息的情况,也须对行权价进行相应的调整。

4. 认购比例

认购比例是指一股认股权证可以买或卖几股股票。

5. 交割方式

执行认股权证的时候是进行实物交割还是进行现金交割。

6. 权利的方向

权利的方向是指买入的权利还是卖出的权利。权证合约中规定是买入标的资产的权利的认股权证就是认购权证;规定是卖出权利的认股权证就是认沽权证。

复习思考题

一、名词解释

1. 股票　　　　2. 股权　　　　3. 普通股
4. 优先股　　　5. 债券　　　　6. 政府债券
7. 公司债券　　8. 贴现债券　　9. 基金
10. 期货　　　 11. 期权　　　 12. 看涨期权
13. 看跌期权　 14. 权证

二、简答题

1. 股票的特征有哪些?
2. 债券的性质是什么?
3. 比较开放式基金与封闭式基金的异同。
4. 比较公司型基金与契约型基金的异同。
5. 比较股票、债券、基金的区别。
6. 比较期货与现货的区别。
7. 比较期权与权证的异同。

第三章 证券市场

证券市场(Securities Markets)是股票、债券、投资基金等各种有价证券发行和交易的场所。证券市场是金融市场的组成部分。广义的金融市场包括货币市场、资本市场等。货币市场亦称为"短期金融市场",是融通短期资金的市场;资本市场亦称为"长期金融市场",是融通长期资金的市场。

根据其功能不同,证券市场分为发行市场和流通市场。发行市场又称为"一级市场"或"初级市场",是指证券发行者将新发行的有价证券出售给投资者的市场。流通市场又称为"二级市场"或"次级市场",是已发行的有价证券交易与转让的市场。证券的发行市场与流通市场有着密切的联系,既相互依存,又相互制约。一方面,只有发行市场发行证券,流通市场才有了交易的内容,证券发行的种类和数量对流通市场的规模和运行有着重要的影响;另一方面,只有通过流通市场,投资者才得以将在发行市场所购买的有价证券交易和变现,进而获取收益。同时流通市场证券交易的活跃程度和交易价格影响着新证券的发行价格、发行速度等。因此,证券的两级市场是相辅相成的,是一个不可分割的整体。

第一节 证券市场概述

一、证券市场的概念

证券市场是有价证券发行和交易的场所。随着现代市场经济和现代科学技术的发展,尤其是现代信息传播技术的发展,证券交易的方式和内容已经发生根本性的变化,距离早已不再是制约证券交易的因素,场所已从证券市场的概念中逐步淡出,取而代之的则是无所不在、无所不能的网络系统。因此,证券市场更为准确地定义应当为"发行和交易有价证券所形成的经济关系的总和"。

金融市场是融通货币资金的场所。这一市场通过金融机构和证券交易机构进行着货币与资本的借贷与交易。金融市场按其所融通货币资金借贷关系建立时间的长短分为短期金融市场和长期金融市场。短期金融市场亦称为"货币市场",是指借贷期限在一年以内的资金借贷和短期金融工具交易的市场;长期金融市场则是我们所说的"资本市场",是指借贷期限在一年以上的中长期资金借贷和中长期金融工具交易的市场。资本市场主要包括中长期信贷市场、证券市场、保险市场等。证券市场通过证券信用的方式融通长期资金,通过证券的交易活动发现证券价格,引导资金流动,从而保证社会资源的合理配置。它不仅反映和调节货币资金的运动,对整个经济的发展与运行也有着重要的影响,在资本市场乃至整个金融市场中都占有举足轻重的地位。金融市场体系基本构成见图3-1。

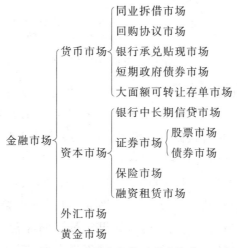

图3-1 金融市场体系基本构成

二、直接融资和间接融资

在市场经济的条件下,各经济主体为了保证自己经济活动的正常进行,必然有对资金的需求。这种需求的满足有两种方式,一种是内部融资,即将经济主体的自有资金用于经济活动。但这部分资金往往是有限的,是难以满足其需求的,在大多数情况下还要通过另一种方式,那就是外部融资,也就是通过一定的方式向外部的资金供给者筹措资金。外部融资的途径又有两种,一种称为"直接融资",另一种称为"间接融资"。

间接融资是资金供求双方通过银行等金融中介机构进行的资金融通活动,它表现为以货币为主要的金融工具,通过银行吸收社会上零散的货币资金,再通过贷款的方式为融资者提供资金。间接融资的规则比较简单,操作比较规范,数量集中,便于金融机构和相关部门对资金使用情况进行监督。但是,间接融资方式对于融资者来说成本较高,并且这是一种不稳定的资金供给,居民储蓄的资金通过银行进入社会经济活动领域,一旦通货膨胀或经济发展不稳定,这部分资金会随时要求兑现,严重时会对金融体系产生巨大冲击。

直接融资是指融资者以股票、债券为主要工具,直接向社会筹集资金的一种融资方式。直接融资方式不但实现了金融手段的多样化和灵活化,而且有效降低了筹资成本,可以在一定时期内将资金锁定在筹资者手中,排斥了资金所有者的索回权,特别是通过发行股票所筹集的资金更是将资金永久地锁定在生产领域,从而可以有效地防止间接融资所带来的兑现风险。采用直接融资方式，投资者可以自主地决定自己的投资方向，将会更加注重投资的收益，也就更加注重筹资人的经营效益，从而保证社会资金的合理流动。

图 3-2　间接融资过程

图 3-3　直接融资过程

间接融资与直接融资过程分别如图 3-2、图 3-3 所示。读者可能会发现，两种融资方式非常相似，投资者的资金都是要通过中介机构转移到资金需求者手中，但是两种融资方式却有着本质的区别。在直接融资过程中，融资决策的主体已经转移投资者自己身上，中介机构所起的仅仅是中介作用，它只是根据投资者的要求，协助投资者完成证券投资的交易活动；间接融资则不然，在间接融资的过程中，银行是决策中心，它要决定从社会上吸收的储蓄资金应投资于什么方向。因此，银行对各类储蓄存款负有不可推卸的还本付息责任，贷款风险都集中于银行，如果贷款人的经营出现问题，不能按期偿还贷款本息而成为呆账、坏账时，就会形成银行的不良资产，到一定程度就会影响银行的正常经营。特别是随着我国经济经济体制改革的深化和对外开放程度的提高，我国的资本市场也终将要对外资开放。如果间接融资的比重过大，银行不良资产比例过高，再加上国外游资的冲击，稍有不慎就可能产生金融动荡，甚至会对国民经济产生严重影响，而通过直接融资则可将风险转嫁到投资者身上，从而有效地防止此类问题的发生。

在我国的传统经济体制中，间接融资一直是一种最为重要的融资方式。但是随着我国经济体制改革的深化，这种格局正逐步得到改变。通过积极推进资本市场的改革开放和稳定发展，建立多层次资本市场体系，完善资本市场结构，丰富资本市场产品，直接融资必将会有进一步的发展。

三、证券市场的基本功能

证券市场是市场经济的一种高级的市场组织形态，是筹资人筹集资金的重要渠道，是市场经济条件下有效调配社会资金的重要机制，具有促进社会资源合理流动，提高社会效率的重要功能。

（一）证券市场是筹集资金的重要渠道

筹集资金是证券市场的首要功能。在国民经济运行过程中，各经济主体在不同时期货币的收入与支出不可能做到完全均衡，如一些企业在商品售出之后货款却不能及时收回从而造成资金的短缺，有时一次购入的原材料又可能满足企业较长时间商品生产和销售的需要，从而造成资金的富余；企业利润的积累会形成资金的富余，企业规模扩张及收购、兼并等资本运作行为又都会产生大量的资金需求；政府部门也可能因收支的不稳定而在资金的盈余与不足之间摆动；居民一般都处于资金结余状态。各经济主体在资金短缺时就要设法筹集资金满足自己各类经济活动的需要，而在资金盈余时又要寻求投资的渠道，以获得更多的收益。也就是说，资金的需求者与供给者之间客观上要求进行资金的融通，以维持和推动社会经济生活的正常运行。证券市场以证券形式为需求者和供给者融通资金提供了场所，资金需求者通过证券市场发行证券融入资金，而资金供应者也通过证券市场买入证券，实现资金增值，从而解决了资金供求的矛盾，并满足了双方各自不同的需要。

（二）证券市场是实现资本合理配置的有效场所

证券市场的产生与发展在很大程度上消除了生产要素在各部门之间转移的障碍。在证券市场中，企业的产权已经商品化、货币化、证券化，企业资产已经具有两重性。证券化了的企业资产可以通过在证券市场上出售或转让，方便地流动，这就为资本所有者自由地选择投资对象创造了便利的条件。证券市场所提供的公开、公平、公正的交易环境，使得证券价格的确定可以通过证券需求者之间和证券供给者之间的竞价以及证券的供求状况形成。因此，在证券市场有效运行的条件下，证券的价格反映了它所代表的资产的价格。证券市场可通过证券价格的变化，引导资金的流动，促进生产要素在各部门之间转移和重组，实现资本的合理配置。

（三）证券市场是政府调控经济的重要手段

在计划经济条件下，政府主要是通过计划和行政的手段实现对宏观经济的调控。而证券市场产生之后，政府则可以在证券市场上通过公开市场业务买卖政府债券，提高或下调准备金率，从而间接地控制货币供应量，调控需求。

四、证券市场的分类

（一）按证券市场的职能分为证券发行市场和证券流通市场。

证券发行市场是指证券的发行者为筹集资金，按照一定的法律规定和发行程序，向投资者出售新证券的市场。

证券流通市场是指已发行的证券实现流通转让的市场。

（二）按证券的性质分为股票市场、债券市场和基金市场

（三）按交易组织形式分为场内市场、场外市场、第三市场和第四市场

场内市场是指交易所市场，是流通市场的核心。交易所交易必须根据国家有关的证券法律规定，有组织地、规范地进行证券买卖，其有规定的时间和固定的交易场所，在管理上也具有严密的组织管理机构，只有交易所的会员经纪人才能在交易市场从事交易活动，一般投资者必须通过具有会员资格的经纪人进行证券交易。

场外市场又称为"店头交易市场"或"柜台交易市场"，是指证券交易所以外的证券交

易市场。由于场外市场没有系统的交易章程和交易制度,也没有固定的交易场所和交易时间,其并非是一个有形的市场。场外市场的交易对象一般是未上市的证券,交易主体具有多元化的特点,既有证券自营商和经纪人,也有交易所的会员和法人或机构投资者以及个人投资者,交易方式是多元化的,随着科学技术的发展和客观条件的变化可以有多种选择。

第三市场实际上也是一种场外市场,它的交易对象是已上市的证券,并在证券交易所以外进行交易。第三市场主要由一些机构投资者进行交易活动,因此以大宗交易为主,交易佣金一般低于交易所市场,这也是第三市场的魅力所在。

第四市场是投资者与证券资产持有者直接进行证券交易的市场。第四市场具有交易成本低、交易迅速的特点,便于保守交易秘密,不会对证券市场产生直接的冲击。但是由于其交易的隐蔽性较强,不便于对交易行为进行监督和规范。

五、证券市场的产生和发展

(一)证券市场的产生和发展

证券市场是社会化大生产和商品经济发展的产物。在资本主义发展初期的原始积累阶段,西欧就已经有了证券交易。

15世纪,在意大利商业城市中的证券交易主要是商业票据买卖。16世纪,里昂、安特卫普就已经有了证券交易所,当时交易对象是国家债券。

1602年,在荷兰的阿姆斯特丹成立了世界上第一个股票交易所。

英国在威廉三世时期出现了非正式的证券经营活动。1773年,股票商在伦敦柴思胡同乔纳森咖啡馆正式组织成立了英国第一个证券交易所,即现在伦敦证券交易所的前身,1802年,其获英政府的正式批准。至此,英国的证券市场正式形成。1802年3月,在英格兰银行附近,伦敦证券交易所的新营业大厦落成开业,最初的主要交易对象是政府债券,其后是公司债券、矿山运河股票等。1853年,伦敦证券交易所大厦重建,业务进一步扩大。18世纪中叶,在伦敦证券交易所进行交易的主要是英格兰银行、南海公司和东印度公司的证券,集资修建运河的股票和其他许多股份公司的股票则是在非正式的地方性证券交易市场上进行。至19世纪中叶,一些非正式的地方性证券交易市场也逐步走向正规化。同时,英国证券市场的发展已达到制度化和组织化的程度,伦敦证券交易所也已成为世界证券市场的中心。

美国最初的证券市场是随着在独立战争中各种中期债券和临时债券的发行和交易形成的。美国的证券交易首先是从费城、纽约开始,其后在芝加哥、波士顿等大城市扩展开来。1754年,一批从事证券买卖的商人在费城成立了经纪商协会,随着证券发行和交易规模的扩大,1790年,美国第一个证券交易所——费城证券交易所诞生。1792年5月17日,纽约24名经纪人在华尔街一棵梧桐树下聚会,达成了著名的"梧桐树协定"。该协定规定了公众委托交易收取手续费、佣金的最低标准和经纪人之间进行交易的规则等等。1817年,参与"梧桐树协定"的经纪人通过一项正式章程,共同组建了"纽约证券交易会",1863年,更名为"约证券交易所"。

第二次世界大战结束后,欧美和日本经济的恢复和发展以及各国的经济增长大大地促进了证券市场的恢复和发展,企业证券发行量增加,证券市场规模不断扩大,买卖越来越活跃。20世纪70年代开始,证券市场出现了高度繁荣的局面,不仅证券市场的规模更加扩大,证券交易日趋活跃,还逐渐形成了融资方式证券化、投资主体法人化、证券交易多样化、证券市场自由化、证券市场国际化和证券市场无形化的全新特征。

(二)我国证券市场的发展

我国证券市场的存在可以上溯到北洋政府时期,证券的发行可以追溯到19世纪。20世纪30年代,我国证券市场一度繁荣。新中国成立之后,因为推行计划经济体制,取消了证券市场。20世纪80年代以来,在邓小平理论的指导下,在党中央和国务院的支持下,伴随着改革开放的深入和经济发展,我国证券市场逐步成长起来。

1980年7月,山东淄博市周村区工业公司、淄博毛巾厂、周村镇办农机厂三家以一万元一股,合股40万元创办淄博毛巾周村分厂。这是山东乃至全国较早出现的股份合作制企业,它标志着我国的股份制经济进入了萌芽阶段。

1981年,我国加快经济发展速度,开始发行国库券。计划发行40亿元,实际发行48.66亿元,利率4%,偿还期限6—10年,并规定"不得自由买卖国库券"。"既无内债,也无外债"的中央财政格局终被打破。

1983年7月,经宝安县人民政府批准,宝安县联合投资公司本着"入股自愿,退股自由,保本、付息、分红"的原则,向社会招股集资,首次共集资130多万元。这是我国第一家经地方政府批准向社会招股集资的公司,也就是后来在深交所上市的中国宝安集团股份有限公司(深宝安)。

1984年8月23日,我国首家经地方政府批准的股份有限公司——北京天桥百货股份公司在北京正式成立。

1984年11月14日,经中国人民银行上海市分行批准,上海飞乐音响股份有限公司向社会和本公司职工发行面值50元的人民币普通股票1万股,首次共筹资50万元,这是新中国第一家经批准向社会公开发行股票的公司。

1986年11月,美国纽约证券交易所董事长约翰·范尔霖先生访华,14日他在北京人民大会堂将一枚纽约证券交易所的证章赠与接见他的邓小平同志。随后,陈慕华代表邓小平同志将一张中国上海飞乐音响公司的面值50元的股票回赠给范尔霖先生。邓小平的这一举动引起了众多媒体尤其是西方媒体的广泛关注,纷纷猜测股份制可能会在中国有较大的发展。

经国务院批准,上海证券交易所于1990年12月19日成立;深圳证券交易所于1991年4月11日成立。两家交易所的建立,规范了证券的发行与交易行为,完善了中国的证券市场基础制度,极大地推进了证券市场的发展。

1991年11月,上海真空电子器件股份有限公司向海外投资者发行了我国第一只B股。1992年2月21日,"电真空B"在上海证券交易所挂牌上市。

1992年1月,邓小平在深圳说:"证券、股市,这些东西好不好,有没有危险,是不是资本主义独有的东西,社会主义能不能用?……允许看,但要坚决试。"邓小平的讲话极大地促进了证券业的发展,有助于证券从业人员保持工作热情,为我国证券业的超常发展奠定了良好的基础。

1993年6月29日,青岛啤酒股份有限公司在香港正式招股上市,成为中国内地首家H股国有企业。

1994年8月,山东华能股份有限公司成功地赴纽约挂牌上市,是中国内地首家N股企业。

2009年1月21日《首次公开发行股票并在创业板上市管理暂行办法》、2014年2月7日《关于改革完善并严格实施上市公司退市制度的若干意见》等相继颁布,这对规范首次公开发行股票并上市的行为,提高上市公司质量和证券经营机构执业水平,保护投资者的合法权益和社会公共利益,促进证券市场健康发展起到了积极作用。

2014年4月25日《沪港股票市场交易互联互通机制试点若干规定》、2016年9月30日《深圳证券交易所深港通业务实施办法》相继发布,这有效地推动了我国新一轮高水平对外开放,建立了内地与香港股票市场交易互联互通机制,促进了中国内地与香港资本市场双向开放和健康发展。沪伦通,即上海证券交易所与伦敦证券交易所互联互通机制启动,这是深化中英金融合作、扩大我国资本市场双向开放的一项重要举措,有利于扩大我国资本市场双向开放,为两地发行人和投资者提供了进入对方市场投融资的便利机会。

近年来,我国的证券市场取得了迅速的发展,已成为经济持续高速发展的重要引擎。截至2018年底,境内上市公司总数已达3584家,总股本已达65,128.745亿股,总市值达到487,541.469亿元,相当于GDP的55%。

表3-1 近年我国上市公司规模状况表

年份	上市公司总数（家）	总股本（亿股）	流通股本（亿股）	总市值（亿元）	流通市值（亿元）
2018	3584	65,128.745	56,476.561	487,541.469	353806.676
2017	3485	61,100.470	52,188.747	631,832.557	449146.728
2016	3052	55,983.365	48,199.070	557,519.995	392947.370
2015	2827	50,092.961	44,017.901	584,464.410	417754.948
2014	2613	43,931.081	39,225.551	428,620.566	316433.059
2013	2489	40,662.426	36,714.845	272,499.640	199652.323
2012	2494	38,487.682	31,321.156	267,848.812	181674.643
2011	2342	36,194.879	28,806.119	250,115.896	165016.607
2010	2063	33,281.668	25,226.928	305,214.865	193200.369
2009	1718	26,207.327	19,719.878	290,727.179	151393.573

(三)我国证券市场的股权分置改革

众所周知,新中国证券市场的发展才刚刚经历了三十年的时间。设立之初,其主要还是为了解决国有企业的资金困难。在国有企业进行股份制改造的过程中,基本上是按照企业当时净资产的存量,依照每股1元的价格划分为等额股份。同时基本上以同样的价格向一些法人单位发行了股票。还有一些国有企业发行了内部职工股。但在这些企业上市之时,普通投资者却是以上市公司的发行价取得的股票。而这两者之间相去甚远。也就是说,国有股股东、法人股股东、内部职工股股东等取得的股票的成本与流通股股东的差别十分巨大。如三一重工的发行价是每股15.56元,中国石油的发行价是每股16.7元。当时的制度设计者考虑到流通股股东与非流通股股东取得的股票成本之间的这种差异,因流通股股东取得的股票的成本高,流通股可以在市场上流通;而非流通股股东取得的股票的成本低,非流通股不得在市场上流通。据说,还有一方面原因是当时中国的经济实力还十分薄弱,国家的一些支柱产业的非流通股一旦得以流通,会被一些外资收购,进而使国家失去控股地位。因此,在一家上市公司中形成了非流通股和流通股两种不同性质的股票,它们的成本不同,同时也拥有不同的权利。

中国证券市场在特殊发展演变中,A股市场的上市公司内部普遍形成了"两种不同性质的股票"(非流通股和流通股,只有占股票市场总量三分之一的社会公众股可以上市交易,另外三分之二的国有股和法人股则暂不上市交易),这两类股票形成了"不同股、不同价、不同权"的市场制度与结构,这种现象被称为股权分置。

1. 股权分置所带来的一些问题

(1)股权分置扭曲资本市场定价机制,制约资源配置功能的有效发挥。非流通股股东是以每股1元左右的价格购入股票进入公司的,流通股股东是以高于非流通股几倍、十几倍甚至几十倍的价格购入股票进入公司的。如三一重工股份有限公司是由三一重工业集团有限公司整体变更设立,以2000年10月31日为基准日经审计的净资产18000万元,按1:1的比例折为18000万股,由原有限公司股东三一控股有限公司、湖南高科技创业投资有限公司、锡山市亿利大机械有限公司、河南兴华机械制造厂和娄底市新野企业有限公司按其在原有限公司的权益比例持有。2003年向社会公开发行股份6000万股,发行价15.56元,募集资金9.336亿元。出资多的公众股东成了小股东,出资少的非流通股东反而成了大股东。股权分置下的中国证券市场仅仅是一个为企业提供融资的场所,完全没有优化社会资源、实现社会资源配置等正常股市功能。

(2)股权分置公司股价难以对大股东、管理层形成市场化的激励和约束,公司治理缺乏共同的利益基础。在股权分置状态下,约有三分之二的股份是不能上市流通的国有股和法人股。流通股股东的表决权对公司的经营管理根本不起作用,流通股也没有外延价值,它的唯一价值就是通过低买高卖获取价差。但由于非流通股不得上市流通,大股东就不会去关心股价的变动,流通股股东的表决权也无法对上市公司形成有效约束,这使公司治理缺乏共同的利益基础。

(3)资本流动存在非流通股协议转让价格和流通股竞价交易价格两种价格,资本运营缺乏市场化操作基础。非流通股不得上市流通,但可以通过协议转让,转让的价格基本上都是以公司的每股净资产为基础的;而流通股交易价格是通过竞价所形成的。协议转让价格与竞价交易价格两者之间有巨大差距,这就使收购、兼并等资本运营活动不具有市场化的操作基础。

(4)股权分置导致了国有资产流失。由于股权分置的存在,非流通股可以按规定通过协议转让。由于协议转让的非市场化导致每一次国有股向民营或外资企业的转让,就是一次严重的国有资产流失,实际上就是将国有利益或者是说将流通股股东的利益转让给了民营企业或外资企业。

(5)股权分置助长股票流通市场投机风气,助长股价操纵行为。由于股权分置,非流通股股价与二级市场的股票价格变化没有了关系,大股东可以不管股价变化肆无忌惮地利用和发布内部信息配合主力庄家炒作股票,上市公司在股价低位出利空消息配合庄家打压吸筹、在股价高位出利好消息配合庄家派发出货,这在我国的股市是司空见惯的。

(6)股权分置制约资本市场国际化进程和产品创新等。在成熟的资本市场上,一旦公司经营不善,股东就可以在股票市场上抛售股票,从而导致股价下跌。其他投资者就有可能通过发动代理权竞争或恶意收购来接管公司的控制权,这就迫使管理层必须尽心尽力地工作,以确保股东利益最大化。只有在股权相对集中且大股东之间的股权比重差距不大的情况下,代理权竞争机制才比较容易形成。但由于目前我国的国家股控股程度极高,且不具备流通性,这就使得来自证券市场的代理权竞争或敌意收购成功的可能性几乎为零。这也导致了中国证券市场仅具有简单的融资能力,难以形成科学的公司治理结构。

(7)股权分置严重阻碍中国优秀企业家成长和职业经理人培养。由于股权分置的存在,公司的高级管理人员主要还是由上级行政主管机关委派任命。委派到上市公司的领导人许多是原有国企领导或行政官员,他们在企业中的领导位置不是通过市场竞争所筛选和培养出来的,他们具备的多是政治经验和行政能力,他们的素质和思维能力很难使他们成长为优秀的企业家。这种经理人非市场化的选择机制违背了规范的公司治理规则和程序。企业的高级管理人员不仅要依靠个人的经营管理能力,还要依靠各方面的关系,他们所承担的政治责任甚至要超过经济责任。因此,公司经营者还必须听命于政府,难以根据企业发展的需要有效地行使决策职能。

2.我国股权分置改革的路径

股权分置不能适应当前资本市场改革开放和稳定发展的要求,已成为中国资本市场发展的瓶颈,必须通过改革,消除非流通股和流通股的差异。

2005年4月29日,中国证监会宣布启动股权分置改革试点工作。2005年5月9

日,证监会推出了三一重工、紫江企业、清华同方和金牛能源4处股权分置改革试点。股权分置改革可以说是自20世纪90年代中国证券市场创立以来的中国经济发展史上的"第二次革命",是中国资本市场发展的里程碑。

就经济本质而言,股权分置实质上就是非流通股股东与流通股股东在利益上的分置。套用严格的法律术语,股权分置改革的过程是非流通股股东对流通股股东支付对价的过程,股权分置改革方案在本质上是一个对价支付方案。"对价"(consideration)一词来自于英美合同法,其本意是指一方为得到权利、权益、益处或是为换取对方承诺而承担的损失和责任。

股权分置改革对价方案是指非流通股为获得流通权而给予流通股股东一定补偿的方案。现有的方案主要有以下几种。

(1)送股模式。送股模式就是由上市公司向流通股股东赠送一定数量的股份。在送股模式下,市场"除权"效应将使股票价格重心下移,可以直接或间接降低市盈率水平,投资者对"填权"的预期必将活跃市场交易。虽然送股可能会在一定程度上影响上市公司实施其既定的发展战略,但是它的操作直接简便,便于投资者判断,也比较符合投资者的心理偏好,容易获得市场和监管部门的认可。

(2)派现模式。派现模式就是由上市公司向流通股股东派发一定数量的现金红利。派现不会改变流通股股东的持股比例,对股权分置改革前后的证券市场价格没有太大的影响,但会导致上市公司现金流量减少,给公司带来一定的财务压力。目前单一的现金对价方案并不是受投资者欢迎的方式,从已实施的对价方案看,派现方式通常作为一种辅助手段与其他对价方式结合运用。

(3)回购模式。回购模式的实质是一种缩股行为,以此来达到减少非流通股比例的目的。股份回购是国外成熟证券市场一种常见的资本运作方式和公司理财行为,运用到对价支付方式当中,可以达到活跃市场交易、调节市场供求关系、调整上市公司股本结构的目的。但股份回购方式是否能够真正提升上市公司的价值,对股价走势有何影响仍然有待于进一步查证,而且对监管措施也提出了更高的要求。

(4)权证模式。权证模式就是由上市公司向流通股股东赠送一定数量的认购权证或认沽权证。由于权证本身是一种规避风险的衍生金融工具,它具备了高财务杠杆和风险对冲的特殊功能,并且有利于引入市场定价机制。采用权证模式的时候,当流通股价格在某一时点低于预设值时,权证持有者可以从发行者那里获得市价与预设值差额的补偿。对非流通股股东而言,权证对价的好处还在于,在获得流通权利的同时,可避免大量的现金流出和股份转出,保护了流通股股东利益,避免非流通股股东的利益溢出。

(5)缩股模式。缩股模式就是指由上市公司人为地缩减非流通股股东所持有股份的数量。该模式对流通股股东的持股数量没有任何影响,只改变非流通股在总股本中的比例,流通股股东虽没有得到直接的实际补偿,但他们的预期收益在于通过缩股使公司的财务质量相应提高,并提升公司的整体投资价值。目前缩股的效应很明显,缩股后上市公司的总股本减少,同时减少了控股股东的股权,因而市场的扩容压力较小。

为了防止股权分置改革完成后,公司原非流通股股份大量的出售对资本市场产生巨大冲击,证监会对非流通股的流通作出了规定:①自改革方案实施之日起,在12个月内不得上市交易或者转让;②有上市公司股份总数5%以上的原非流通股股东,在前项规定期满后,通过证券交易所挂牌交易出售原非流通股股份,出售数量占该公司股份总数的比例在12个月内不得超过5%,在24个月内不得超过10%。这就是说,在上市公司股权分置改革完成后,非流通股股份要在36个月之后才全部可流通。

股权分置方案是我国证券市场制度的一大创举,解决股权分置问题是中国证券市场自成立以来具有划时代的意义的改革举措,具有里程碑意义。悬在中国证券市场上的达摩克利斯之剑最终得以平稳落地,制约我国资本市场健康发展的最主要的桎梏终被打破,我国资本市场也从此走向一条健康、稳定、持续、快速发展之路。

六、我国证券交易所市场的层次结构

根据社会经济发展对资本市场的需求,我国大陆资本市场已形成了主板市场、中小企业板块市场和创业板市场在内的多层次交易所市场结构。

(一)主板市场

主板市场也称为"一板市场",是一个国家或地区证券发行、上市及交易的主要场所。主板市场对发行人的营业期限、股本规模、盈利水平、最低市值等方面的要求标准较高,上市企业多为大型成熟企业,具有较大的资本规模以及稳定的盈利能力。主板市场是资本市场中最重要的组成部分,是国民经济中各行各业优秀企业的集合,在很大程度上能够反映经济发展状况。上海证券交易所、深圳证券交易所是我国证券市场的主板市场。

(二)中小企业板市场

2004年5月27日,经国务院批准,中国证监会批复同意,深圳证券交易所在主板市场内设立中小企业板市场正式启动。设立中小企业板市场的宗旨是为主业突出、具有较好的成长性和较高科技含量的中小企业提供直接融资的平台,是我国多层次资本市场体系建设的一项重要内容,也是分步推进创业板市场建设的一个重要步骤。

2004年1月,《国务院关于推进资本市场改革开放和稳定发展的若干意见》出台,就如何推进资本市场改革开放和稳定发展提出了九条意见,因而此文件也称之为"国九条"。在"国九条"中,国务院要求建立多层次股票市场体系。在统筹考虑资本市场合理布局和功能定位的基础上,逐步建立满足不同类型企业融资需求的多层次资本市场体系,分步推进创业板市场建设,完善风险投资机制,拓展中小企业融资渠道。中小企业板市场的正式启动,是进行创业板市场建设的第一步,也是对"国九条"的具体落实。

中小企业板市场的设计要点主要是四个方面:第一,暂不降低发行上市标准,而是在主板市场发行上市标准的框架下设立中小企业板块,这样可以避免因发行上市标准

变化而带来的风险;第二,在考虑上市企业的成长性和科技含量的同时,尽可能扩大行业覆盖面,以增强上市公司行业结构的互补性;第三,在现有主板市场内设立中小企业板块,可以依托主板市场形成初始规模,避免直接建立创业板市场初始规模过小带来的风险;第四,在主板市场的制度框架内实行相对独立运行,目的在于有针对性地解决市场监管的特殊性问题,逐步推进制度创新,从而为建立创业板市场积累经验。

中小企业板块的总体设计可以概括为"两个不变"和"四个独立"。"两个不变"是指中小企业板块运行所遵循的法律、法规和部门规章与主板市场相同;中小企业板块的上市公司符合主板市场的发行上市条件和信息披露要求。"四个独立"是指中小企业板块是主板市场的组成部分,同时实行运行独立、监察独立、代码独立、指数独立。这样既体现了与主板市场的区别,又保持了与创业板市场的衔接,具有"承上启下"的作用。

中小企业板上市公司的股本规模、盈利能力、经营的稳定性等方面都较主板市场上市公司要求偏低,也由此引致其具有比主板上市公司更高的风险性,因而也需要采取更为严厉的监管措施。监管方面采取的措施主要是:完善开盘集合竞价制度和收盘价的确定方式,开盘价和收盘价均以集合竞价的方式产生,开盘集合竞价期间,交易所主机即时揭示中小企业股票的开盘参考价格、匹配量和未匹配量,收盘价通过收盘前最后三分钟集合竞价的方式产生,收盘集合竞价不能产生收盘价的,以最后一笔成交价为当日收盘价;在监控中引入涨跌幅、振幅及换手率的偏离值等指标,即股票交易出现日收盘价格涨跌幅偏离值达到±7%、日价格振幅达到15%、日换手率达到20%时,交易所公布前三只股票成交金额最大五家会员营业部或席位的名称及其买入、卖出金额;完善交易异常波动停牌制度,中小企业股票交易出现连续三个交易日内日收盘价格涨跌幅偏离值累计达到±20%、连续三个交易日内日均换手率与前五个交易日的日均换手率的比值达到30倍,并且该股连续三个交易日内的累计换手率达到20%的属于异常波动,应当停牌,直至有披露义务的当事人作出公告的当日10:30复牌,并且交易所公布该股票交易异常波动期间累计成交金额最大五家会员营业部或席位的名称及其买入、卖出金额;完善中小企业板块上市公司监管制度,推行募集资金使用定期审计制度、年度报告说明会制度和定期报告披露上市公司股东持股分布制度等措施。

(三)创业板市场

创业板市场又称为"第二板市场",是相对于主板市场的资本市场,是指主板市场之外专为中小企业和新兴公司提供筹资途径的市场。创业板市场的上市公司往往成立时间较短、规模较小,业绩也不突出,在主板市场上它们是不具有上市资格的。但是它们一般都有着巨大的盈利潜力、突出的成长性和广阔的发展前景等特点。若资本市场能够为它们提供融资和发展的平台,它们很可能会出现业绩爆炸式增长,成为高科技产业的中坚力量。

1.创业板市场的功能

创业板市场的功能主要表现在两个方面:一是具有证券市场的基本功能,如融资功能及优化资源配置、促进产业升级、分散投资风险、规范企业运作等功能;二是完善风险投资机制的功能。

新兴中小企业的高成长性和高收益性特点为风险投资基金所青睐。但风险投资是高风险与高收益的结合,高收益目标必须通过一定的退出渠道实现。为了实现风险投资者的目的,这就要求市场上有健全的退出机制,让投资者能够顺利地把资金撤出。创业板市场的一个重要功能就是为风险投资者建立了投资的有效退出渠道。

2. 创业板市场的特点

(1)上市门槛低。创业板市场主要为具有良好发展前景的上市公司提供扩张、发展的融资渠道,因而对上市公司的资产规模、股本规模、最低盈利等上市要求相对较低。

(2)保荐人制度。对保荐人的专业资格和相关工作经验提出更高要求。

(3)风险较高。由于创业板市场的上市公司规模小、经营时间短、公司业务发展处于初期阶段,而行业竞争又较激烈,未来发展的不确定性较大,投资者面临更大的投资风险。

(4)监管严格。由于创业板市场的投资风险更高,证券监管机构对上市公司实行更为严格的监管标准,对信息披露的及时性、准确性、完整性有更为严格的要求,以保证市场透明度和维护投资者的利益。

(5)以高新技术上市公司为主。

3. 创业板市场的风险

创业板市场的上市公司多具有高成长性和高收益前景,但由于成立时间比较短、规模较小、经营状况不稳定、未来业绩不确定性较大,相应的风险也十分突出。主要表现在以下几方面。

(1)上市公司的经营风险。创业板上市公司多为一些高科技企业,其生产经营所依赖的高新技术往往具有较大的不可靠性而易于出现技术失败,公司经营稳定性整体上低于主板上市公司,一些上市公司经营可能大起大落甚至经营失败,因此上市公司退市的风险较大。

(2)上市公司诚信风险。创业板上市公司经营期限较短,诚信记录不完整,且多为民营企业,可能存在更加突出的信息不对称问题,完善公司治理、加强市场诚信建设的任务更为艰巨。

(3)股价操纵的风险。创业板上市公司规模小,同时市场估值难度大,估值结果稳定性差,这就为机构投资者操纵股价创造了条件。

(4)退市的风险。与主板不同,为保证创业板上市公司质量,创业板将采用更为严格的退市标准。与主板相比,创业板增加了公司最近36个月内累计受到本所3次公开谴责,公司股票连续120个交易日通过交易所交易系统实现的累计成交量低于100万股等退市的条件。创业板不实行退市风险警示制度,且创业板上市公司退市后不得进入全国中小企业股份转让系统。一旦触发任何一项退市标准,上市公司都将面临退出创业板的命运,投资者手持股票的流动性将变差,甚至无法流动,价值将急剧降低甚至归零,这也是创业板最大的风险。

4.创业板市场和主板市场的区别

证券市场设立创业板的主要是为高科技领域中运作良好、成长性强的新兴中小公司提供融资场所。创业板市场与主板市场的主要区别在于以下几点。

(1)盈利要求不同。企业在主板首次公开募股要求同时具备:最近3个会计年度净利润均为正数且累计超过人民币3000万元;最近3个会计年度经营活动产生的现金流量净额累计超过人民币5000万元或营业收入累计超过人民币3亿元;最近一期不存在未弥补亏损。创业板市场对发行人的盈利要求相对较低:最近两年连续盈利,最近两年净利润累计不少于1000万元,且持续增长;或者最近一年盈利,且净利润不少于500万元,最近一年营业收入不少于5000万元,最近两年营业收入增长率均不低于30%。

(2)股本要求不同。创业板市场要求发行后总股本不低于3000万元,而主板市场要求发行前总股本不低于3000万元,发行后总股本不低于5000万元。

(3)资产要求不同。与实物资产和资金相比,无形资产价值具有明显的不确定性和主观性,为了防止发行人出现资本不实的情况,主板市场对发行人无形资产的比重作出了限制,要求发行人最近一期末无形资产(扣除土地使用权、水面养殖权和采矿权等后)占净资产的比例不高于20%。而创业板市场上市公司利润来源主要是自主知识产权,因此仅要求最近一期末净资产不少于2000万元,对无形资产的比例没有限制。

(4)主营业务要求不同。主板市场要求发行人最近3年内主营业务没有发生重大变更。创业板市场要求发行人应当主营一种业务,最近2年内主营业务没有重大变化。

(5)退市制度不同。在退市安排上,创业板市场采取比主板市场更为严格的摘牌制度,并不必然要经过ST、*ST等警示过渡阶段,一旦出现较为严重的违规情况,将直接摘牌退市。

创业板市场是完善风险投资体系,为中小高科技企业提供直接融资服务的重要一环,也是多层次资本市场的重要组成部分。我国创业板市场在经过10年的积极筹备后,终于在2009年10月23日在深圳证券交易所正式启动。

第二节 证券市场的参与者

证券的发行与交易是证券市场的主要行为内容。参与证券发行与交易的主要是证券发行人、证券投资者。但为了保证证券市场规范、有秩序地进行,还必须要有证券交易中介机构、自律性组织和证券监管机构等参与。证券发行人、证券投资者、证券交易中介机构、自律组织和证券监管机构等构成了证券市场的参与体系。

一、证券发行人

证券发行人是指为筹措资金而发行证券的政府、金融机构和公司。证券发行人通过证券发行,一方面解决了资金的需求问题,另一方面也为证券市场提供了各类证券交易的品种。证券发行人是证券发行的主体,如果没有证券发行人,证券发行及其后的证券交易就无从展开,证券市场也就不可能存在。

证券发行人中的政府包括中央政府和地方政府。中央政府主要通过在证券市场上发行中央财政债券(即国债),筹措用于弥补中央财政赤字及国家经济建设所需要的资金。我国国债种类主要有国库券、财政债券、国家重点建设债券、保值公债、特种债券、转换债及国库收款凭证。地方政府主要通过在证券市场上发行地方政府债券,以筹集地方公用事业建设所需要的资金。

公司作为证券的发行人,发行的证券种类繁多,就其大类而言,主要有股票和债券。对于符合《中华人民共和国证券法》(以下简称《证券法》)规定债券发行条件的公司,为筹集生产经营资金,经国务院授权的部门核准后,可以依照《公司法》相关规定发行公司债券。但是只有股份有限公司才可以通过发行股票的方式筹集生产经营资金。

金融机构作为证券发行人可以在证券市场上发行金融债券,以增加开展各项金融业务的资金来源。一般来说,金融债券是由国有商业银行、政策性银行以及非银行金融机构发行的,筹措用于国家重点建设项目、特种贷款和政策性贷款所需要的资金。股份制金融机构还可以通过发行股票的方式筹集资本金。

二、证券投资者

证券投资者是指进入证券市场进行证券交易的各类机构法人和自然人,是证券市场的资金供给者。

证券投资者的类型甚多,投资的目的也各不相同。根据投资者的性质特征可分为机构投资者和个人投资者两大类,其中个人投资者是投资者群体中的主要成分。截至2018年底,我国投资者的开户数已达14650.44万户,其中个人投资者达14615.11万户。

(一)机构投资者

机构投资者是各类法人机构,包括政府机构、企事业单位、金融机构、各类基金等。机构投资者在社会经济活动中的资金来源、投资目的、投资方向虽然各不相同,但一般都具有专家操盘、知识和经验丰富、收集和分析信息的能力强、注重投资的安全性、资金雄厚、可通过有效的资产组合以分散投资风险等特点,因而尽管它们数量不多,但可以影响甚至操纵市场。

政府机构参与证券投资的主要目的并不是获取利益,而是减少非理性的市场震荡、防范金融风险、实施宏观经济调控、调剂资金余缺等。

参与证券投资的金融机构包括:证券经营机构、银行业金融机构、保险经营机构、合格境外机构投资者、其他金融机构等。合格境外机构投资者(QFII)制度是指一国(地区)在货币没有实现完全可自由兑换、资本项目未完全开放的情况下,有限度地引进外资、开放资本市场的一项过渡性制度。在我国,QFII是指符合《合格境外机构投资者境内证券投资管理办法》规定条件,经中国证监会批准投资于中国证券市场,并取得国家外汇管理局额度批准的中国境外基金管理机构、保险公司、证券公司以及其他资产管理机构。QFII制度是我国证券市场对外开放最早最重要的制度安排,是境外投资者投资境内金融市场主要渠道之一。截至2019年1月,经国务院批准的合格境外机构投资者总额度已达3000亿美元。

企事业单位机构投资者主要是利用自有资金,事业法人有权自行支配的预算外资金进行证券投资。

各类基金性质的机构投资者包括证券投资基金、社保基金企业年金和社会公益基金等。

(二)个人投资者

个人投资者是指从事证券投资的社会自然人,他们是证券市场最广泛的群体。个人投资者的主要投资目的是追求盈利,谋求资本的保值和增值,他们十分重视本金的安全和资产的流动性。

在我国的证券市场中,个人投资者虽然占绝大部分,但是大多资金少、投资知识匮乏、信息量小且不准确,往往成为证券市场上违规交易的受害者。因此保护中小投资者利益是我国证券市场监管的主要内容。

三、证券市场中介机构

证券市场中介机构是指为证券的发行与交易提供服务的各类机构,分为证券经营机构和证券服务机构。证券市场中介机构是连接证券投资者与筹资者的桥梁,是证券市场运行的组织系统。证券市场中介机构的经营服务活动,加强了证券需求者与证券供应者之间的联系,保证了各种证券的发行和交易规范、有序的进行。证券市场的功能能否有效发挥,很大程度上取决于证券中介机构的活动质量的高低。

(一)证券经营机构

证券经营机构又称"证券公司""证券商",它是指依法设立的可经营证券业务的具有法人资格的金融机构。证券经营机构的主要业务有代理证券发行、代理证券买卖、自营性证券买卖以及为企业兼并与收购等重大经营决策提供咨询服务等。根据券商的业务内容可以分为证券承销商、证券经纪商和证券自营商。

1.证券承销商

证券承销商就是依照规定有权为发行人承销有价证券的证券经营机构。在现代证券发行中,发行人对一级市场的有关情况掌握的并不多。为了取得较好的发行效果,发行人通常并不是直接把证券销售给投资人,而是聘请证券承销商,由它们将证券分售给投资人。证券经营机构借助自己在证券市场上的信誉和营业网点,在规定的发行有效期限内将证券销售出去,这一过程称为"承销"。证券承销商是证券一级市场上沟通买卖、连接供求的桥梁。我国现行法律明确规定,股票与企业债券的公开发行都应由证券经营机构承销。证券承销商一方面要对证券发行人负责,另一方面也要对证券的投资者负责。

发行人向社会公开发行的证券票面总值超过人民币5000万元的,应当由承销团承销。承销团应当由主承销和参与承销的证券公司组成。

证券承销是证券经营机构的基本职能之一。根据证券经营机构在承销过程中承担的责任和风险的不同,承销又可分为代销和包销两种形式。

证券代销是指证券公司代发行人发售证券,承销商按照规定的发行条件,在约定的期限内尽力推销,在承销期结束时,将未售出的证券全部退还给发行人的承销方式。在代销过程中,承销机构与发行人之间是代理委托关系,承销机构不承担销售风险,因此代销佣金较低。对于那些信誉好、知名度高的大中型企业,它们的证券容易被社会公众所接受,发行风险低,用代销方式可以降低发行成本。

证券包销是指证券公司将发行人的证券按照协议全部购入或者在承销期结束时将售后剩余证券全部自行购入的承销方式。

包销又分为全额包销和余额包销。全额包销是指发行人与承销机构签订承购合同,由承销机构先按一定价格买下全部证券,并按合同规定的时间将价款一次性付给发行人,然后承销机构以略高的价格向社会公众出售。在全额包销过程中,承销机构与证券发行人之间是一种购销关系。承销商的目的已不是获取销售佣金,而是以较低的价格从证券发行人处购入证券,再利用自己的承销渠道和经验,以较高的价格卖给投资者,赚取差价。对发行人来说,采用全额包销方式既能保证如期得到所需要的资金,又无须承担发行过程中价格变动的风险;对承销商来说,全额包销一般可以获得比代销高得多的承销利润。因此全额包销是西方成熟证券市场中最常见、使用最广泛的方式。

余额包销是指发行人委托承销机构在约定期限内按照协议规定的价格发行证券,到销售截止日期,未售出的余额由承销商按协议价格认购。余额包销实际上是先代销,后全额包销,是代销和全额包销的结合。

对发行人来说,不论是全额包销还是余额包销,都不必承担证券销售不出去的风险,还可以迅速筹集资金,因而适用于那些资金需求量大、社会知名度低且缺乏证券发行经验的发行人。对承销商来说,选择代销或包销,应根据自身的条件和对所承销证券销售前景的分析,正确地权衡收益与风险后确定。

证券的代销、包销期最长不得超过九十日。

2.证券经纪商

证券经纪商是指接受客户委托,代客买卖的证券经营机构。证券经纪商的主要职能是为投资者提供信息咨询、开立账户、接受委托代理买卖以及证券过户、保管、清算、交割等。证券经纪商的收入主要是依靠在为客户提供服务的过程中,向客户收取一定比例的佣金。

3.证券自营商

证券自营商是指利用自己所拥有的资金自行买卖证券,从中获取差价收益,并独立承担风险的法人或个人。证券自营商一般不参与长期买卖,只注重短期价格的波动。

在证券经营机构中,有些只从事其中的一项经营业务,但多数是一些综合类证券经营机构,它们往往从事各种证券经营业务。

(二)证券服务机构

证券服务机构是指依法设立的从事证券服务业务的法人机构,主要包括证券登记结算公司、投资咨询机构、财务顾问机构、资信评级机构、资产评估机构、会计师事务所等。

证券市场中的各中介机构应对双方当事人承担责任,应严格履行职业道德规范。尤其是证券投资咨询机构的工作人员,他们的言行直接影响到投资者的投资行为和投资收益,对于一些中小投资者,投资咨询机构的相关信息是他们主要的投资参考依据。因此,证监会对投资咨询机构及其从业人员从事证券服务业务给予特别规定:不得代理委托人从事证券投资;不得与委托人约定分享证券投资收益或者分担证券投资损失;不得买卖本咨询机构提供服务的上市公司股票;不得利用传播媒介或者通过其他方式提供、传播虚假或者误导投资者的信息等。

证券服务机构为证券的发行、上市、交易等证券业务活动制作、出具审计报告、资产评估报告、财务顾问报告、资信评级报告或者法律意见书等文件时,应当勤勉尽责,对所依据的文件资料内容的真实性、准确性、完整性进行核查和验证。其制作、出具的文件有虚假记载、误导性陈述或者重大遗漏,给他人造成损失的,应当与发行人、上市公司承担连带赔偿责任。

四、自律性组织

自律就是自我监管。证券业自律性组织就是通过制定公约、章程、准则、细则,对证券市场活动进行自我监管的组织。我国的自律性组织一般是指证券行业协会。

证券行业协会是社会团体法人。证券业协会的权力机构为由全体会员组成的会员大会。根据我国《证券法》规定,证券公司应当加入证券业协会。

中国证券业协会成立于1991年8月28日。证券行业协会的职责包括:教育和组织会员遵守证券法律、行政法规;依法维护会员的合法权益,向证券监督管理机构反映会员的建议和要求;收集整理证券信息,为会员提供服务;制定会员应遵守的规则,组织会员单位的从业人员的业务培训,开展会员间的业务交流;对会员之间、会员与客户之间发生的证券业务纠纷进行调解;组织会员就证券业的发展、运作及有关内容进行研究;

监督、检查会员行为,对违反法律、行政法规或者协会章程的,按照规定给予纪律处分;证券业协会章程规定的其他职责。

中国证券业协会的宗旨是:在国家对证券业实行集中统一监督管理的前提下,进行证券业自律管理;发挥政府与证券行业间的桥梁作用;为会员服务,维护会员的合法权益;维持证券业的正当竞争秩序,促进证券市场的公开、公平、公正,推动证券市场的健康稳定发展。

在国家有关发展证券市场的方针政策的指引下,中国证券业协会对会员实行自律性管理,发挥着政府与会员之间的桥梁和纽带的作用。中国证券业协会积极维护会员的合法权益,维护市场的公开、公平、公正和有序运行,促进了证券市场健康稳定地发展。在规范证券机构的经营行为、控制市场风险、加强证券机构之间的交流、提高证券从业人员的素质、深化对证券市场的宏观研究、密切海内外同行之间的友好往来等诸多方面,中国证券业协会都在作出越来越大的贡献。

五、证券监督管理机构

证券监督管理机构分为政府监管机构和自律性监管机构。我国的政府监管机构是中国证券监督管理委员会。

我国《证券法》规定,国务院证券监督管理机构在对证券市场实施监督管理中履行下列职责:

依法制定有关证券市场监督管理的规章、规则,并依法行使审批或者核准权;

依法对证券的发行、上市、交易、登记、存管、结算,进行监督管理;

依法对证券发行人、上市公司、证券公司、证券投资基金管理公司、证券服务机构、证券交易所、证券登记结算机构的证券业务活动,进行监督管理;

依法制定从事证券业务人员的资格标准和行为准则,并监督实施;

依法监督检查证券发行、上市和交易的信息公开情况;

依法对证券业协会的活动进行指导和监督;

依法对违反证券市场监督管理法律、行政法规的行为进行查处;

法律、行政法规规定的其他职责。

国务院证券监督管理机构可以和其他国家或者地区的证券监督管理机构建立监督管理合作机制,实施跨境监督管理。

自律性监管和政府监管都是为了确保国家有关证券市场的法律、法规、规章和政策得到贯彻执行,维护证券市场的"三公"原则,保护投资者的合法权益。但两者之间又存在着一定的区别。

第一,性质不同。政府监管机构的监管带有行政管理的性质;自律性组织对证券市场的监管具有自律性质。

第二,监管依据不同。政府监管机构依据国家的有关法律、法规、规章和政策来进行监管;自律性组织除了依据国家的有关法律、法规和政策外,还依据自律组织制订的章程、业务规则、细则等对证券市场进行管理。

第三,监管范围不同。政府监管机构负责对全国范围的证券业务活动进行监管,自律性组织主要对其会员、上市公司及交易活动进行监管。

第四,监管的具体内容不同。政府监管机构主要是制定全国性证券法规,拟定监管条例,监管自律组织及证券中介机构,对重大违规案件进行查处等;自律性组织主要是对其会员或上市公司及证券交易等进行一线监管。

第五,两者采用的处罚不同。政府监管机构可以对违法违规的证券经营机构采取罚款、警告的处罚,情节严重的可取消其从事某项或所有证券业务的资格,对违法违规的上市公司可以决定终止其上市;自律性组织对其会员或上市公司的处罚较轻微,包括罚款、暂停会员资格、取消会员资格等,情节特别严重的可提请政府主管部门或司法机关处理。

第三节 证券发行市场

一、证券发行市场的定义

证券发行市场是证券的发行者为筹集资金,按照一定的法律规定和发行程序,向投资者出售新证券所形成的市场。证券发行市场通常无固定场所,是一个无形的市场。

证券发行市场是证券交易市场的基础和前提,只有有了证券的发行市场,并为证券的交易市场提供品种丰富、数量充足的证券,证券交易市场才会兴旺和繁荣。

二、证券的发行方式

证券的公开发行有严格的政策规定,发行者必须符合法律、行政法规规定的条件,并依法报经国务院证券监督管理机构或者国务院授权的部门核准或者审批;未经依法核准或者审批,任何单位和个人不得向社会公开发行证券。

合格的证券发行人在发行证券时,可以有多种发行方式。

(一)根据发行对象的不同,证券发行可以分为公开发行和非公开发行

1. 公开发行

公开发行又称为"公募发行",是指发行人向不特定的社会公众投资者广泛地发售证券的一种发行方式。

采用公开方式发行证券,所有合法的社会投资者都可以参加认购,其优势在于:投资者范围广,筹集资金潜力大;发行量大,投资者多,可避免对一级市场操纵;公开发行证券可上市流通,证券的流动性可增加投资者的认同度。

由于公开发行涉及投资者多、社会影响大,各国都对公开发行有严格的要求,如发行人要有较高的信用,发行人的信息披露必须充分、准确、规范等。我国《证券法》规定,公开发行证券,必须符合法律、行政法规规定的条件,并依法报经国务院证券监督管理机构或者国务院授权的部门核准;未经依法核准,任何单位和个人不得公开发行证券。

公开发行证券的认定主要依据发行对象是否为特定对象。我国《证券法》规定,凡是向不特定对象发行证券的或向特定对象发行证券累计超过二百人的为公开发行。同时规定,非公开发行证券,不得采用广告、公开劝诱和变相公开方式。由此推定,采用广告、公开劝诱等方式发行证券,也应认定为公开发行。

公司公开发行证券的发行过程比较复杂,登记核准所需时间较长,发行成本较高。这种发行方式一般适合于发行数量大,发行人社会影响较大、知名度较高的证券发行。

2. 非公开发行

非公开发行又称"私募发行""内部发行",是指仅面向少数特定的投资人发行证券的方式。非公开发行方式中的投资者一般都与发行人具有特定的关系。发行对象也分为个人投资者和机构投资者。个人投资者一般为老股东或发行人的员工。机构投资者多为与发行人有密切往来关系的金融机构或企业等。非公开发行方式中发行人与投资者关系较为密切,相互之间都很了解,因而发行手续简单,发行费用低。

(二)根据发行价格与票面价格之间的关系,证券发行可以分为溢价发行、平价发行和折价发行

证券的发行价格是指发行人将证券出售给投资者时所采用的价格,票面价格是指证券发行时每一单位证券所代表的资本额。发行价格的确定要考虑多种因素,如发行人收益水平、经营业绩的成长性、市场利率以及证券市场的供求关系等。证券的发行价格与票面价格一般是不一致的。

1. 平行发行

平价发行也称为"等额发行"或"面额发行",是指发行人以票面价格作为发行价格。由于股票上市后的交易价格通常要高于面额,平价发行能使投资者得到交易价格高于发行价格时所产生的额外收益。因此,投资者认购热情较高。平价发行方式虽简单易行,但发行人筹集资金量较少。目前,面额发行在发达证券市场中用得很少,多在证券市场不发达的国家和地区采用。债券、基金券等证券的发行多采用平价发行。

2. 溢价发行

溢价发行是指证券的发行价格高于票面价格。由于股票有着高风险、高收益的特点,其发行价格通常采用溢价发行方式确定,筹资人也可以筹集更多的资金。

3. 折价发行

折价发行是指证券的发行价格低于票面价格。

世界上各个国家一般都对证券发行价格的形式有具体的规定。如《公司法》第一百

二十七条明确规定:"股票发行价格可以按票面金额,也可以超过票面金额,但不得低于票面金额。"因此,我国法律是不允许折价发行股票的。

股票发行价格主要取决于公司的净资产、盈利水平、发展潜力、所在行业、发行数量、证券市场的状态以及承销商的经营能力等。其中,股份有限公司的发展潜力,也就是其成长性对其发行价格有着重要的影响。对于一些成长性较好的一些公司,尽管其净资产、盈利水平等方面并不突出,但是其高成长性会带给投资者广阔地想象空间,可能会导致其高溢价发行。

(三)根据有无发行中介,证券发行可以分为直接发行和间接发行

1. 直接发行

直接发行是指发行人不通过证券承销机构,而是自己直接将证券销售给投资人的发行方式。直接发行方式一般为非公开发行。由于非公开发行的发行范围较小,发行对象明确,发行价格有条件由发行人与投资者之间直接商谈确定,因而直接发行可降低发行成本。股份有限公司在采用发起设立方式时,首次发行的股票都是由发起人直接认购,这时不可能再依赖承销商作为中介。此外,公司公积金转增股本、送红股、债转股以及对原有股东增发新股等公司内部股本变化及发行新股均属于直接发行。直接发行方式可节省向发行中介机构所缴纳的手续费,降低发行成本,但发行风险全部由发行人承担,容易导致发行失败。这种发行方式一般适用于发行量小、发行对象明确、发行人知名度高、发行风险低的证券发行。

2. 间接发行

间接发行也称为"承销发行",是指发行人不直接参与证券发行,而是委托证券中介机构承销的一种方式。采用间接发行方式,发行人要向承销人支付一定的承销费用,因而发行成本相对较高。对发行人来说,证券发行工作并不是经常发生的,他们对一级市场并不熟悉,因此在证券发行时,尤其是向社会公开发行时,他们并不了解发行过程中可能出现的各种情况,发行效果往往难如人愿。而对证券中介机构来说,承销证券是他们的主要业务之一,他们有着发达的营销网络和丰富的承销经验,一般可以保证有比较好的发行效果,还可以为发行人承担发行风险。因此,在一般情况下,证券的公募发行多采用间接发行方式。同时我国《公司法》也规定,发起人向社会公开募集股份,应当由依法设立的证券公司承销,即采用间接发行方式。

三、证券发行的条件

(一)股票发行的条件

股票是指股份有限公司发行的,用以证明投资者的股东身份和权益的凭证。并不是任何一家企业都可以发行股票,只有股份有限公司才具有发行股票的基本资格。股份有限公司在不同时期,对不同范围的对象发行股票是受不同条件限制的。

1. 首次公开发行股票的条件

发行首次公开发行股票应当具备健全且运行良好的组织机构，具有持续盈利能力，财务状况良好，最近三年财务会计文件无虚假记载，无其他重大违法行为以及经国务院批准的国务院证券监督管理机构规定的其他条件。

《首次公开发行股票并上市管理办法》具体规定了首次公开发行股票的条件：发行人应当依法设立且持续经营3年以上，公司规范运行，最近3个会计年度净利润均为正数且累计超过人民币3000万元，净利润以扣除非经常性损益前后较低者为计算依据；最近3个会计年度经营活动产生的现金流量净额累计超过人民币5000万元；或者最近3个会计年度营业收入累计超过人民币3亿元；发行前股本总额不少于人民币3000万元；最近一期末无形资产（扣除土地使用权、水面养殖权和采矿权等后）占净资产的比例不高于20%；最近一期期末不存在未弥补亏损。

现行《证券法》规定，证券交易所是证券上市的审核机构。申请证券上市交易，应当向证券交易所提出申请，由证券交易所依法审核同意，并由双方签订上市协议。因此，申请首次公开发行并上市的发行人应当满足证券交易所的相关规定。

目前上海证券交易所和深圳证券交易所对在主板市场首次公开发行并上市的相关规定基本上是一致的：股票经中国证监会核准已公开发行；公司股本总额不少于人民币5000万元；公开发行的股份达到公司股份总数的25%以上；公司股本总额超过人民币4亿元的，公开发行股份的比例为10%以上；公司最近3年无重大违法行为，财务会计报告无虚假记载；交易所要求的其他条件。

创业板上市的条件主要是对公司股本总额的要求有所降低，只要不少于3000万元即可。同时必须满足公司股东人数不少于200人的要求。

2. 上市公司向社会公开发行新股的条件

上市公司向社会公开发行新股是指向原股东配售股票（以下简称"配股"）和向非特定对象公开募集股份（以下简称"增发"）。

(1) 基本条件。根据《上市公司证券发行管理办法》规定，上市公司发行证券应当具备如下条件：上市公司的组织机构健全、运行良好；公司内部控制制度健全；盈利能力具有可持续性，最近3个会计年度连续盈利；财务状况良好，会计基础工作规范，最近36个月内财务会计文件无虚假记载，且无重大违法行为；募集资金的数额和使用符合规定。

根据《证券法》规定，上市公司对发行股票所募资金，必须按招股说明书所列资金用途使用。改变招股说明书所列资金用途，必须经股东大会作出决议。擅自改变用途而未作纠正的，或者未经股东大会认可的，不得发行新股。

(2) 配股条件。配股是配售新股的简称，是指上市公司在获得有关部门的批准后，向公司现有股东依其所持股份按一定比例配售新股的行为。配股是上市公司发行新股的一种方式。由于配股是向上市公司的原有股东配售新股，发行范围一定，因而操作简单，实施时间短，发行成本低。同时，从我国的情况看，配股价格一般要高于上市时新股发行价格,筹资数量较大,对于负债率偏高的上市公司来说可有效地改善财务结构。但是,配股是一种增资发行行为,老股东要想获得新股还必须投入相当的资金。特别是一些上市公司把配股作为再一次"圈钱"的大好机会,千方百计地提高配股比例和配股价格,而不是从公司的长远发展出发,不顾及投资者的利益。因而,配股受到了投资者较严厉的抵触,对证券市场的发展产生了一定的不利影响。

近年来,监管部门对上市公司配股的要求较为严格。上市公司实施配股,除了要满足向社会公开发行新股的基本条件之外,还应符合下列规定:拟配售股份数量不超过本次配售股份前股本总额的30%;控股股东应当在股东大会召开前公开承诺认配股份的数量;采用证券法规定的代销方式发行。控股股东不履行认配股份的承诺,或者代销期限届满,原股东认购股票的数量未达到拟配售数量70%的,发行人应当按照发行价并加算银行同期存款利息返还已经认购的股东。

(3)增发条件。上市公司增发新股除符合向社会公开发行新股的基本条件之外,还应当符合下列规定:最近3个会计年度加权平均净资产收益率平均不低于6%;除金融类企业外,最近一期期末不存在持有金额较大的交易性金融资产和可供出售的金融资产、借予他人款项、委托理财等财务性投资的情形;发行价格应不低于公告招股意向书前20个交易日公司股票均价或前一个交易日的均价。

(二)债券发行的条件

公司债券是指公司依照法定程序发行、约定在一定期限还本付息的有价证券。

《证券法》规定,债券发行除了必须具有的主体资格外,发行人还必须满足以下法定条件,才可获准发行公司债券:

股份有限公司的净资产额不低于人民币3000万元,有限责任公司的净资产额不低于人民币6000万元;

债券的利率不得超过国务院规定的利率水平;

累计债券总额不超过净资产额的40%;

最近3年平均可分配利润足以支付公司债券1年的利息;

筹集资金的投向符合国家产业政策;

国务院规定的其他条件。

此外,发行公司债券募集的资金必须用于审批机关批准的用途,不得用于弥补亏损和非生产性支出。

(三)可转换公司债券发行的条件

可转换公司债券是指发行人依照法定程序发行,并在规定的期限内,可以按照双方约定的条件转换为股票的公司债券。

可转换公司债券具有公司债券与股票的双面性。在其转换为股票之前,其特征和运作方式与公司债券相同,它实际上就是公司债券。当可转换公司债券实现转换之后,原来的债权人也相应地变成了股东,与上市公司之间的关系也发生了相应的变化,由债权债务关系转变为所有者关系,其收益也不再是固定的债息,而是股票收益。

上市公司发行可转换为股票的公司债券,除应当符合公开发行证券的一般规定外,还应当符合证券法关于公开发行股票的条件,同时要求最近3个会计年度加权平均净资产收益率平均不低于6%;本次发行后累计公司债券余额不超过最近一期末净资产额的40%;最近3个会计年度实现的年均可分配利润不少于公司债券1年的利息。

四、证券发行的价格

(一)股票发行价格的确定

股票的发行价格是指发行人将股票出售给投资者时所采用的价格。股票发行价格的确定主要有以下几种方法。

1. 市盈率法

市盈率又称为"本益比"(price to earnings ratio),是股票的市场价格与每股收益之间的比率。市盈率是用来衡量股票的市场价格是否具有投资价值的一个重要指标。在股票发行的过程中,也经常通过市场所认可的市盈率和股票发行人的盈利水平来确定股票的发行价格。

$$市盈率 = \frac{股票市价格}{每股收益}$$

市盈率实际上反映了股票的市场价格是每股净收益的多少倍。在市盈率计算中,每股净收益一般是以年为时间单位,因此也可以将市盈率理解为:投资者当前以股票的市场价格购买股票,在几年的时间内可以用股票的净收益收回成本。因此,市盈率越低,就意味着对股票的投资回收期越短,股票的投资价值也就越大。

$$每股收益 = \frac{后利}{股份}$$

发行人的每股净收益确定之后,就可以根据发行市盈率确定股票的发行价格。

$$发行价格 = 每股收益 \times 发行市盈率$$

发行市盈率一般是依据二级市场上股票的平均市盈率、发行人所在行业的平均市盈率、发行人的收益现状及其成长性等来确定。一般而言,如果发行人在发行股票时二级市场上股票的市盈率较高、发行人所在行业的平均市盈率较高、发行人的收益状况较好、企业成长性较好时,发行市盈率就可以确定高一些。反之,就应当定得低一些。但由于发行人和承销商都是发行股票的利益主体,股票发行价格的高低直接关系到这两大主体的利益,发行人希望从市场中筹集更多的资金,承销商则希望从更大发行额中抽取更多的承销费用。因此发行定价具有更多的主观性和随意性,发行的股票价格也往往被高估。如果通过行政方式按统一的市盈率来确定发行价格,虽可以解决上述问题,但对于不同行业的上市公司来说是不科学的,这也容易诱使发行人通过财务报表粉饰来提高发行的价格。

2. 询价法

询价法就是股票的发行人及其保荐机构通过向询价对象询价的方式确定股票发行价格。

股票发行申请经中国证监会核准后,发行人应公告招股意向书,开始进行推介和询价。询价分为初步询价和累计投标询价两个阶段。发行人及其保荐机构应通过初步询价确定发行价格区间,通过累计投标询价确定发行价格。

发行人及其保荐机构应向不少于20家询价对象进行初步询价,并根据询价对象的报价结果确定发行价格区间及相应的市盈率区间。公开发行股数在4亿股(含4亿股)以上的,参与初步询价的询价对象应不少于50家。

发行价格区间确定后,发行人及其保荐机构应在发行价格区间内向询价对象进行累计投标询价,并根据累计投标询价结果确定发行价格。符合规定的所有询价对象均可参与累计投标询价。

采用询价制度确定的新股的发行价格时,参与询价的机构投资者可以先通过对即将发行股票的公司进行研究与估值,然后利用估值的结果参与询价,这样定出的发行价格更能够真实地反映公司的投资价值。但是这也容易导致投资者为了确保能申购有效,报价高于指导价,造成报价虚高的现象,导致询价本身的价格发现功能丧失,价格扭曲,不能真实地反映上市公司的基本情况。

3. 净资产倍率法

净资产倍率法又称为"资产净值法"(net value of assets),是指通过资产评估和相关的会计手段确定发行人募股资产的净现值和每股净资产值,然后根据证券市场的状况将每股净资产值乘以一定的溢价倍率或折扣倍率,以此确定股票发行价格的方法。其公式如下。

$$发行价格 = 每股净资产值 \times 溢价倍率(折扣倍率)$$

净资产倍率法在国外常用于房地产公司或资产现值重于商业利益的公司的股票发行。以这种方式确定每股发行价格,不仅应考虑公平市值,还须考虑市场所能接受的溢价倍率或折扣倍率。溢价倍率或折扣倍率的确定一般也要依据二级市场上股票的平均溢价倍率、发行人所在行业上市公司的溢价倍率、发行人的收益成长性等。

4. 竞价确定法

竞价确定法是指投资者在指定的时间内通过证券交易场所的交易网络以低于发行底价的价格并按限购比例数量进行认购委托。申购期满后,由交易所的交易系统将所有的有效申购按照"价格优先,同价位申报时间优先"的原则,由高向低排队累计有效认购数量,当累计数量恰好达到或超过本次发行数量时的价格,即为本次发行的价格;如果累计有效认购数量在价格达到发行底价时仍不能满足本次发行股票的数量,则底价为发行价。发行底价由发行人和承销商根据发行人的经营业绩、盈利预测、投资的规模、市盈率、发行市场和股票交易市场上同类股票的价格及影响发行价格的其他因素,共同研究协商确定。

(二)债券发行价格的确定

债券发行价格是指债券的投资者在认购新发行债券时实际支付的价格。债券的发行可以分为三种:平价发行,即债券的发行价格等于面值的发行;折价发行,即债券的发行价格低于面值的发行;溢价发行,即债券的发行价格高于面值的发行。在面值和票面利率确定的情况下,调整债券的发行价格可使投资者的实际收益率与市场收益率水平相匹配。

1. 影响债券发行价格的因素

(1)面值。面值就是债券票面上所标明的债券的价值。面值反映了债券发行人到期时需要偿还投资者的本金。

(2)票面利率。债券的票面利率是指发行人每年向投资者支付的利息占票面金额的比率。票面利率直接影响着发行人的投资成本和投资者的投资收益。在确定债券的票面利率时,一般要考虑债券期限的长短、市场利率的高低、利息的支付方式和债券的信用等级等因素。

(3)付息方式。债券的付息方式是指发行人在债券的有效期内,一次或按一定的时间间隔向投资人支付债息的方式。债券的付息方式一般有一次性付息和分期付息两类。

(4)期限。即债券的偿还期限。

(5)市场利率。市场利率就是在确定债券的发行价格时所依据的市场收益率指标。

2. 债券发行价格的确定方法

债券理论发行价格的确定其实就是一个求现值的过程,等于各期利息的现值和到期还本的现值之和,折现率以发行时的市场利率为标准。由于利息支付方式的不同,债券的理论发行价格也不一样。下面仅以单利计息、按年付息的债券为例说明。债券的理论发行价格如下:

$$理论发行价格 = A\sum_{t=1}^{N}\frac{1}{(1+市场利率)^t}+\frac{面值}{(1+市场利率)^N}$$

式中:N 为债券的有效期限;
A 为年息。

债券实际发行价格的确定应依据理论发行价格,并结合市场利率的未来走向、公司的信用等级等因素确定。

第四节 证券流通市场

证券流通市场是已发行的有价证券交易与转让的市场。在证券流通市场中,投资者根据对证券市场的认识与分析,选择较有利的机会买入或卖出证券,以实现获利的目的。也正是有了证券流通市场的存在,才使证券的价值得以发现,实现社会资源的合理配置,实现资本市场的功能。

一、证券流通市场的功能

(一)为广大投资者提供了进行证券交易的场所

正是有了流通市场,投资者在发行市场所购买的有价证券才得以交易和变现,社会资金的拥有者也才可以在这里购买所需要的证券,等待获利的机会。流通市场证券交易的活跃程度和交易价格直接影响着一级市场新证券的发行价格和发行速度,对发挥资本市场的作用产生着积极的影响。

(二)有利于形成较为合理的证券价格

证券交易价格是在充分竞争的基础上,经过买卖双方的集中公开竞价形成的。尽管在证券市场中也存在着一些价格操纵、黑幕交易等违规现象,但是与其他商品的交易相比,证券公开化程度、透明度还是要高得多,其价格能够较好地反映证券的价值和供求关系。

(三)实现社会资源的合理配置

投资者参与公司决策的方式有两种:一种是用手投票的方式,即投资者通过举手表决,决定公司的重大经营决策,选择公司管理层的主要人选等;另一种是"用脚投票"的方式,即投资者抛弃这家上市公司而另择其他。正是由于投资者"用脚投票"的方式的存在,这才使得社会资金不断地流向了行业发展前景广阔,企业经营业绩优秀的上市公司,使它们具备了优越的融资条件和良好的发展基础,社会资源也因此得到了合理配置。

(四)反映国民经济的变化趋势

在证券市场的有效性条件下,证券价格的变化在一定程度上受公司的利润前景等多种因素的影响,证券市场价格指数的变化也在一定程度上反映出国民经济的变化趋势。由于股价循环一般先于商业循环而发生,证券价格的变化往往也先于经济周期的变化,而成为国民经济的"晴雨表"。通过证券价格的波动,人们可以推测企业、行业、国民经济的未来发展状况。

二、证券交易所市场的交易

(一)证券交易所的特征

证券交易所的组织形式大致可以分为两类,即公司制和会员制。

公司制的证券交易所是以股份有限公司形式组织并以营利为目的的法人团体,一般由金融机构及各类民营公司组建。交易所的章程中明确规定了作为股东的证券经纪商和证券自营商的名额、资格和公司存续期限。公司制证券交易所必须遵守本国公司法的规定,在政府证券主管机构的管理和监督下,吸收各类证券挂牌上市,但它本身的股票不得在本交易所上市交易;同时,任何成员公司的股东、高级职员、雇员都不能担任证券交易所高级职员,以保证交易的公正性。

会员制的证券交易所是由会员自愿组成的,不以营利为目的的社会法人团体。会员制证券交易所规定,只有会员才能进入交易所大厅进行证券交易,其他人要买卖在证券交易所上市的证券,必须通过会员进行。会员制证券交易所对会员进行自律性管理,对于违反法令及交易所规章制度的会员,由交易所给予惩罚。

我国证券交易所的组织形式均为会员制,是非营利性的事业法人。《证券交易所管理办法》明确规定,我国证券交易所是依照"规定条件设立的,不以营利为目的,为证券的集中和有组织的交易提供场所、设施,履行国家有关法律、法规、规章、政策规定的职责,实行自律性管理的会员制事业法人"。我国目前有两家证券交易所:上海证券交易所和深圳证券交易所。上海证券交易所于1990年11月26日成立,同年12月19日正式营业。深圳证券交易所于1989年11月15日筹建,1990年12月1日开始集中交易,1991年4月11日由中国人民银行总行正式批准成立。

证券交易所是证券买卖双方公开交易的场所,是一个有组织、有固定地点,集中进行证券交易的市场,是整个证券市场的核心。证券交易所本身并不买卖证券,也不决定证券价格,而是为证券交易提供一定的场所和设施,配备必要的管理和服务人员,并对证券交易进行周密的组织和严格的管理,为证券交易顺利进行提供一个稳定、公开、高效的市场。

(二)证券交易所的职能

证券交易所为证券交易创造了公开、公平、公正的市场环境,扩大了证券成交的机会,有助于公平交易价格的形成和证券市场的正常运行。证券交易所的职能如下。

提供证券集中竞价交易的场所和设施;

制定和修改证券交易所的业务规则;

接受上市申请,安排证券上市;

组织、监督证券交易;

按照会员的风险管理水平进行分类管理,并实施日常监管;

对上市公司信息披露等行为进行监管;

设立或参与设立证券登记结算公司;

管理和公布市场信息;

法律、法规规定的以及中国证监会许可或授权的其他职能。

三、上市公司股票的风险警示及暂停、终止上市

(一)公司股票上市的好处

股票上市是指股份有限公司所发行的股票经证券交易所批准后,在交易所公开挂

牌交易的法律行为。

为了保证证券市场的公开、公正,世界各国均以强制的方式对上市公司的信息披露作出了一系列的规定。股份有限公司上市之后,其经营活动和重大事件都处于社会公众的监督之下,公司要在确保无虚假性陈述和重大遗漏的前提下,及时、准确、完整地向全体股东披露有关公司的重要信息。应当说,公司上市之后,它就成为一家公众公司,它的股权就会变得相当分散,它的公开、透明和严格的信息披露制度会给公司的经营活动带来一定的影响。为什么众多的股份公司热衷于上市,甚至有些公司还不惜花费巨额的"公关费"以谋求上市?各地方政府也纷纷出台措施,甚至通过财政补贴等方式鼓励企业挂牌上市,这说明上市还是可以给公司和地方经济带来利益的。公司上市的主要好处如下。

我国的股份公司上市一般都会增发新股,上市的过程也是筹集资金的过程。上市后,大量的资金滚滚流入上市公司的账户,从根本上缓解了企业资金紧张的状况,也为公司未来发展提供了强有力的资金保障。这给上市公司带来直接的利益,也是公司愿意上市的最直接的动因。

可以推动企业建立完善、规范的经营管理机制,以市场为导向自主运作,完善公司治理结构,不断提高运行质量。

资本市场是实现社会资源有效、合理配置的重要前提。对于一些高成长性的上市公司来说,其优良的业绩可使公司以较低的成本筹集大量资本,进一步培育和发展公司的竞争优势和竞争实力,提高公司的发展潜力,增强发展后劲,使公司步入发展的良性循环。

公司上市本身就具有显著的告示功能。公司能上市,表明公司的经营管理、发展前景等得到了国家证券管理部门充分的肯定,也得到了广大社会公众的认同。同时,公司证券交易等信息通过各种媒介不断向社会发布,千千万万的投资者也通过各种渠道了解公司的情况。这对提高公司的知名度,提升公司的品牌形象,提高公司的市场地位和影响力,扩大产品销售量是十分有利的。

(二)上市公司股票的风险警示

公司股票上市是社会和监管机构对公司管理水平及经营业绩的肯定,同时也要求上市公司必须为社会和投资者带来相应的回报。上市公司资格并不是永久不变的,如果公司不再能够满足公司上市的相关要求,或公司发生了不利于继续上市和不宜再在公开的资本市场筹集资金的情况时,上市公司可以主动终止上市,或者由证券交易所对该股票作出风险警示、暂停上市、终止上市等。

上市公司出现财务状况异常情况或者其他异常情况,导致其股票存在被终止上市的风险,或者投资者难以判断公司前景,投资者权益可能受到损害,存在其他重大风险的,交易所将对该公司股票作出风险警示。

风险警示分为退市风险警示和其他风险警示。

退市风险警示主要是由于公司的财务状况异常,如:最近两个会计年度经审计的净利润连续为负值;最近一个会计年度经审计的期末净资产为负值;最近一个会计年度经审计的营业收入低于 1000 万元以及财务会计报告存在重大会计差错、未在法定期限内披露年度报告或者半年度报告,存在欺诈发行、重大信息披露违法、股权分布不再具备上市条件、公司可能被依法强制解散等情形。

其他风险警示主要是在公司内部管理或生产经营中出现重大问题时实施的风险警示。如:公司生产经营活动受到严重影响且预计在 3 个月以内不能恢复正常;公司主要银行账号被冻结;公司董事会无法正常召开会议并形成董事会决议;公司向控股股东或者其关联人提供资金或者违反规定程序对外提供担保且情形严重等。

上市公司股票被实施退市风险警示和其他风险警示的,在公司股票简称前分别冠以"*ST"和"ST"字样,以区别于其他股票,同时股票报价的日涨跌幅限制为 5%。

(三)上市公司股票的暂停上市与终止上市

1. 暂停上市

暂停上市就是由证券交易所暂停上市公司的股票交易。我国《证券法》规定,上市公司有下列情形之一的,由证券交易所决定暂停其股票上市交易:公司股本总额、股权分布等发生变化不再具备上市条件;公司不按照规定公开其财务状况,或者对财务会计报告作虚假记载,可能误导投资者;公司有重大违法行为;公司最近 3 年连续亏损;证券交易所上市规则规定的其他情形。

上述是《证券法》对上市公司暂停上市的规定,沪深交易所也在股票上市规则中明确了上市公司暂停上市的具体条件:上市公司被实行退市风险警示后的首个会计年度,其退市风险警示的规定情形仍然存在,如经审计的净利润继续为负值;期末净资产继续为负值;营业收入继续低于 1000 万元;财务会计报告继续被出具无法表示意见或者否定意见的审计报告;在两个月内仍未按要求改正其财务会计报告、年度报告或者半年度报告;因欺诈发行、重大信息披露违法被实行退市风险警示的 30 个交易日期限届满;股权分布、股本总额不再具备上市条件被实行退市风险警示后 6 个月仍不具备上市条件等情形,由证券交易所决定暂停其股票上市交易。

上市公司股票被暂停上市的,在法定披露期限内披露经审计的暂停上市后首个年度报告且同时符合恢复上市条件的,可以在公司披露年度报告后的 5 个交易日内向交易所提出恢复股票上市的书面申请,经交易所批准后恢复上市交易。

沪深交易所对主板上市公司暂停上市的具体条件规定基本相同。但是,深圳证券交易所创业板上市公司是未设置风险警示制度的,也就是说,如果创业板上市公司触及暂停上市或终止上市的条件,将直接进入暂停上市或终止上市程序。

2. 终止上市

终止上市就是由证券交易所终止上市公司的股票交易。上市公司也将从此成为非上市公司。

终止上市分为主动终止上市和强制终止上市。主动终止上市是因股东大会决议，或公司股本总额、股权分布等发生变化不再具备上市条件，或发生收购、合并，不再具有独立主体资格以及公司解散等情形，由上市公司主动申请终止上市。强制终止上市是因上市公司违规或不再满足上市条件，而由证券交易所强制终止其上市资格。由于目前我国上市公司还具有重要的"壳资源"，公司所有人一般不会主动终止上市，目前适用较多的是强制终止上市。

终止上市制度是资本市场一项基础性制度，其建立和实施对维护资本市场公开、公平、公正的市场秩序，严厉打击和遏制上市公司欺诈发行、重大信息披露违法等重大违法行为，提高我国上市公司整体质量，形成优胜劣汰的市场机制具有重要意义。

《证券法》规定，上市公司有下列情形之一的，由证券交易所决定终止其股票上市交易：公司股本总额、股权分布等发生变化不再具备上市条件，在证券交易所规定的期限内仍不能达到上市条件；公司不按照规定公开其财务状况，或者对财务会计报告作虚假记载，且拒绝纠正；公司最近3年连续亏损，在其后一个年度内未能恢复盈利；公司解散或者被宣告破产；证券交易所上市规则规定的其他情形。

上述条件是《证券法》对上市公司终止上市所作的原则性规定，上海、深圳证券交易所还分别就主板、创业板根据具体情况确定其终止上市的相应条件。主板上市公司被暂停上市后，最近一个会计年度经审计的净利润继续为负值、期末净资产继续为负值、营业收入继续低于1000万元；财务会计报告继续被出具无法表示意见或者否定意见的审计报告；未能在法定期限内披露最近1年的年度报告；在2个月内仍未按要求披露相关定期报告；股权分布、股本总额不再具备上市条件等情形，由证券交易所决定终止其股票上市交易。如果上市公司连续120个交易日成交量低于500万股，连续20个交易每日股票收盘价均低于股票面值或股东数量每日均低于2000人也将被终止上市。

深圳证券交易所对创业板上市公司制定了更为严厉的退市条件，如最近3年内累计受到交易所3次公开谴责；公司股票连续120个交易日成交量低于100万股就将被终止上市，并且不得申请重新上市。

3.退市股票的转板交易

上市公司终止上市后，如果并未达到破产清算的条件，公司的经营活动依然可以正常进行，但其股票已不能在证券交易所交易，其流动性和价值都将会有大幅度的降低。为了解决已退市上市公司股份流通的问题，我国设立了全国中小企业股份转让系统，该系统也称之为"三板市场"，主要是为在三板市场的挂牌企业及在主板退市的上市公司股份提供转让交易的场所。

全国中小企业股份转让系统实行分层管理，根据分层标准设立创新层和基础层，将符合不同标准的挂牌公司分别纳入相应层次。每年还将根据分层标准和维持标准调整挂牌公司所属层级。基础层的挂牌公司，符合创新层条件的，调整进入创新层；不符合创新层维持条件的挂牌公司,调整进入基础层。

三板市场股票可以采取做市转让方式、竞价转让方式、协议转让方式进行转让。挂牌公司提出申请并经全国股份转让系统公司同意,可以变更股票转让方式。

在做市转让方式下,做市商应在全国股份转让系统持续发布买卖双向报价,并在其报价数量范围内按其报价履行与投资者的成交义务。投资者之间不能成交。投资者可以采用限价委托方式委托主办券商买卖股票。

单笔申报数量在10万股以上,或者转让金额100万元以上的股票转让,可以进行协议转让。其成交价格应当不高于前收盘价的200%或当日已成交的最高价格中的较高者,且不低于前收盘价的50%或当日已成交的最低价格中的较低者。

竞价转让方式包括集合竞价和连续竞价两种。采取集合竞价转让方式的基础层股票,交易系统于每个转让日的15:00对接受的买卖申报进行集中撮合一次;创新层股票每个转让日的9:30、10:30、11:30、14:00、15:00对接受的买卖申报进行集中撮合共5次。全国股份转让系统可以根据市场需要,调整集合竞价的撮合频次。采取连续竞价转让方式的股票,每个转让日的9:15至9:25为开盘集合竞价时间,9:30至11:30、13:00至14:55为连续竞价时间,14:55至15:00为收盘集合竞价时间。采取集合竞价转让方式的股票,申报有效价格范围为前收盘价的50%至200%。采取连续竞价转让方式的股票,开盘集合竞价的申报有效价格范围为前收盘价的上下20%以内;连续竞价、收盘集合竞价的申报有效价格范围为最近成交价的上下20%以内;当日无成交的,申报有效价格范围为前收盘价的上下20%以内。

创业板上市公司退市后不再进入全国中小企业股份转让系统。

第五节 股票价格指数

一、股票价格及其种类

(一)股票价格

股票价格是指货币与股票之间的对比关系,是与股票等值的一定的货币量。

股票是一种虚拟资本,它本身并没有价值。股票之所以能够有价,是因为它是一种所有权的凭证。股票的持有人不但可以参加股东大会,参与公司的经营决策,还享有参与分红与派息的权利,获得相应的经济利益。

(二)股票价格的种类

股票的价格有狭义与广义之分。狭义的股票价格就是指股票的市场价格,也就是股票在交易过程中的价格;而广义的股票价格是从不同的角度对股票价格的分析,有票面价格、发行价格、账面价格、内在价格、清算价格、市场价格等。

1. 票面价格

股票的票面价格也称为面值,是股份公司在所发行的股票票面上标明的票面金额,它以"元/股"为单位,其作用是表明每一张股票所包含的资本数额。

我国股票市场刚刚建立之初,股票面值不统一,多数是100元和10元的股票面值,后来经过拆细,全部统一为1元的股票面值。此后,我国上海证券交易所和深圳证券交易所流通的股票的票面价格均为1元,这似乎已成中国内地股市惯例,也早为投资者所熟悉。然而,在《公司法》和《证券法》中对于每股面值标准并无明确的规定。为了做好我国资本市场对外开放的准备,更好地与国际惯例接轨,给予上市公司更大的资本运作空间及并购便利,我国的股票市场中也发行了非1元面值股票。

股票票面价格是根据上市公司发行股票的资本总额与发行股票的数量来确定的。其计算公式为如下。

$$股票的票面价格 = \frac{上市公司的资本总额}{上市公司发行股票的总股数}$$

一般来说,股票的发行价格都会高于其票面价格。当股票进入流通市场后,股票的票面价格就与股票的市场价格没有直接关系了,两者之间甚至可能出现较大的背离。

2. 发行价格

股票的发行价格是指股份有限公司将股票公开发售给投资者的价格。根据股票发行价格与其票面价格的关系,股票的发行有平价发行、折价发行、溢价发行3种情况。

3. 账面价格

账面价格又称为"净值",即股票的每股净资产。其含义就是股东持有的每一股份在理论上所代表的公司财产价值。

$$普通股账面价格 = \frac{公司总资产净值 - 优先股总面值}{普通股总股数}$$

公司总资产净值是股东权益的会计反映,或者说是股票所对应的公司当年自有资金价值。具体包括公司资本金、各种公积金、未分配利润等。

股票账面价格代表了股东共同拥有的自有资金和应享有的权益。股票的账面价格与股票市场价格有密切关系,如某股票账面价格高,表示该公司经营财务状况好,股东享有的权益多,股票未来获利能力强,在该股票的市场价格较低的情况下,未来股价上涨的可能性就较大。

相对于股票其他价格,股票的账面价格更为确切可靠:净资产是根据现有的财务报表计算的,数据较精确而且可信度很高;净值又能明确反映出公司历年经营的累积成果;净值还相对固定,一般只有在年终盈余入账或公司增资时才变动。因此,股票净值具有较高的真实性、准确性和稳定性,这也是证券投资分析的主要依据之一。

4. 股票的内在价格

股票的内在价格就是在某一时点股票的理论价格,也就是股票未来收益的现值。

股票的内在价格取决于股票的收益和市场利率。

$$股票的内在价格 = \frac{股票的股息、红利收入}{市场利率}$$

通过上述股票内在价格的计算公式,我们可以看出:股票内在价格是依照投资者将资金投资于股票和投资于储蓄收益等值确定的。内在价格计算时所依据的股息、红利、市场利率都是目前的指标水平。但是,股票市场价格是对未来收益的一种反映,因此,两者之间会有一定的脱节,对投资者决策的参考会有一定的局限性。

5. 股票的清算价格

股票的清算价格是指股份公司在破产或倒闭后进行清算时,每股股票所代表的实际价值。从理论上讲,股票的每股清算价格应与股票的账面价值相一致。但企业在破产清算时,其财产价值是以实际的销售价格计算的,而在进行财产处置时,由于公司当时处于不利地位,其售价一般会低于实际价值。股票的清算价格与股票的净值不一致。股票的清算价格只有在股份公司破产或丧失法人资格而进行清算时才被作为确定股票价格的依据,在股票的发行和流通过程中没有意义。

6. 股票的市场价格

股票的市场价格是指股票在交易过程中由交易双方达成的成交价,也称为股票行市。股票的市价直接反映着股票市场的行情,是股民购买股票的依据。但由于受股票供求、股民心理等众多因素的影响,股票的市场价格处于变化之中。

(三)影响股票价格变动的因素

1. 经济因素

经济周期、国家财政状况、金融环境、国际收支状况、行业经济地位的变化、国家汇率的调整等都将影响股价。

经济周期是由经济运行内在矛盾引发的经济波动。股市直接受经济状况的影响,必然也会呈现一种周期性的波动。经济衰退时,股市必然随之疲软;经济复苏繁荣时,股价也会呈现上涨走势。

当国家实行紧缩性财政政策、财政支出减少时,股价就会下跌;而当实行宽松的财政政策、财政支出增加时,股价会上涨。

当国家货币政策宽松、市场资金充足、存款利率下降、存款准备金率下调时,大量资金就会从银行转向股市,股价往往会出现升势;而当国家抽紧银根、市场资金紧缺、存款利率上调、存款准备金率提高时,股价通常会下跌。

当国际收支发生顺差时,刺激本国经济增长,这会促使股价上升;而当国际收支出现巨额逆差时,这会导致本国货币贬值,股票价格一般将下跌。

2. 政治因素

国家的政策调整、领导人更迭、国际政治风波、国家间发生战争、某些国家发生劳资纠纷甚至罢工风潮等都经常导致股价波动。

3. 公司自身因素

股票自身价值是决定股价最基本的因素，主要取决于发行公司的经营业绩、资信情况以及连带而来的股息红利派发状况、公司发展前景、股票预期收益水平等。

4. 行业因素

行业在国民经济中地位的变更、行业的发展前景和发展潜力、新兴行业带来的冲击等以及上市公司在行业中所处的位置、经营业绩、经营状况及领导层人事变动等都会影响相关股票的价格。

5. 市场因素

投资者的投资动向、公司间的合作或相互持股、信用交易和期货交易的增减、投机者的套利行为、公司的增资方式和增资额度等，均可能对股价形成较大影响。

6. 心理因素

投资者在受到各个方面的影响后产生心理状态改变，往往容易情绪波动，判断失误，作出盲目追随大户或狂抛抢购行为。这往往也是引起股价暴跌暴涨的重要原因。

二、股票价格指数及其类型

（一）股票价格指数

股票价格指数是指由证券交易所或金融服务机构编制的，用以衡量股票市场股票价格总体水平的一个指标。

由于股票价格不断地起伏变化，各种股票价格变化的幅度都不尽相同，甚至连变化的方向都截然相反。对于具体某一种股票的价格变化，投资者容易了解；但投资者要逐一了解多种股票的价格变化，既不容易，也不胜其烦。为了满足投资者的需要，证券交易所及一些金融服务机构就利用自己的业务知识和熟悉市场的优势，编制出股票价格指数公开发布，以此作为市场价格变动的指标，综合反映股票市场股票价格的变动方向和变动幅度。投资者根据指数的升降，可以进行因素分析，判断股票价格的变动趋势，检验自己投资的效果，并预测股票市场的动向；同时，企业决策者乃至政界领导人等也以此为参考指标来观察、预测社会经济发展形势。

股票价格指数的计算单位是"点"。表面上看起来，"点"是一个和"元""万元"一样的绝对指标，但实质上"点"反映的是计算期价格水平相对于基期价格水平变动的幅度，是一个相对指标，一般不能直接同金额概念等同起来。如基期指数定为1000点，计算期股价平均数比基期股价平均数上涨了50%，则计算期指数为1500点，即意味着计算期股票价格水平是基期水平的150%。但由于世界各国的股票市场都编制有若干不同的股票价格指数，其选定的基期、确定的基期指数不同，尤其是计算方法的差异，针对不同股票市场的股票价格指数与同一股票市场的不同股票价格指数，在绝对数上并没有可比性。尤其值得一提的是,在股票指数的计算中,并未将股票的交易成本扣除,故股民的实际收益将小于股票指数的涨幅;同时由于新股发行、除权、除息、停牌、摘牌等因素,都会导致股票价格指数失真。虽然在计算股票价格指数时对这些问题进行了修正,但完全消除这种失真是很难的。还有一点需要说明的是,股票价格指数是一个相对指标,证券交易所每天提供的交易涨跌幅度也是一个相对指标,但两者是不可比的。股票价格指数是计算期价格水平相对于基期价格水平变动的幅度,而每日股票价格指数的涨跌幅度是交易日股票价格指数相对于上一个交易日股票价格指数的涨跌幅度,二者计算的基础是不同的。这就导致在两个不同的交易日同一股票价格指数的变动的幅度都相同,但是股票价格指数变动的"点"数却不一样:在股票价格指数比较小的情况下,股票价格指数变动的"点"数就少;在股票价格指数比较大的情况下,股票价格指数变动的"点"数就多。

(二)股票价格指数的类型

按照编制指数时纳入计算范围股票样本数量,股票价格指数可分为综合指数和成分指数。

综合指数是指将其所反映市场总体价格走势涉及的全部股票都纳入其样本范围计算的指数。如上证综合指数、深证综合指数就是把市场上全部股票都纳入计算范围。沪、深证券交易所的工业指数、商业指数、地产指数、A 股指数、B 股指数等也是分别将所属行业的全部上市股票均纳入各自的计算范围。

尽管在计算机技术高度发达的今天,计算全部上市股票的价格指数工作量大的问题已不再成为综合指数运用的制约因素。但由新股上市、市场结构变动等因素产生的"杂讯"导致综合指数也存有先天性缺陷,其代表性受到一定的局限。因此人们常常从上市股票中选择若干种富有代表性的样本股票,并计算这些样本股票的价格平均数或指数。成分指数就是指从指数所涵盖的全部股票中选取一部分有代表性的股票作为样本,纳入计算范围计算的指数。如上证 180 指数、上证 50 指数、沪深 300 指数、深证成分指数、深证 100 指数等。这些纳入计算范围计算指数的股票称为指数的成分股。成分股一般选取代表性强、流动性好的股票。如上证 180 指数的样本股就是在所有在上交所上市的 A 股股票中剔除上市时间不足一个季度的股票、暂停上市股票、经营状况异常或最近财务报告严重亏损的股票、股价波动较大或市场表现明显受到操纵的股票以及其他经专家委员会认定的应该剔除的股票后,根据总市值、流通市值、成交金额和换手率对股票进行综合排名,再按照各行业的流通市值比例分配样本只数,并按照行业的样本分配只数,在行业内选取排名靠前的股票,并对各行业选取的样本作进一步调整,抽取最具市场代表性的 180 种样本股票。

成分股的股票也不是一成不变的,一般每隔一定的时间就要对成分股进行一次调整,剔除那些不再具有代表性的股票,补充一些具有代表性的股票。如沪深 300 指数依据样本稳定性和动态跟踪相结合的原则,每半年调整一次成分股,每次调整比例一般不超过 10%。特殊情况下也可能对样本进行临时调整。

三、股票价格指数的计算

股票价格指数是反映不同时点股价总体变动情况的相对指标。通常的计算方法是将计算期的股票价格与所定的基期价格相比,并将两者的比值乘以基期的指数值。以下几方面是影响股票价格指数的主要因素。

（一）基期

基期是指在编制股票价格指数时,被确定作为对比基础的时期。这个时期可以是某一日,也可以是某一年或若干年。例如,意大利商业银行股票价格指数基期是一年,即以某一年全年股票价格平均数作为对比的基础;标准·普尔500指数则以1941—1943年为基期。通常较多采用以某一日作为计算基期。由于股票价格指数是由现期水平同基期水平相比较得出,基期的选择对指数绝对数具有重要影响。

（二）基数

影响股票价格指数绝对水平的另一个重要因素是基数。基数是指股票价格指数在基期的数值。在大多数国家中,基数都定为100,也有定为10(如标准·普尔500指数)、50(如纽约证券交易所综合股价指数),还有的定为500(如澳大利亚证券交易所所有普通股股价指数)、1000(如多伦多300种股票价格指数)等。基数的大小对股票价格指数绝对数大小有重要影响。

（三）编制股价指数的一般步骤

第一步,根据上市公司的行业分布、经济实力、资信等级等因素,选择适当数量的有代表性的股票,作为编制指数的样本股票。样本股票可根据市场变化及指数编制需要予以变换或作数量上的增减,以保持代表性。也可以将市场上全部上市公司纳入样本范围。

第二步,按期到股票市场上采集样本股票的价格,简称"采样"。采样的时间间隔取决于股价指数的编制周期。一般来说,编制周期越短,股价指数的灵敏性越强,越能及时地体现股价的涨落变化。由于计算机及网络技术的发展,各类指数基本上均采用"实时逐笔"计算。具体做法是,在每一交易日集合竞价结束后,用集合竞价产生的股票开盘价(无集合竞价结果者取昨收盘价)计算开盘指数,以后每有一笔新的成交,就重新计算一次指数,直至收盘,并实时向外发布。

第三步,利用科学的方法和先进的手段计算出指数值。股价指数的计算方法主要有简单算术平均法、综合平均法、加权综合平均法等。计算手段已普遍使用电子计算机技术,确保了股票价格指数计算的科学、准确、及时。

第四步,通过新闻媒体及股票行情系统向社会公众公开发布。

（四）股票指数的计算公式

1.简单算术平均法

简单算术平均法就是在计算出各样本股票的个别价格指数的基础上,再加总求其算术平均数。其公式如下。

$$股票价格指数 = \frac{1}{n}\sum_{i=1}^{n}\frac{P_{1i}}{P_{0i}} \times 基期指数$$

式中：n——样本股的支数；

P_{0i}——基期第 i 种股票的价格；

P_{1i}——计算期第 i 种股票的价格。

2. 综合平均法

综合平均法就是先把样本股票基期和计算期的价格分别加总，再求出其股价指数。

$$股票价格指数 = \frac{\sum_{i=1}^{n}P_{1i}}{\sum_{i=1}^{n}P_{0i}} \times 基期指数$$

3. 加权综合平均法

因为发行量、流通量、成交量不同的股票其价格变动幅度不同，对股市的影响程度也不一样，所以在计算股价指数时，通常要考虑到股票的发行量、流通量或成交量等因素对股票市场价格的影响，否则难以真实全面地反映股市价格的变动情况，这时需要采用加权综合平均法来计算股价指数。

(1) 基期加权股价指数。这种指数又称为拉氏指数，即拉斯贝尔指数（Laspeyre index）。拉氏指数采用基期固定权数加权，各成分股的权重确定以后，只要成分股及其数量不发生变化就无需变动，使用较为方便。

$$股票价格指数 = \frac{\sum_{i=1}^{n}P_{1i}Q_{0i}}{\sum_{i=1}^{n}P_{0i}Q_{0i}} \times 基期指数$$

式中：Q_0——基期的发行量或交易量；

Q_1——计算期的发行量或交易量。

(2) 计算期加权股价指数。这一指数又称为派许指数（Paasche index）。派许指数是以计算期的发行量或交易量为权重计算加权股价指数，当股票发生拆股、送红股等情况时，因并未导致股票总市值的变化，不需要进行调整。在进行配股时的修正也较为方便。此外，派许指数以计算期的发行量或交易量为权重，能够较好地反映目前各成分股的交易对股价指数的影响，相对比较精确，具有很高的连续性。世界上一些著名的股票价格指数，如标准·普尔指数、纽约证券交易所综合股价指数都采用了以发行量为权数的计算期加权计算方法。我国的上证系列指数也均采用派许指数公式计算。

$$股票价格指数 = \frac{\sum_{i=1}^{n}P_{1i}Q_{1i}}{\sum_{i=1}^{n}P_{0i}Q_{1i}} \times 基期指数$$

(3)费雪指数。费雪指数(Fisher's index)是对拉氏指数和派许指数作几何平均,以图消除仅以基期或计算期的发行量或交易量为权重所带来的不利影响。但因计算复杂,实际使用较少。

$$股票价格指数 = \sqrt{\frac{\sum_{i=1}^{n}P_{1i}Q_{0i}}{\sum_{i=1}^{n}P_{0i}Q_{0i}} \cdot \frac{\sum_{i=1}^{n}P_{1i}Q_{1i}}{\sum_{i=1}^{n}P_{0i}Q_{1i}}} \times 基期指数$$

(五)指数的修正

在发生非股票价格因素的变化时,如有偿增资,新股上市,股票合并,停、复牌,更换样本股票,改变样本容量等情况时,股票的股本规模和结构发生了变化,引起市价总额发生变动。这时要对基期市价总额进行修正,以使计算期与基期统计口径基本一致,确保股指的连续性和真实性,避免由此带来的股价指数序列断裂现象。

指数修正的基本原理是:当股票市价总值由上市股票数量的变动而改变时,就应当对原有基期市价总值进行修正,剔除上市股票数量变动所引起的股指变动,单纯保留由股价变动所引起的股票价格指数变动。即:如果仅仅是上市公司股本结构或数量发生了变化,而股票价格没有发生变化,则股价指数就不应该改变。按照前面的定义,股价指数是单纯反映股票价格变化程度的,应当只由价格这一种因素来决定股指变动,而剔除掉其他因素的影响。在每次基期市值修正以后,就应以该修正后的基期市值来计算股票价格指数,直到再次修正时止,并以最新一次修正的市值作为基期市值来计算股价指数。

四、世界上几种主要的股票价格指数

(一)道·琼斯股票价格平均指数

道·琼斯股票指数又称道氏指数,是世界上历史最为悠久的股票指数。它是在1884年由道·琼斯公司的创始人查理斯·道开始编制的。其最初的股票价格平均指数是根据11种具有的代表性的铁路公司的股票,采用算术平均法进行计算编制而成的。

自1887年起,道·琼斯股票价格平均指数开始分成工业与运输业两大类,其中工业股票价格平均指数包括12种股票,运输业股票价格平均指数则包括20种股票,并且开始在道·琼斯公司出版的《华尔街日报》上公布。在1929年,道·琼斯股票价格平均指数又增加了公用事业类,使其所包含的股票达到65种,并一直延续至今。

目前,道·琼斯股票价格平均指数共分四组。第一组是工业股票价格平均指数。它由30种有代表性的大工商业公司的股票组成,且随经济变化而发展,大致上反映了各个时期美国整个工商业股票的价格水平,这也就是人们通常所引用的道·琼斯工业股票价格平均指数。第二组是运输业股票价格平均指数。它包括20种有代表性的运输业公司的股票,即8家铁路运输公司股票、8家航空公司股票和4家公路货运公司股票。第三组是公用事业股票价格平均指数,由代表着美国公用事业的15家煤气公司和电力公司的股票所组成。第四组是平均价格综合指数。它是综合前三组股票价格平均指数所选用的共65种股票而得出的综合指数,这组综合指数虽然为优等股票提供了直接的股票市场状况参数,但现在通常引用的是第一组——工业股票价格平均指数。

(二)标准·普尔股票价格指数

除了道·琼斯股票价格指数外,标准·普尔股票价格指数在美国也很有影响,它是由美国最大的证券研究机构——标准·普尔公司编制的股票价格指数。该公司于1923年开始编制发表股票价格指数。最初选取了230种股票,编制两种股票价格指数。到1957年,这一股票价格指数的范围扩大到500种股票,分成95种组合。其中最重要的四种组合是工业股票组、铁路股票组、公用事业股票组和500种股票混合组。从1976年7月1日开始,改为40种工业股票、20种运输业股票、40种公用事业类股票和40种金融业股票。近几十年来,虽然有更迭,但始终保持为500种。标准·普尔公司股票价格指数以1941年至1943年抽样股票的平均市价为基期,以上市股票数为权数,按基期进行加权计算,其基期点数为10。由于该指数是根据纽约证券交易所上市的绝大多数普通股票的价格计算而得,能够灵活地对认购新股权、股份分红和股票分割等引起的价格变动作出调节,指数数值较精确,并且具有很好的连续性,所以比道·琼斯指数具有更好的代表性。

(三)纽约证券交易所股票价格指数

纽约证券交易所股票价格指数是由纽约证券交易所编制的股票价格指数。它起自1996年6月,包括在纽约证券交易所上市的1500家公司的1570种股票,分别计算工业股票、金融业股票、公用事业股票、运输业股票的价格指数。最大和最广泛的是工业股票价格指数,有1093种股票组成;金融业股票价格指数包括投资公司、储蓄贷款协会、分期付款融资公司、商业银行、保险公司和不动产公司的223种股票;运输业股票价格指数包括铁路、航空、轮船、汽车等公司的65种股票;公用事业股票价格指数则包括电话电报公司、煤气公司、电力公司和邮电公司的189种股票。

纽约股票价格指数是以1965年12月31日确定的50点为基数,采用的是综合指数形式。

(四)香港恒生指数

香港恒生指数是香港股票市场上历史最悠久、影响最大的股票价格指数,由香港恒生银行于1969年11月24日开始发表。恒生股票价格指数包括从香港500多家上市公司中挑选出来的33家有代表性且经济实力雄厚的大公司股票作为成分股,分为四大类——4种金融业股票、6种公用事业股票、9种房地产业股票和14种其他工商业(包括航空和酒店)股票。这些股票涉及香港的各个行业,并占香港股票市值的68.8%,具有较强的代表性。

恒生股票价格指数的编制是以1964年7月31日为基期,基点为100点。其计算方法是将33种股票按每天的收盘价乘以各自的发行股数为计算日的市值,再与基数的市值相比较,乘以100就得出当天的股票价格指数。

(五)日经道·琼斯股票指数

日经道·琼斯股票指数系由日本经济新闻社编制并公布的反映日本股票市场价格变动的股票价格平均数。该指数从1950年9月开始编制。最初在根据东京证券交易所第一市场上市的225家公司的股票算出修正平均股价,当时称为"东证修正平均股价"。1975年5月1日,日本经济新闻社向道·琼斯公司买进商标,采用美国道·琼斯公司的修正法计算,这种股票指数也就改称为"日经道·琼斯平均股价"。1985年5月1日在合同期满10年时,经两家商议,将名称改为"日经平均股价"。

按计算对象的采样数目不同,该指数分为两种:一种是日经225种平均股价。其所选样本均为在东京证券交易所第一市场上市的股票,样本选定后原则上不再更改。1981年定位制造业150家,建筑业10家,水产业3家,矿业3家,商业12家,陆运及海运14家,金融保险业15家,不动产业3家,仓库业、电力和煤气4家,服务业5家。由于日经225种平均股价从1950年一直延续下来,因而其连续性及可比性较好,成为考察和分析日本股市长期演变及发展动态的最常用和最可靠的指标。另一种是日经500种平均股价。这是从1982年1月4日起开始编制的。由于其采样包括有500种股票,其代表性就更为广泛,但它的样本是不固定的,每年4月份要根据上市公司的经营状况、成交量和成交金额、市价总值等因素对样本进行更换。

由于日本经济在世界经济中的特殊地位,日经指数日益为世界金融市场所重视。

(六)金融时报指数

《金融时报》股票指数的全称是"伦敦《金融时报》工商业普通股股票价格指数",是由英国《金融时报》公布发表的。该股票价格指数包括从英国工商业中挑选出来的具有代表性的30家公开挂牌的普通股票。它以1935年7月1日作为基期,其基点为100点。该股票价格指数以能够及时显示伦敦股票市场情况而闻名于世。

五、我国主要的股票价格指数

(一)上证综合指数

上证综合指数最初是中国工商银行上海分行信托投资公司静安证券业务部根据上海股市的实际情况,参考国外股价指标的生成方法编制而成。上证综合指数以1990年12月19日为基期,基期指数为100点,1991年7月15日开始公布。该股票指数的样本为所有在上海证券交易所挂牌上市的股票,其中新上市的股票在挂牌的第二天纳入股票指数的计算范围。上海证券交易所股票指数是我国股民和证券从业人员研判股票价格变化趋势必不可少的参考依据。

(二)上证180指数

上证180指数是目前较有影响的一种股票价格指数。上证180指数是1996年7月1日起正式发布的上证30指数的延续,基点为2002年6月28日上证30指数的收盘指数3299.05点。2002年7月1日正式发布。

上证180指数的推出不仅可以为投资基金等机构投资者提供权威的投资方向和良好的跟踪目标,减少机构的运作成本,同时为市场各方评价基金等机构投资者的业绩提供了更加客观的标准,有利于推动指数化投资以及指数基金等机构投资者的发展。同时,有利于引导理性投资,有利于市场参与者更加客观地认识和评价市场。

上证180指数依据样本稳定性和动态跟踪相结合的原则,每半年调整一次成分股,每次调整比例一般不超过10%。特殊情况时也可能对样本进行临时调整。

(三)沪深300指数

沪深300指数是沪、深证券交易所于2005年4月8日联合发布的反映A股市场整体走势的指数。沪深300指数是以2004年12月31日为基期,以沪、深两市300家各行各业的龙头企业为分析样本,基期指数为1000点。沪深300指数编制目标是改变市场缺乏反映沪深市场整体走势的跨市场指数的现状,用以反映中国证券市场股票价格变动的概貌和运行状况,并能够作为投资业绩的评价标准,为指数化投资和指数衍生产品创新提供基础条件。

沪深300指数是反映沪深两个市场整体走势的"晴雨表",其样本选自沪深两个证券市场。成分股为市场中市场代表性好、流动性高、交易活跃的主流投资股票,能够反映市场主流投资的收益情况,较高的市场覆盖率与成分股权重较为分散的特点决定了该指数具有较好的抗操纵性。

沪深300指数行业分布相对均衡,能够较好的对抗特定行业的周期性波动,从而实现较佳的套期保值效果,满足投资者的风险管理需求。沪深300指数也因此成为我国首个股指期货合约的交易标的。

(四)深证成分指数

深证成分指数是深证所编制的一种成分指数。它是从深市的所有股票中抽取具有代表性的40家上市公司作为计算对象,并以流通股为权数计算得出的加权股份指数,综合反映深证所上市A、B股的股价走势。它以1994年7月20日为基准日,基期指数定为1000点。1995年1月23日试发布,1995年5月5日正式启用。40家上市公司的A股用于计算成分A股指数及行业分类指数。有B股的公司,其B股用于计算成分B股指数。样本股的选取考虑:上市交易时间的长短;上市规模(按每家公司一段时期内的平均总市值和平均可流通市值计);交易活跃程度(按每家公司一段时间总成交金额计)。在确定初步名单后,再结合以下因素选出40家上市股票作为成分股:股票在一段时期内的平均市盈率;公司的行业代表性及所属行业的发展前景;公司近年的财务状况、盈利记录、发展前景及管理素质等;公司的地区、板块代表性。定于每年 1、5、9 月对成分股的代表性进行考察,讨论是否需要更换。

(五)深圳股价指数

深圳股价指数是深圳证券交易所综合指数,它以 1990 年 4 月 3 日为基期,基期指数为 100 点,以在深圳证券交易所上市交易的全部股票为计算对象,用每日各种股票的收盘价分别乘以其发行量后求和得到的市价总值,除以基期市价总值后乘以 100 求得。

第六节　证券市场的监管

证券市场监管是指证券管理机关运用法律、经济以及必要的行政手段,对证券的发行过程、流通过程以及证券中介机构的行为进行监督与管理。证券市场是国民经济的一个重要组成部分,对国民经济的发展有着举足轻重的影响。为了保证证券市场的稳定发展,有效防范和化解市场风险,保护广大股民权利和利益,各国都致力于建立全国统一的证券市场体系和与之相适应的集中统一的监管体制,把营造公开、公平、公正的市场环境作为市场监管的主要任务。我国证券监督管理部门,根据我国证券市场的具体情况,确立了"法制、监管、自律、规范"的"八字方针",通过加强法制建设、落实监管措施、强化行业自律,达到使证券市场规范发展的目的。

一、证券市场监管的意义

证券市场是集投资与投机于一体的市场。它有促进国民经济发展的积极作用,但也容易让一些不法分子利用监管体系中存在的漏洞,操纵市场、欺诈投资者。因此必须加强对证券市场的有效监管,以保证其健康发展。证券监管的目标在于运用、发挥证券市场机制的积极作用,限制其消极影响;保护投资者利益,保障合法的证券交易活动,监督证券中介机构依法经营;防止人为操纵、欺诈等违法行为,维持证券市场的正常秩序;根据国家宏观经济管理的需要,运用灵活多样的方式,调控证券发行与交易规模,引导投资方向,使之与经济发展相适应。

(一)加强证券市场监管是保障广大投资者权益的需要

投资者是证券市场的主体,信息上的不对称性又往往使他们成为违规交易中的受害者。只有坚持"公开、公平、公正"的原则,加强市场监管,确保上市公司质量和信息披露的及时、准确、真实、完整,才能切实保障投资者的利益。

(二)加强证券市场监管是控制市场风险、维护市场秩序的需要

证券市场是国民经济的重要组成部分,又是一个参与者多、投机性强、敏感度高的一个高风险市场。如果没有完善的交易规则和良好的交易秩序,内幕交易、价格操纵、蓄

意欺诈、垄断行市等不法行为能够低成本实现,必将导致市场风险积聚,对国民经济的发展产生巨大的负面影响。

(三)加强证券市场监管是发展和完善证券市场体系的需要

证券市场监管体系是证券市场体系的重要组成部分。完善的市场体系,能够促进证券市场实现筹资和融资功能,稳定证券市场,增强投资者信心,促进社会资本的合理流动,从而推动社会经济的发展。

二、我国证券市场监管体系

我国证券市场经过了20多年的发展,已初步形成了由中国证券监督管理委员会、证券交易所、证券业协会、证券投资者保护基金公司等组成的监管体系。

(一)中国证券监督管理委员会

1992年10月,国务院证券委员会(简称"国务院证券委")和中国证券监督管理委员会(简称"中国证监会")宣告成立,标志着中国证券市场统一监管体制开始形成。国务院证券委是国家对证券市场进行统一宏观管理的主管机构。中国证监会是国务院证券委的监管执行机构,依照法律、法规对证券市场进行监管。

1998年4月,根据国务院机构改革方案,决定撤销国务院证券委员会,其职能并入中国证监会。

中国证监会及其在地方设立的稽查局、证监局等派出机构,对全国证券、期货市场实行集中统一监管,维护证券市场秩序。其主要职责包括:制定有关证券市场监督管理的规章、规则,并依法行使审批或者核准权;对证券的发行、上市、交易、登记、存管、结算,进行监督管理;对证券发行人、上市公司、证券公司、证券投资基金管理公司、证券服务机构、证券交易所、证券登记结算机构的证券业务活动,进行监督管理;制定从事证券业务人员的资格标准和行为准则并监督实施;监督检查证券发行、上市和交易的信息公开情况;对证券业协会的活动进行指导和监督;对违反证券市场监督管理法律、行政法规的行为进行查处等。

(二)证券交易所

证券交易所不仅要为投资者提供交易的场所和交易信息,还要制定交易规则,维持交易秩序,对证券交易活动的参与者实施监管。证券交易所监管的内容主要包括对上市公司的监管、对会员的监管以及对证券交易活动的监管。

1. 对上市公司的监管

证券上市后,在流通市场上不断买进或卖出;发行人的状况直接影响到证券在交易所内的转让。对证券上市公司的管理主要包括:上市交易的证券注册;证券上市公司统计和财务报表的申报;证券交易所对上市公司未按规定发行信息披露义务的行为可以按照上市协议的有关规定予以处理;对公司股票交易发生异常波动,有投资者发出收购该公司股票的公开要约;上市公司依据上市协议提出停牌申请;证监会依法作出暂定股票交易的决定时以及证券交易所认为必要时应当暂停上市公司的股票交易,并要求上市公司立即公布有关信息。

2. 对证券交易行为的监管

证券交易所应就交易证券的种类和期限;证券交易方式和操作程序;证券交易中的禁止行为;清算交割事项;交易纠纷的解决;上市证券的暂停、恢复与取消交易;证券交易所的开市、收市、休市及异常情况的处理;交易手续费及其他有关费用的收取方式和标准;对违反交易规则行为的处理规定;证券交易所证券交易信息的提供和管理;股价指数的编制方法和公布方式等证券交易活动制定具体的交易规则。禁止证券交易过程中的欺诈、假冒和其他蓄意损害交易对方利益的行为;禁止证券交易市场上垄断交易价格的行为;建立证券交易市场中的公平交易关系,禁止公司内幕人士利用其掌握内情的便利,损害其他证券投资者利益的行为。

3. 对场内交易证券商的管理

证券交易所应当就取得会员资格的条件和程序席位管理办法;与证券交易和清算业务有关的会员内部监督、风险控制、电脑系统的标准及维护等方面的要求;会员的业务报告制度;会员所派出代表在交易场所内的行为规范;会员及其出市代表违法、违规行为的处罚等制定具体的会员管理规则。证券交易所还应当根据国家关于证券经营机构证券自营业务管理的规定和证券交易所业务规则,对会员的证券自营业务、代理客户买卖证券业务实施监管。

(三)证券业协会

证券业协会我们在本章第二节证券市场的参与者中作了一定的介绍,在此不再赘述。

(四)证券投资者保护基金公司

证券投资者保护基金是在证券公司出现关闭、破产等重大风险时,依据国家政策规范地保护投资者权益,通过简捷的渠道对投资者特别是中小投资者予以保护。投资者保护基金公司要监测证券公司风险,组织、参与被撤销、关闭和破产证券公司的清算工作。这是对现有的国家行政监督部门、证券业协会、证券交易所等组成的全方位、多层次监管体系的一个重要补充。

三、证券市场的禁止性行为

(一)禁止内幕交易

就是禁止证券交易中内幕信息的知情人员利用内幕信息进行证券交易活动。知悉证券交易内幕信息的知情人员或非法获取内幕信息的其他人员,在内幕信息公开前,不得买入或者卖出所持有的该公司的证券,或者泄露该信息或者建议他人买卖该证券。

若由于内幕交易行为给投资者造成损失的,行为人应当依法承担赔偿责任。

内幕信息是指证券交易活动中,涉及公司的经营、财务或者对该公司证券的市场价格有重大影响的尚未公开的信息。

上市公司的内幕信息包括:可能对上市公司股票交易价格产生较大影响的重大事件;公司分配股利或者增资的计划;公司股权结构的重大变化;公司债务担保的重大变更;公司营业用主要资产的抵押、出售或者报废一次超过该资产的30%;公司的董事、监事、经理、副经理或者其他高级管理人员的行为可能依法承担重大损害赔偿责任;上市公司收购的有关方案等。

下列人员为知悉证券交易内幕信息的知情人员:

发行人的董事、监事、高级管理人员。

持有公司5%以上股份的股东及其董事、监事、高级管理人员,公司的实际控制人及其董事、监事、高级管理人员。

发行人控股的公司及其董事、监事、高级管理人员。

由于所任公司职务可以获取公司有关内幕信息的人员。

证券监督管理机构工作人员以及由于法定职责对证券的发行、交易进行管理的其他人员。

保荐人、承销的证券公司、证券交易所、证券登记结算机构、证券服务机构的有关人员。

国务院证券监督管理机构规定的其他人员。

(二)禁止欺诈行为

欺诈行为是指以获取非法收益为目的,在证券发行交易以及相关活动中违反证券管理法规,欺诈客户、虚假陈述、误导投资者的行为。

禁止国家工作人员、传播媒介从业人员和有关人员编造、传播虚假信息,扰乱证券市场。

禁止证券交易所、证券公司、证券登记结算机构、证券服务机构及其从业人员,证券业协会、证券监督管理机构及其工作人员,在证券交易活动中作出虚假陈述或者信息误导。

各种传播媒介传播证券市场信息时,必须真实、客观,禁止误导。

(三)禁止操纵市场行为

操纵市场行为是指投资者以获取不正当利益或者转嫁风险为目的,利用其资金、信息等优势或者滥用职权操纵证券市场价格,制造假象,诱导投资者在不了解事实真相的情况下作出证券投资决定,扰乱市场秩序。

操纵证券市场行为给投资者造成损失的,行为人应当依法承担赔偿责任。

操纵市场行为主要包括以下几种。

单独或者通过合谋,集中资金优势、持股优势或者利用信息优势联合或者连续买卖,操纵证券交易价格或者证券交易量。

与他人串通,以事先约定的时间、价格和方式相互进行证券交易,影响证券交易价格或者证券交易量。

在自己实际控制的账户之间进行证券交易,影响证券交易价格或者证券交易量。

以其他手段操纵证券市场。

复习思考题

一、名词解释

1. 证券市场　　　　2. 直接融资　　　　3. 间接融资
4. 证券发行市场　　5. 证券流通市场　　6. 创业板市场
7. 证券代销　　　　8. 证券包销　　　　9. 公募发行
10. 私募发行　　　11. 溢价发行　　　12. 平价发行
13. 折价发行　　　14. 直接发行　　　15. 间接发行
16. 股权分置　　　17. 股票价格指数　18. 综合指数
19. 成分指数

二、简答题

1. 证券市场的基本功能是什么？直接融资和间接融资有什么区别与联系？
2. 创业板市场的特点是什么？
3. 创业板市场和主板市场的区别是什么？
4. 股份有限公司股票上市有什么好处？
5. 在什么情况下上市公司股票将会被暂停上市或终止上市？
6. 国内外主要的股票价格指数有哪些？
7. 简述证券市场禁止性行为的内容。

第四章 证券交易的程序与方式

第一节 证券交易的程序

本章所讲的证券交易程序是指股票交易的程序,其他证券的交易程序与之基本相似。股票交易的程序主要包括:开户、委托、竞价成交、清算交割、过户等。

一、开户

客户要参与股票交易,首先要开立账户。账户分为股票账户和资金账户。

(一)股票账户

股票账户分为上海证券公司股票账户和深圳证券公司股票账户两种,投资者可根据需要决定办理一种或两种。股票账户在分设在各地的证券登记公司办理。办理股票账户开户手续时,客户需提供身份证(原件和复印件),填写相应的表格,并缴纳一定的开户费用(每个账户为50元),领取股票账户卡。

法人开立法人股票账户应提供有效的法人注册登记证明、营业执照复印件、单位介绍信、社团组织批准件、法定代表人的证明书及身份证复印件、法定代表人授权证券交易执行人的姓名、性别及其被授权人的有效身份证件、法定代表人授权证券交易执行人的书面授权书,还应提供法人地址、联系电话、邮政编码、机构性质等。

证券登记公司对投资者进行开户审查,主要是对证券市场进入者的合法性和真实性进行验证,以便于维护正常的市场秩序。合法性是指只有国家法律允许进行证券交易的自然人和法人才能到指定机构开立证券账户,对国家法律、法规不准许开户的对象,证券经营机构和中介机构不得予以开户。根据有关规定,不得开立股票账户从事股票交易的有:证券管理机关工作人员;证券交易所管理人员;证券业从业人员;未成年人未经法定监护人的代理或允许者;未经授权代理法人开户者;因违反证券法规,经有权机关认定为市场禁入者且期限未满者;其他法规规定不得拥有证券或参加证券交易的自然人。真实性是指投资者开立证券账户时所提供的资料必须真实有效,不得有虚假隐匿。

(二)资金账户

资金账户在投资者准备委托的证券商(公司)处开立,因为投资者只有通过他们才可以从事股票买卖。办理时,投资者须携带身份证明及已开设的股票账户卡,选择一家对自己便利、服务质量高的证券公司开立资金账户。由于经纪业务是各券商的主要业务内容,他们主要依赖投资者在自己的各个营业部进行证券交易活动而收取相应的佣金,因而每一位券商都非常欢迎投资者在自己的营业部开立资金账户。随着科学技术的不断发展,投资者存、取证券保证金已不需要再到证券营业部的资金柜台来完成,只需要利用电话、网络、委托终端等通过银证转账业务就可以轻松地完成。当前各券商都与有关银行之间建立了联系,投资者只要与券商之间签立一份银证转账协议,投资者在指定银行的储蓄资金就可转存为证券保证金;同样,投资者的证券保证金也可以转存为指定银行的储蓄资金,这样就大大地方便了投资者。我国《证券法》规定:"证券公司客户的交易结算资金应当存放在商业银行,以每个客户的名义单独立户管理。"这也就是证券行业实施的第三方托管制度。

投资者在进行股票交易时,股票账户和资金账户一并使用,缺一不可。

投资者必须妥善使用和管理,在开立资金账户时自行设定的密码,不可泄露,以防造成不应有的损失。

二、委托

由于一般投资者不可以进入股票交易所直接参与买卖,只能由证券商(公司)以接收委托的形式代其进行股票交易,投资者必须将自己买卖股票的意图、种类、条件等告知经纪人(证券商),以实现自己的交易。

(一)投资者的委托方式

1. 按投资者委托指令的不同分类

(1)市价委托。市价委托是指投资者在向券商发出代理买卖某种证券的委托指令时,明确其买卖可由券商随行就市确定交易价格。也就是说,证券商在受理市价委托的交易后,可以根据市场价格的变动选择他认为有利的时机买入或卖出证券。由于股票市场价格剧烈的波动性,任何人都很难把握最佳的买入、卖出时机,市价委托方式容易引发投资者与券商之间的纠纷,因此很长一段时间内我国基本不采用该方式。随着计算机及网络技术的发展,股票交易的撮合都是由计算机根据投资者的要求进行的,基本上消除了市价委托中人为因素的影响。为了提高市场效率,沪、深交易所自2006年起又开始实行市价申报方式,并提供了若干种不同方式供投资者选择。

目前,上交所市价委托的类型有2种,分别为:最优五档即时成交剩余撤销、最优五档即时成交剩余转限价;深交所市价委托的类型有5种,分别为:对手方最优价格申报、本方最优价格申报、最优五档即时成交剩余撤销申报、即时成交剩余撤销申报、全额成交或撤销申报。

"最优五档即时成交剩余撤销申报"是指无需指定委托价格,委托进入交易主机时与对手方有效竞价范围内最优的5个价位的申报队列撮合成交;若成交后有剩余的委托，交易主机立即对剩余部分作撤单处理。简单来说，就是依次以"买一"到"买五"价格作为卖出价格或依次以"卖一"到"卖五"价格作为买入价格，同时如申报无法全部成交，剩余未匹配量自动撤销的申报方式。

"最优五档即时成交剩余转限价"是指无需指定委托价格，委托进入交易主机时与对手方有效竞价范围内最优的5个价位的申报队列撮合成交；若成交后有剩余的委托，交易主机立即对剩余部分自动作为限价委托留在申报簿中，其限价等于先成交部分的成交价。

"对手方最优价格申报"是指以申报进入交易主机时集中申报簿中对手方队列的最优价格为其申报价格的市价申报方式。简单来说，就是对手方最优价格申报相当于在不考虑行情信息差异的情况下，买入时以"卖一"为限价，卖出时以"买一"为限价的申报方式。

"本方最优价格申报"是指以申报进入交易主机时集中申报簿中本方队列的最优价格为其申报价格的市价申报方式。简单来说，就是本方最优价格申报相当于在不考虑行情信息差异的情况下，买入时以"买一"为限价，卖出时以"卖一"为限价的申报方式，当本方最优价格申报进入交易主机时，在原有的"买一"或"卖一"队列中排队。

"即时成交并撤销申报"是指以对手方价格为成交价，与申报进入交易主机时集中申报簿中对手方所有申报队列依次成交，未成交部分自动撤销。"即时成交并撤销申报"与"最优五档即时成交剩余撤销申报"的区别就在于"即时成交剩余撤销委托"可以与对手方数笔不同价格的委托撮合，直至无有效对手盘；而"最优五档即时成交剩余撤销申报"只能与一定范围内的对手方队列（"买一"到"买五"或"卖一"到"卖五"）成交。

"全额成交或撤销申报"是指以对手方价格为成交价，如与申报进入交易主机时集中申报簿中对手方所有申报队列依次成交能够使其完全成交的，则依次成交，否则申报全部自动撤销。也就是说，全额成交或撤销申报是与对手方所有申报队列进行成交撮合，能够全额成交，则全部成交；不能全额成交的，则全部撤销。因此，"即时成交并撤销申报"与"全额成交或撤销申报"的区别在于，前者只对未成交部分撤销申报，而后者是撤销全部申报。

本方最优价格申报进入交易主机时，集中申报簿中本方无申报的，申报自动撤销。在其他市价申报类型进入交易主机时，集中申报簿中对手方无申报的，申报自动撤销。

市价申报只适用于有价格涨跌幅限制证券连续竞价期间的交易。其他交易时间，交易主机不接受市价申报。

现在的市价委托与过去不同，在委托过程中增加了一定的限定条件，适应了计算机自动撮合的需要，避免了投资者与券商之间可能出现的纠纷。与限价委托方式相比，市价申报方式在一定程度上可以保证投资者买卖指令及时成交，有利于提高市场效率。但与此同时，由于行情信息差异，市价申报方式委托指令报送之前投资者无法预知其交易价格，存在一定的不确定性。一般来说，市价申报的成交效率越高，行情波动越剧烈，其价格的不确定性风险越大。

(2)限价委托。限价委托是指投资者在委托证券商代理证券买卖过程中,要求券商必须按限定的价格或者比限定价格更为有利的价格进行证券的交易,即必须以限价或低于限价买入证券,以限价或高于限价卖出证券。在此类委托方式中,委托价格实际上指的就是委托限价。以限价委托方式成交的各类委托绝对尊重了投资者的意愿,避免了市价委托中可能出现的投资者与券商之间的纠纷。

(3)中止委托。中止委托俗称为"撤单",它是指投资者在其委托因价格或时间因素的影响尚未成交之时,可以发出撤销委托的指令,终止原来所作的委托。撤单为投资者提供了一个反悔的机会,可以更为有力地保障投资者的利益。例如,当投资者已以一定价位委托买入某只股票后,发现这支股票价格出现了大幅度的下跌,且根据当时的情况判断这支股票价格可能会跌至比自己委托买入价格更低的水平,那么他就可以在自己的委托尚未成交之时,发出撤销委托的指令,以获得更为理想的收益。

2.按投资者发出委托指令的方式不同分类

(1)柜台委托。柜台委托是最传统的委托方式,指由投资者到证券营业部交易柜台将自己的买卖要求逐项填写在委托单据上,交给经纪人去执行的委托方式。

(2)传真、函电委托。传真委托和函电委托是指投资者将自己的委托意向和要求以传真或函电方式传达给经纪人,由经纪人代为填写委托书,经核对无误后及时进场申报,并将投资者的传真件或函电件作为附件附于委托书之后。

柜台委托、传真委托、函电委托等委托方式都需要经过券商才能进入证券交易所的委托系统,中间环节多,所需时间长,容易出现差错,在瞬息万变的证券市场上,可能会丧失大量稍纵即逝的获利或减少损失的机会。随着计算机网络和现代化通讯手段日新月异的发展,这种委托方式逐渐被其他委托方式所替代。

(3)电脑自助委托。电脑自助委托是投资者利用证券营业部所提供的委托终端,自主进行证券交易委托的一种委托方式。电脑自助委托方便、快捷,整个过程都是在可视条件下进行,无中间环节,准确率高,但要求投资者必须要到自己所开户的证券营业部才能进行委托。

(4)电话委托。电话委托是投资者通过电话或券商提供的电话委托交易系统进行证券委托的一种委托方式。投资者在接通券商的委托电话之后,就可以根据电话委托交易系统的语音提示,方便地实现自己的委托意向。电话委托的主要缺陷是非可视化,操作速度慢,在交易繁忙时容易出现线路拥塞。

(5)网上委托。网上委托就是利用网上证券交易委托系统进行证券交易的委托。目前,我国各主要券商都开发了自己的证券交易行情系统和证券交易委托系统。投资者登录因特网下载相关的软件并安装后,就可以查看行情以及进行网上委托。网上委托与电脑自助委托基本一致。网上委托除具有电脑自助委托的优点之外,还有一个优点就是投资者不再需要到证券营业部进行委托。网上委托与其他委托方式相比,投资者不需要占用券商的资源,因而券商对网上委托投资者佣金收取的标准也最低。

(二) 委托的基本要素

委托的内容有多种,对于不同的委托方式,其表现方式可能有所不同。如采用网上委托方式,证券账号、资金账号、交易密码等作为投资者进入委托界面的条件,在进入委托界面后所填写的内容就要少一些;采用柜台委托所需填写的内容最为全面,其基本要素包括:

1. 证券账号

证券账号就是投资者所开立的股票账户的号码。投资者在买卖上海证券交易所上市的股票时,须填写上海证券账户号;在买卖深圳证券交易所上市的股票时,须填写深圳证券账户号。

2. 委托日期

3. 交易品种

交易品种是投资者所要交易证券的品种,一般是填写上市证券的代码及证券简称。

4. 交易方向

交易方向是指投资者是买入还是卖出交易品种中所列证券。

5. 交易数量

交易数量是指投资者买卖证券的数量。交易数量可分为整数委托和零数委托。证券交易的交易单位是"手",按现行的规定,每 100 股的股票、每 100 基金单位的基金、每 10 张(100 元面值为一张)债券为一手。整数委托是指委托交易证券的数量是一个交易单位或者是交易单位的整数倍。零数委托是指委托交易证券的数量有不足一个交易单位的零头部分。按规定,投资者的买入委托必须是整数委托;卖出委托可以是整数委托,也可以是零数委托。虽然交易单位是手,但是由于存在零数委托,实际应用中各类委托方式的委托数量一般都是按股填写。

6. 委托价格

委托价格是指投资者委托买入、卖出证券的价格。对于不同类型的证券,证券交易所规定的报价方式和报价的价格最小变动单位是不同的。股票报价为每股价格,基金报价为每一基金单位价格,债券现货报价为每张(100 元面值为一张)债券价格,国债回购以"资金年收益率"(去除百分号)为报价单位。现行的价格变化档位:A 股、债券为 0.01 元,基金为 0.001 元,深市 B 股为 0.01 港元,沪市 B 股为 0.001 美元,国债回购为 0.01%。

7. 委托时间

委托时间是指投资者委托买入、卖出证券的时间。目前,电脑自助委托、电话委托、网上委托等委托方式的委托时间都可以自动记录。在柜台委托方式中,投资者应注明填写委托单的具体时间,以此判断券商是否及时地将投资者的委托报送出去。

8. 委托有效期

有效期是指投资者委托指令的有效期间。如果投资者的委托在有效期内未能成交或未能全部成交,券商应该继续执行委托,直至委托有效期满。委托有效期满,委托指令自然失效。委托有效期分为当日有效和约定日有效两种。当日有效是指投资者委托指令在当日内有效,约定日有效是指投资者委托指令从委托之时起到约定的交易日收盘时的时期内有效。如果投资者不在委托单上特别注明,均按当日有效处理。根据我国现行规定,委托的有效期均为当日有效。

9. 投资者签名

投资者签名以示对所作的委托负责;若预留印鉴,则应盖章。

投资者无论采用哪种委托方式,都要认真操作,以避免无效委托的发生。无效委托包括:卖出的股票数额大于持有的股票数额;买入股票所需的资金大于账面剩余资金;委托价格超出了现行的涨跌停板范围;委托操作的时间不在正常的交易时间内;已在其他券商处做了指定交易的上海账户;买卖已停牌的股票;输入无效账号等。尽管目前各类委托系统都具有自动验证审查并提示的功能,如果发生了上述无效委托,系统会自动提示委托无效;但即使如此,也可能因此耽误投资者的宝贵时间,错失获利的机会。此外,在有些情况下投资者的一些误操作依旧可能会给自己带来巨大的损失。例如,某投资者本来已有某只股票,且涨势良好,为了更多地获利,本来他想在较低的价位上再买入一定数量的股票,但误将买入操作为卖出,因此造成了惨重的损失。

投资者在委托的过程中,除了避免无效委托的发生外,还要尽量提高委托的成功率。委托成功率的高低与委托价格填写是否恰当关系密切。根据我国股票市场的竞价交易原则:当股票价格在涨跌停板范围内波动时,按照"时间相同、价格优先"的原则,在输入委托价格时,应参考最新的成交价,买进时适当填高一些,卖出时适当填低一些,这样可以大大提高委托的成功率。实际成交价格也不一定就是输入的委托价格,这就是股市中所说的"高买低成、低卖高成"。特别是当投资者在参与集合竞价时,由于是集中撮合,最终成交价并不一定是委托指令中的委托价格,而是按照集合竞价的撮合原则所取得的一个唯一价格,全部成交都是以这个价格成交(详细过程见竞价成交)。因此,投资者买入委托的价格高一些或者卖出委托的价格低一些,都不会直接影响本人的收益,却可以使委托的成功率大大提高。当股票价格处在涨跌停板的位置时,买卖成交都很困难,此时应依据"时间优先"的原则,尽早输入委托价格,以提高委托的成功率。此外,按照一般规律,在证券价格的整数位上,投资者的委托分布较为集中,按照时间优先的原则,成交的难度就比较大。这时如果避开整数价格位,买入委托的价格略高于整数价格位,卖出委托的价格略低于整数价格位,就可能使委托的成功率大大提高。例如,8.51元的买入委托价格就可能比8.50元的买入委托价格成功率要高许多;8.49元的卖出委托价格就可能比8.50元的卖出委托价格成功率要高许多。

三、竞价成交

证券市场的一个重要特点就是它具有一个公开、透明的竞价环境。在证券市场上,众多的投资者分别代表着买方和卖方,按照一定的交易规则和程序,在充分竞争的基础上公开竞价,达成交易。

(一)竞价原则

证券交易所内的证券交易是按照"价格优先、时间优先"的竞价原则确定成交的。所谓"价格优先、时间优先"是指:在买入委托中,价格高者优先成交;在卖出委托中,价格低者优先成交;在委托价格相同的各类委托中,先申报者优先成交。

(二)竞价方式

目前,证券交易所一般采用两种竞价方式,即在每日开盘时采用的集合竞价方式和在正常交易时间的连续竞价交易方式。

1. 集合竞价

我国上海和深圳证券交易所的交易时间均为前市9:30~11:30,后市13:00~15:00,每周开市五天,周六、周日及固定节假日休市。另外,在遇有股价暴涨暴跌或其他意外事件等特殊情况时,交易所有权停市或变更开市时间。

尽管开市时间是9:30,但是从9:15分开始,证券交易所的主机就开始运行并接收投资者的委托。所谓"集合竞价"是指在每个交易日的9:25分,交易所电脑主机对9:15~9:25分接收的全部有效委托按照"价格优先、时间优先"的原则进行一次集中撮合处理的过程。

集合竞价进行集中撮合的原则是:成交量最大;高于基准价的买入申报及低于基准价的卖出申报全部成交;在与基准价格相同的买卖双方中有一方申报全部成交。

现举例说明集合竞价的过程。

表4-1 集合竞价产生过程演示

买入(手)	累计买入量(手)	价格(元)	卖出(手)	累计卖出量(手)	最大成交量(手)
—		7.50	300	2720	—
—		7.40	800	2420	—
—		7.30	200	1620	—
10	10	7.29	80	1420	10
40	50	7.28	300	1340	50
300	350	7.27	600	1040	350
400	750	7.26	200	440	★440
200	950	7.25	100	240	240
200	1150	7.24	60	140	140
1000	2150	7.23	80	80	80
400	2550	7.20	—		—
600	3150	7.10	—		—

表 4-1 所示为某股票在 9:15～9:25 交易所电脑主机所收到的全部委托情况,按"价格优先、时间优先"的原则对买入委托按价格从高到低依次排列,卖出委托按照价格从低到高依次排列,同时统计出按照限价原则的累计委托量。现根据证券交易原则和集合竞价撮合原则,确定在各个价位成交的手数。在 7.50、7.40、7.30 这三个价位上,只有卖出委托,没有买入委托,因此这三个价位没有成交。同样,在 7.20、7.10 这两个价位上,只有买入委托,没有卖出委托,也没有成交。

在 7.29 元这一价位上,买入委托有 10 手,在这一价位及以下的卖出委托有 1420 手,且最低的卖出委托价格只有 7.23 元,因此肯定是可以成交的。但由于买入委托数量的限制,在此价位只能成交 10 手。按照"价格优先,时间优先"的原则,成交的这 10 手应当是以 7.23 元委托的 80 手中的委托时间在前的 10 手。

在 7.28 元这一价位上,买入委托有 50 手,在这一价位及以下的卖出委托有 1340 手,因此肯定是可以成交的。但由于买入委托数量的限制,在此价位只能成交 50 手。

依此类推,在 7.27 元价位上可成交 350 手,在 7.26 元价位上可成交 440 手,在 7.25 元价位上可成交 240 手,在 7.24 元价位上可成交 140 手,在 7.23 元价位上可成交 80 手。

则依据集合竞价撮合标准,在 7.26 元价位上,成交量最大(440 手);高于 7.26 元的买入申报及低于 7.26 元的卖出申报全部成交;在与 7.26 元价格相同的买卖双方中,7.26 元以下的卖出申报全部成交。因此,7.26 元就是本股票集合竞价的结果。竞价结果一旦确定,所有的成交委托都是依此价格成交,这也就是该股票本交易日的开盘价。

集合竞价没有成交的所有委托自动转入连续竞价。

假如发生两个价位同时符合三个条件时(如表 4-2 所示),沪深两市的处理方法有所不同。沪市是取两者的平均价,深市则是取靠近昨日收盘价的价位。

表 4-2 集合竞价产生两个符合条件价位过程演示

买入(手)	累计买入量(手)	价格(元)	卖出(手)	累计卖出量(手)	最大成交量(手)
—		7.50	300	2720	
—		7.40	800	2420	—
—		7.30	200	1620	
60	60	7.29	80	1420	60
80	140	7.28	300	1340	140
300	440	7.27	600	1040	★440
400	840	7.26	200	440	★440
200	1040	7.25	100	240	240
200	1240	7.24	60	140	140
1000	2240	7.23	80	80	80
400	2640	7.20	—		
600	3240	7.10			

在经过集合竞价之后，参与集合竞价的投资者的委托可能有三种情况：全部成交、部分成交、不成交。对于未成交部分，系统将其自动转入连续竞价，并直至委托有效期结束。

2.连续竞价

连续竞价是指在正常交易时间内，对有效申报按"价格优先、时间优先"的原则逐笔进行撮合。

四、清算、交割和过户

证券清算是指在每个交易日中每个证券经营机构成交的证券数量和金额分别予以轧抵，然后通过证券交易所对证券和价款的净差额进行计算的处理过程。

我国实施的是股票"T+1"、资金"T+0"的结算制度。"T"是指交易当天，投资者当天买入的股票不能在当天卖出，需待下一个交易日方可卖出，即股票"T+1"，但当日卖出股票资金当日就可以回笼，当日就可以使用，即资金"T+0"。

股票清算后，即可办理交割手续。交割就是卖方向买方交付股票而买方向卖方支付价款。我国深圳、上海证券交易所都早已实现了无纸化交易，证券交易已不再是一手交钱、一手交货的实物交易方式，证券和资金都是以无形的方式存在于投资者的账户之中，因此投资者在交易完成后的交割实际上是以转账的方式与交易同时进行的。由于我国证券监督机构为了防止人为操纵、过度投机等行为，采取了股票"T+1"的交易制度，买入证券的投资者是在下一个交易日才可以收到证券，一般理解为证券是在下一个交易日才进行交割。

证券过户是指投资者在完成交易过程之后，办理变更证券持有人姓名的手续。由于现代证券交易的对象多为无纸化证券，没有实物载体，所有者对相应证券的所有权无法凭实物券来体现，而是在所有者的相关资料中对证券的所有权及变化情况进行记载。随着交易的完成，当股票从卖方转移到买方，就意味着证券原持有者拥有权利的转让，新的证券持有者则拥有了所获得那部分证券所代表的权利。对已交易部分的证券的所有者的情况进行登记、修改，这就是通常所说的过户手续。

上海、深圳证券交易所的过户手续均采用电脑自动过户，买卖双方一旦成交，过户手续就已经办完。因此，对于我们普通投资者而言，清算、交割、过户对自己的交易与收益都没有什么直接的影响，没有必要为此劳心费神，只要经常地查对一下自己的资金、证券是否准确就可以了。

五、收费标准

证券交易费用主要由佣金和印花税两部分组成。投资者买入证券后判断是否获利，不能简单地认为目前所购入股票的市价高于其买入价就是获利了，还应当扣除交易过程中所支付的各种费用。

(一)证券交易佣金

佣金是券商为投资者代理买卖证券时收取的费用。佣金一般是根据成交金额按一定比例计算的。

由于历史的原因,我国最早的证券交易佣金比例由上海、深圳证券交易所制定。在现行佣金标准确定之前,对于股票交易,两证券交易所均采用3.5‰的固定佣金比例。随着我国证券市场的迅速成长,我国长期以来实行的佣金标准的不少弊端已逐渐凸现出来。固定佣金制度不利于证券市场竞争机制的培育,较高的费率标准提高了交易成本,从而妨碍了社会资源的有效配置,也在一定程度上影响了投资者参与证券市场的积极性。同时,个别证券经营机构为争夺客户,违反有关规定进行各种形式的佣金打折或返佣的价格战,在一定程度上影响了公平竞争的市场秩序。因此,中国证监会会同证券交易所和业界经过长期的酝酿和准备,在研究和借鉴国际成熟市场佣金制度有益做法的基础上,结合我国的实际情况,深入地进行市场调研,广泛地征求业内外意见,设计了多种改革方案。最后经与国家计委、国家税务总局认真研究,形成了新的佣金收取标准。2002年4月5日,中国证监会、国家计委、国家税务总局联合发布了《关于调整证券交易佣金收取标准的通知》。通知规定,A股、B股、证券投资基金的交易佣金实行最高上限向下浮动制度,证券公司向客户收取的佣金(包括代收的证券交易监管费和证券交易所手续费等)不得高于证券交易金额的3‰。同时为了避免各证券公司之间的恶性竞争,通知还规定了证券交易佣金不得低于代收的证券交易监管费和证券交易经手费。证券交易监管费是由证监会收取,证券交易所代收,按股票交易额的0.02‰收取。证券交易经手费是场内交易完成后由证券交易所向证券公司收取,A股交易经手费由按成交金额0.0487‰双边收取。

(二)证券交易印花税

证券交易印花税是从普通印花税发展而来的,专门针对股票交易发生额征收的一种税。对于中国证券市场,证券交易印花税是政府增加税收收入的一个手段,也是政府调控股市的重要工具。

证券交易印花税的征税对象是企业股权转让书据和股份转让书据,纳税义务人是股份转让双方,并由证券交易所代扣缴。计税依据是双方持有的成交过户交割单。对有关印花税的违章行为,按照《中华人民共和国税收征收管理法》有关规定办理。

中国股市成立至今,A股市场曾多次调整印花税率。1990年6月深市开征股票交易印花税,由卖出者缴纳,税率6‰;1991年10月深市将印花税率调低到3‰,沪市开征3‰交易印花税,买卖双方缴纳;1997年5月12日,印花税率由3‰提高到5‰;1998年6月12日,印花税率从5‰下调到4‰;2001年11月16日,印花税率从4‰下调到2‰;2005年1月24日,印花税率由2‰调整为1‰;2007年5月30日,印花税税率由1‰调整为3‰;2008年4月24日,印花税税率由3‰调整1‰;2008年9月19日,印花税改为单边征收,即只对出让方征收。

表 4-3 沪、深证券交易所主要证券交易品种交易费用表

收费项目	交易品种	上海证交所	深圳证交所	备注
佣金	A股	不超过成交金额的3‰	不超过成交金额的3‰	起点为5元
	债券	不超过成交金额的0.2‰	不超过成交金额的0.2‰	起点为1元
	基金	不超过成交金额的3‰	不超过成交金额的3‰	起点为5元
	权证	不超过成交金额的3‰	不超过成交金额的3‰	起点为5元
印花税	A股	成交金额的1‰	成交金额的1‰	只对出让方征收
	债券	免交印花税	免交印花税	
	基金	免交印花税	免交印花税	
	权证	免交印花税	免交印花税	
过户费	A股	成交金额的1‰	免交过户费	上交所起点为1元
	债券	免交过户费	免交过户费	
	基金	免交过户费	免交过户费	
	权证	免交过户费	免交过户费	

表 4-3 中所列的交易费用是买进或卖出证券时的"单向"交易费用。长期以来,我国证券市场对投资者交易费用的收取都是按照"双向"收取的,即投资者买进证券时要交费,卖出证券时也要按同样的标准交费。2008 年 9 月 19 日,我国证券监管机构为了维护股市的稳定,促进资本市场健康稳定的发展,决定对证券交易印花税政策进行调整,由之前双边征收改为单边征收,税率保持在1‰,即对证券出让方按成交金额的1‰征收印花税,对受让方不再征税。

六、我国的涨跌停板制度

涨跌停板制度源于国外早期证券市场,是证券市场中为了防止交易价格的暴涨暴跌,抑制过度投机现象,对每只证券当天价格的涨跌幅度予以适当限制的一种交易制度,即限定交易价格在一个交易日中的最大波动幅度。

我国在实施涨跌停板制度之前,暴涨、暴跌的情况较为严重,对抑制过度投机、保持市场稳定、保护投资者利益,尤其是对保护中小投资者的利益、进一步推进市场的规范化方面带来了极为不利的影响。例如,1992 年 5 月 21 日,上证综指从 616.99 点涨到 1266.49 点,日涨幅达 105.27%;1994 年 8 月 1 日,深综指从 96.56 点涨到 126.77 点,日涨幅为 31.29%;1995 年 5 月 23 日,上证综指从 897.42 点跌到 750.30 点,日跌幅为 16.39%;1991 年 11 月 18 日,深综指从 128.05 点跌到 104.20 点,日跌幅为 18.63%。

我国证券市场现行的涨跌停板制度是在 1996 年 12 月 13 日发布,于 1996 年 12 月 26 日开始实施的。制度规定,除上市首日之外,股票(含 A、B 股)、基金类证券在一个交易日内的交易价格相对上一交易日收市价格的涨跌幅度不得超过10%,超过涨跌限价

的委托为无效委托,后又规定 ST 股票的涨跌幅度不得超过 5%。

各国证券市场在每个交易日涨跌幅度限制方面的做法有所不同。我国的涨跌停板制度与国外相关制度的主要区别在于股价达到涨跌停板后不是停止交易,而是不得在涨跌幅限制以外的价格区间内进行交易,在涨跌停板价位及其之内的价格区间交易仍可继续进行,直到当日收市为止。

第二节　证券交易的方式

在证券交易过程中,依据投资者在交易过程中现金支付比例、履约期限等因素,证券交易的方式可分为现货交易和信用交易两种。

一、现货交易方式

现货交易亦称为"现金现货",是指证券买卖成交后,按成交价格及时进行实物交收和资金清算的交易方式,即卖出者交出股票,买入者支付货款,当场交割,钱货两清。

现货交易是证券交易中最古老的交易方式,最初证券交易都是采用这种方式进行。后来,由于交易数量的增加等多方面的原因使得当场交割有一定的困难。因此,在以后的实际交易过程中采取了一些变通的做法,即成交之后允许有一个较短的交割期限,以便大额交易者备款交割。各国对交割期限的规定不一,有的规定成交后第二个工作日交割,有的规定在例行的交收日期交割清算。究竟成交后几日交割,一般都是按照证券交易的规定或惯例办理,各国不尽相同。在未清算交收前,双方均不可解约或冲销,若其中一方到交收日不能履约,将按有关交易规则处以罚金并承担责任。

现货交易有以下几个显著的特点:第一,成交和交割基本上同时进行;第二,现货交易是实物交易,即卖方必须实实在在地向买方转移证券,没有对冲;第三,在交割时,购买者必须支付现款,由于在早期的证券交易中大量使用现金,所以,现货交易又被称为"现金现货交易";第四,交易技术简单,易于操作,便于管理。一般来说,现货交易是一种投资行为,它反映了购入者有进行较长期投资的意愿,希望能在未来的时间内,从证券上取得较稳定的利息或分红等收益,而不是为了获取证券买卖差价的利润。

二、信用交易方式

信用交易又称为"保证金交易"、"垫头交易"(我国称之为融资融券),是投资者通过交付保证金取得经纪人的信用而进行的交易。在这种方式下,股票的买卖者在交易过程中不需要全部使用自己的资金,而是通过交付保证金得到证券公司的信用,由其垫付其余部分资金进行股票的交易。各国因法律、证券市场的发展状况及成熟程度不同,投资者缴付保证金的比例也不同。

（一）信用交易的基本特征

1. 资金疏通性

货币市场和资本市场是金融市场的两个有机组成部分，两个市场之间的资金流动必须保持顺畅，否则势必使金融市场的整体效率降低。信用交易方式以证券金融机构为中介，一头连接着银行金融机构，一头连接着证券市场的投资者，通过融资融券交易引导资金在两个市场之间有序流动，从而提高证券市场的整体效率。因此，从信用交易方式的基本功能看，它是货币市场和资本市场之间重要的资金通道，具有资金疏通性。

2. 信用双重性

一方面，投资者以部分自有资金（或证券）以及向金融机构借入的其余部分资金（或证券）买入（或卖出）某种证券，投资者向证券金融机构借入的垫付款（或证券）是建立在信用基础之上的，这是证券金融机构与投资者之间形成的第一重信用关系；另一方面，证券金融机构垫付的差价款可以是其自有资金，但在多数情况下是向银行申请的贷款，作为贷款方，证券金融机构将来必须偿还这部分贷款本金和利息，因而在银行与证券金融机构之间便形成第二重信用关系。因此，从信用关系角度看，信用交易方式具有信用双重性。

3. 财务杠杆性

由于信用交易方式是以信用授受关系为基础的，因而它能够把投资者虚拟的资金需求（融资）和虚拟的证券供给（融券）导入市场，使资金充分发挥效能。投资者可用同样的资金购买更多的证券，或以较少的资金购买同样数量的证券，从而提高投资的财务杠杆比率。

4. 可调控性

信用交易方式的信用双重性和财务杠杆性决定了这一交易方式具有很强的风险性。然而信用交易的成立必须以投资者向证券金融机构按规定缴纳一定数额的保证金为前提。保证金通常分为初始保证金、维持保证金和最低保证金，初始保证金比率由金融管理当局根据社会货币松紧状况规定和调整，是一种重要的选择性货币政策工具；维持保证金比率和最低保证金比率由证券交易所和经纪商根据市场的资金供求状况确定和调整。保证金为管理者控制风险、实现货币政策和市场稳定的目标提供了可调控的工具。因此，从宏观管理角度看，信用交易式又具有可调控性。

（二）信用交易的类型

信用交易分为保证金买空和保证金卖空。

1. 保证金买空

保证金买空是指投资者预计某一股票的股价将要上涨，便以提交保证金方式向证券经纪商融资购买股票，然后待股价上涨后卖出。所谓"买空"是指投资者没有资金或没有足够的资金,却可以通过信用的方式买到相当数量的股票,并在认为合适的价位让经纪商卖出。

2.保证金卖空

保证金卖空是指投资者预计某一股票的股价将要下跌,便以提交保证金方式向证券经纪商借入一定数量的股票,并委托经纪人先行卖出,而后待到股价下跌到预期程度时,再按市场价格买入相同种类的股票归还给经纪人。所谓"卖空"是指投资者没有股票,却可以通过信用的方式获得股票,并先行卖出。

证券经纪商根据投资者的指令完成操作后,扣除买卖手续费和对投资者贷款的利息后,余下的即为投资者的投资收益。卖空者进行卖空操作时一般从三个来源借入股票:其一是自己的经纪人,其二是信托公司,其三是金融机构。一般情况下是由证券商从依托公司或金融机构处获得证券。

(三)信用交易分析

信用交易与现货交易相比具有更大的风险性,因而为确保安全,信用交易的管理更加规范与严格。

1.保证金

投资者若要以信用交易的方式进行证券交易,首先要在某一券商处开设保证金账户。

投资者的保证金分为现金保证金和权益保证金。现金保证金就是投资者通过缴纳现款而设立的保证金;权益保证金是证券金融机构按照投资者提供的有价证券、不动产等抵押品的市场价格,按一定比率设立的保证金,因而也称为"抵押保证金"。若投资者缴纳的是现金保证金,券商一般可以按照1:1的比例提供保证金贷款;若投资者缴纳的是权益保证金,券商提供的贷款比例一般为有价证券的50%左右或不动产的40%左右。

开设保证金账户时,投资者要与券商签立协议,保证遵守证券管理机构、证券交易所和投资者开户券商对信用交易的有关规定,券商有权以投资者保证金账户上的证券作为向银行或其他金融机构贷款的抵押品,以保证支付投资者购买证券的价款及其他费用;券商有权将投资者保证金账户上的证券借给其他从事保证金卖空的投资者。

保证金账户分为借方和贷方。借方记载投资者对券商的负债,包括投资者购买证券价款、应付税金、手续费、券商贷款及利息等;贷方记载投资者所拥有的资产数量,包括投资者售出证券的价款收入、利息收入、股息收入、证券余额、资金余额等。券商代投资者保管保证金账户,并每天按证券的收盘价计算账户中的实际保证金余额。如果保证金账户中有贷方余额,则投资者可以从账户中提取现金或无须缴纳保证金而购买其他证券;如果保证金账户上的保证金余额已低于规定的最低限度,券商要向投资者发出追加保证金的通知,投资者必须及时地追加保证金。

2. 保证金比率的决定

投资者的保证金数量与其交易证券总市值之比称为"保证金比率"。这一指标主要是用来衡量在信用交易过程中投资者证券交易的风险程度。保证金比率分为初始保证金比率、保证金实际维持率和保证金最低维持率。

初始保证金比率是由中央银行根据货币供应、通货膨胀以及证券市场的发展状况等情况决定的。初始保证金比率的高低直接影响到整个社会的货币供给结构。当货币供应量过大、通货膨胀较为严重、物价上涨速度过快、证券市场上投机氛围浓厚、经济过热特征明显时,中央银行将采用紧缩的货币政策,通过提高初始保证金比率,减少信用交易过程中的融资比重,收缩信用,抑制信用交易过程中的过度投机现象;反之,中央银行则会降低保证金比率,以促进证券交易,活跃证券市场。投资者在进行信用交易之初所提交的保证金称为"初始保证金",其数量就是由初始保证金比率和证券交易的数量决定的。如若初始保证金比率为50%,某投资者要通过信用交易方式买入200 000元的股票,则其需要提交的保证金数量不得少于100 000元。初始保证金比率的高低决定了券商和商业银行的融资比率的高低,对证券市场的资金供应和交易价格产生着重要的影响,也影响着银行系统的信用规模和资金供应量,所以中央银行将其作为选择性的货币政策工具。美国在大萧条之前,初始保证金率仅为10%,在1934—1974年在40%～100%浮动调整,1974年后固定在50%并不再进行调整;韩国1977年规定初始保证金率为40%以上。

保证金的实际维持率是指投资者可支配的保证金与其通过信用交易方式所购证券的市值的比率。由于证券市场价格在不断地变化,投资者所购证券的市值也在不断地变化,因此保证金的实际维持率也是在不断地变化的。投资者所购证券的价格上升,市值增大,保证金的实际维持率就会上升,券商为投资者所提供贷款的风险就会降低;反之,投资者所购证券的价格下降,市值减小,保证金的实际维持率就会下降,券商为投资者所提供贷款的风险就会提高。这就要求券商要及时地计算投资者的保证金实际维持率,了解投资者的盈亏状况,并及时地告知投资者,以便投资者及早采取措施,增加盈利或减少损失。

在信用交易过程中,券商要求投资者提供一定数量的保证金,其目的就是防范风险。对保证金的实际维持率,券商都会设定一个最低限度,这是信用交易融资的预警信号。一旦保证金的实际维持率达到这一临界点,券商就会及时向投资者发出警报,督促投资者采取措施。若投资者认为行情终究会向自己有利的一方转变而愿意继续持筹观察,则必须追加保证金;若投资者无力追加保证金或对行情发展不抱希望时,可通知券商平仓了结。若券商已发出追加保证金通知而投资者未采取任何措施,券商告知客户后可以售出其账户内的证券以抵补融资金额、手续费和利息。

在信用交易过程中,券商与投资者所约定的保证金实际维持率的最低标准称为"保证金最低维持率"。当投资者的保证金实际维持率低于初始保证金比率但尚高于最低维持率时,投资者的账户要受到限制,可称为"限制性账户",这就意味着投资者不得从事任何可能导致其账户上保证金进一步减少的交易。对最低保证金比率,各国大都设定在 20%~25%之间,而各金融证券机构在具体运作时,出于审慎原则考虑还可略为提高。维持保证金制度主要有三个内容:一是"逐日盯市"制,即要求每日计算每一个保证金账户的保证金比率,防止风险和信用膨胀;二是"保证金追加"制,即当实际保证金比率下降到最低保证金比率之下时,通知客户存入现金或证券或偿还部分贷款;三是"强制平仓"制,即当"保证金追加"制无法实施时,强制出售当事人保存在证券金融机构的证券。另外,还有制定限制性规则,如证券商不得将维持保证金用于自营业务,未经客户允许不得将保证金和抵押证券用于其他业务交易等。

3. 信用交易的盈亏分析

(1)保证金买空交易。

例 4-1 某投资者拥有自有资本 10 万元。他预测到某现价为 20 元的股票价格将要上涨时,将 10 万元资本作为保证金支付给证券公司,通过信用交易方式进行股票交易。假定保证金比率为 50%,这样投资者可以购买此股票 10000 股。经过一段时间以后,该股票如愿地从 20 元上涨到 30 元,投资者在此价位将手中的股票全部抛出(为了简便计算,证券交易过程中所发生的有关利息、佣金和所得税暂且不计)。试分析他的收益情况。

在采用现货交易时,这位投资者所拥有的 10 万元自有资本只能购买 5000 股该种股票。这时,投资者的收益情况为:

收益额=股票市值-资本金投入额
$$=5000\times30-5000\times20=50000(元)$$

$$收益率=\frac{收益额}{资本金投入额}\times100\%$$

$$=\frac{5000\times30-5000\times20}{5000\times20}\times100\%=50\%$$

在采用信用交易方式时,若保证金比率为 50%,这位投资者可以其所拥有的 10 万元自有资本作为保证金向券商融得资金 10 万元,这样投资者可以购买此股票 10000 股。在 30 元的价位上将手中的股票全部抛出后,他的收益情况为:

收益额=股票市值-资本金投入额-融资额
$$=10000\times30-5000\times20-5000\times20=100000(元)$$

$$收益率=\frac{收益额}{资本金投入额}\times100\%$$

$$=\frac{10000\times30-5000\times20-5000\times20}{5000\times20}\times100\%=100\%$$

例 4-2 再如例 4-1,若经过一段时间以后,该股票价格不仅没有上涨,反而持续下跌。若券商规定,保证金的最低维持率为20%。试分析一下,如果达到这一临界点,采用信用交易和现货交易,投资者的损失分别是多少。

保证金的实际维持率是指投资者可支配的保证金与其通过信用交易方式所购证券的市值的比率。如本例所示,当实际维持率达到最低维持率水平时,股票市值应为:

$$最低维持率股票市值 = \frac{融资额}{1-保证金最低维持率}$$

$$= \frac{100000}{1-20\%} = 125000(元)$$

当实际维持率达到最低维持率水平时,股票价格应为:

最低维持率股票价格 = 最低维持率股票市值 ÷ 买空股票股数
$$= 125000 \div 10000 = 12.5(元)$$

如果股价跌至这一水平,当投资者采用现货交易时,

收益额 = 股票市值 - 资本金投入额
$$= 5000 \times 12.5 - 5000 \times 20 = -37500(元)$$

$$收益率 = \frac{收益额}{本金} \times 100\%$$

$$= \frac{5000 \times 12.5 - 5000 \times 20}{100000} \times 100\% = -37.5\%$$

当投资者采用信用交易时,

收益额 = 股票市值 - 资本金投入额 - 融资额
$$= 10000 \times 12.5 - 5000 \times 20 - 5000 \times 20 = -75000(元)$$

$$收益率 = \frac{收益额}{资本金投入额} \times 100\%$$

$$= \frac{10000 \times 12.5 - 5000 \times 20 - 5000 \times 20}{5000 \times 20} \times 100\% = -75\%$$

通过上述分析可以看出,信用交易在活跃证券市场、为投资者提供交易方便、提高投资者收益水平的同时,所蕴含的风险也是显而易见的。在本例中,如果股价跌至10元,即跌至保证金实际维持率为零时的股价水平时,对于采用现货交易的投资者而言,其资本金损失了50%,但他仍有东山再起的机会,还可以在股价回升时减少损失或甚至获利;但对于信用交易的投资者而言,券商在投资者无力追加保证金的情况下,就会对投资者证券账户上的股票进行强制平仓,收回的资金用于偿还投资者贷款,支付手续费、利息和其他费用,这时投资者所投入的资本金将血本无归,而且不会再有扳本的机会。

(2) 保证金卖空交易。

例4-3 某投资者拥有自有资本10万元。他预测到某现价为20元的股票价格将要下跌时,将10万元资本作为保证金支付给证券公司,通过信用交易方式进行股票交易。假定保证金比率为50%,这样投资者可以融得此股票10000股。经过一段时间以后,该股票

如愿地从 20 元下跌到 10 元,投资者在此价位将股票买回归还证券公司(为了简便计算,证券交易过程中所发生的有关利息,佣金和所得税暂且不计)。试分析他的收益情况。

在现货交易条件下,投资者是不能进行先行卖出、而后再买入的股票交易的。在采用信用交易方式时,投资者则可以进行卖空交易,即以提交保证金的方式从券商处融得证券并在较高的价位上先行卖出,再在股价下跌一定幅度以后在较低的价位上再买入同样数量的股票还给经纪商。若保证金比率为 50%,这位投资者以其所拥有的 10 万元自有资本作为保证金向券商融得资金 10 万元。这样投资者就可以从券商处融得此股票 10000 股并在 20 元的价位将其全部卖出。投资者在 10 元的价位上买入 10000 股归还证券公司时,他的收益情况如下。

$$收益额 = 卖出股票市值 - 买入股票市值$$
$$= 10000 \times 20 - 10000 \times 10 = 100000(元)$$

$$收益率 = \frac{收益额}{资本金投入额} \times 100\%$$
$$= \frac{10000 \times 20 - 10000 \times 10}{100000} \times 100\% = 100\%$$

例 4-4 再如例 4-3,若经过一段时间以后,该股票价格不仅没有下跌,反而持续上涨。若券商规定,保证金的最低维持率为 20%。试分析如果达到这一临界点,投资者的盈亏情况。

在保证金卖空的交易中,保证金实际维持率的计算与保证金买空有所不同。

$$保证金实际维持率 = \frac{资本金投入额 + 卖空时股票市值 - 计算时股票市值}{计算时股票市值} \times 100\%$$

由上式可以看出,在保证金卖空的交易中,投资者的实际保证金就是投资者资本金的投入额与卖空当时的股票市值与计算实际保证金维持率时的股票市值差值之和。如果卖空时股票市值高于计算时股票市值,说明投资者可以以较低的价格买入股票归还给经纪人,投资者是获利的,其实际保证金较资本金的投入额有所增加,保证金的实际维持率高于初始维持率;如果卖空时股票市值低于计算时股票市值,说明投资者要以较高的价格买入股票归还给经纪人,投资者是亏损的,其实际保证金较资本金的投入额有所减少,保证金的实际维持率低于初始维持率;如果卖空时股票市值等于计算时股票市值,说明当前股票的价格与卖空时股票价格相同,投资者处于盈亏平衡状态,这时保证金的实际维持率仍等于初始维持率。

如本例所示,当实际维持率达到最低维持率水平时,股票市值应如下。

$$最低维持率股票市值 = \frac{资本金投入额 + 卖空时股票市值}{1 + 保证金最低维持率}$$
$$= \frac{100000 + 10000 \times 20}{1 + 20\%} = 250000(元)$$

当实际维持率达到最低维持率水平时,股票价格应如下。

$$最低维持率股票价格 = 最低维持率股票市值 \div 卖空股票股数$$
$$= 250000 \div 10000 = 25 元$$

(四)信用交易的利弊

与现货交易相比,利用信用交易投资者不仅可以通过融资的方式做多,也可以通过融券的方式做空,可以最大限度地活跃资本市场,放大证券的交易量。券商可以在信用交易的过程中获得一定的利差和更多的佣金收入。

1. 信用交易的好处

(1)对投资者而言,信用交易方式具有显著的杠杆作用,使投资者能够超出自身所拥有的资金力量进行大宗的证券交易。在现货交易的条件下,投资者只能进行与自有资本等量的证券交易。同时,投资者在股价下跌的条件下,仍然可以通过做空及提交保证金的方式从券商处融得证券并先行卖出,而后待到股价下跌到预期程度时,再按较低的市场价格买入相同种类的股票归还给经纪人,给投资者提供了现货交易模式下不可能具有的收益。

(2)对经纪人而言,经纪人通过向客户提供信用交易方式,从中可以提取相应的佣金,这是经纪人收益的一部分。

(3)对证券市场,信用交易方式给投资者提供了更多的获利方式,给经纪人提供了获得更高收益的可能,能够极大地刺激市场参与者的热情,起到活跃市场、创造更多交易机会的作用。

2. 信用交易的弊端

信用交易是一柄双刃剑,在便投资者以较少的资本获取较大利润的同时,也潜藏着巨大的风险。如上所述,若股票行情未按投资者预计的方向变动,采用现货交易时投资者损失会相对较小,而且有挽回损失的机会,但如果采用信用交易,投资者的损失会非常巨大。特别是当其损失已达到其保证金的数量时,如果不能及时地追加保证金,券商可能会强制平仓,这时投资者就会血本无归,而且永远失去了挽回损失的机会。经纪人向其客户提供信用,若客户损失,经纪人也会承担相应风险。当风险逐渐累积,还会波及整个市场。

过多使用信用交易会造成市场虚假需求,人为地形成股价波动。为此,各国对信用交易都进行严格的管理,以尽量减少信用交易的不利影响。例如,美国从 1934 年开始,信用交易由联邦储备银行负责统一管理。该行的监理委员会通过调整保证金比率的高低来控制证券市场的信用交易量。另外,各证券交易所也都订有追加保证金的规定。例如,当保证金维持率低于最低维持率时,经纪人有权要求客户增加保证金,使之达到规定的比率,否则经纪人就有权出售股票,其损失部分由客户负担。同时证券公司为了防止意外,当客户采用信用交易时,除了要求他们支付保证金外,证券公司还要求他们提供相应的抵押品,以确保安全。通常被用作抵押品的就是交易中委托买入的股票。

第三节 期货交易

一、期货交易的特点与功能

(一)期货交易的特点

1. "以小博大"

"以小博大"就是期货投机的杠杆原理。在进行期货交易时,投机者只需根据市场风险程度交纳一定数量的保证金。保证金率一般为期货合约价值的 $5\%\sim18\%$,因而它与现货交易相比,显著地放大了交易的收益与风险。这也是投机者对期货交易乐此不疲的主要原因。

2. 流动性强

由于期货交易的标准化合约中唯一的变量是价格,其他要素如数量,质量,交割的时间、地点、程序等都由期货交易所统一规定,交易双方必须严格履行,合约的互换性和流通性较高。

3. 获利方式多,操作简便、灵活

期货交易在期限上种类繁多,远期、近期及现货间价格变化复杂,利用各种价格差额牟取利润的方法多种多样,这就使得投机者有了充分施展才能的天地。尤其是期货投机中既可以先买后卖,也可以先卖后买,只要判断准确都可以从中获利。

4. 信息公开,交易效率高

期货交易品种集中,信息通达,通过公开竞价的方式使交易者在平等的条件下公开竞争。同时,期货市场是一个规范的市场,成交方式、结算与担保、合约的买卖或平仓、风险的处理、实物交割等都有严格、详尽的规定和规范明确的程序,运作高效。

5. 结算方式独特

期货交易采取逐日盯市的结算方式,实现每日无负债的结算,有效降低了违约风险。

(二)期货交易的功能

1. 风险转移功能

风险转移功能是指为了防范价格变动而带来的经济风险,期货交易通过套期保值将价格风险转移给愿意承担风险的投机者。期货市场回避价格风险的功能主要体现在生产经营者通过在期货市场上进行套期保值业务,买进或卖出与现货市场上数量相等但交易方向相反的商品,使两个市场交易的损益相互抵补,从而回避现货交易中商品价格的波动带来的风险,锁定生产经营成本,实现预期利润。

2. 价格发现功能

价格发现功能是指期货交易在一个公开、公平、高效、竞争的市场环境中,通过激烈的竞价,能够比较真实地反映出商品价格的变动趋势。

在市场经济条件下,价格是根据市场供求状况形成的。期货市场之所以具有价格发现功能,首先是因为现代期货交易是集中在高度组织化、监管严格的期货交易所内进行的,交易的透明度高,有助于提高资源配置的效率;其次是因为在期货交易所内,交易者众多、供求集中、市场流动性强,期货交易的参与者有广泛的信息渠道、丰富的专业知识,他们根据各自对未来价格走势的预测报出自己认为理想的价格,与众多的对手竞争。这样形成的价格实际上反映了大多数人的预期,具有权威性,能够比较真实地代表供求关系;再次,期货交易价格是通过自由报价、公开竞争形成的,并且有价格公开报告制度。在交易所内达成的每一笔交易的成交价格,都要向市场内交易者及时报告并通过传播媒介公之于众,这样交易者能够及时了解期货市场的交易情况和价格变化,及时对价格走势作出判断,进一步调整自己的交易行为。交易者对自己的价格预期不断调整,并通过连续、公开的竞价又形成新的价格,使期货价格具有权威性、连续性、超前性的特点。

二、期货市场的结构

(一)期货交易所

期货交易所是指为期货交易者提供场所、设施、服务和交易规则,以保证期货交易公开、公正、公平地进行的机构。期货交易所的组织形式分为两种:不以盈利为目的的会员制交易所和自负盈亏的公司制交易所。我国的期货交易所都是会员制。交易所的最高权力机构是会员大会,由会员大会选举产生董事会或理事会,是交易所最高管理机构或会员大会常设机构。

交易所会员有两大类:一类是一般会员,也称为"自营商",他们只能自己参与期货交易,但不能以经纪人的身份接受非会员的委托从事期货交易;另一类是期货经纪公司会员,他们既可以自己参与期货交易,也可以作为非会员的经纪人,帮助他们从事期货交易。期货交易所的多数会员是期货经纪公司会员,如上海期货交易所现有会员200多家,其中期货经纪公司会员约占76%。经纪公司还可以在外地开设一些远程交易终端,以增加经纪业务,获取更多的佣金收入。目前,上海期货交易所的期货经纪公司已在全国各地开通远程交易席位数2000多个。

期货交易所的主要职能是:提供期货交易的场所、设施及相关服务;制定并实施期货交易所的业务规则;设计期货合约、安排期货合约上市;组织、监督期货交易、结算和交割;制定并实施风险管理制度,控制市场风险;保证期货合约的履行;发布市场信息;监管会员期货业务,查处会员违规行为;指定交割仓库并监管其期货业务;指定结算银行并监督其与本所有关的期货结算业务等。

（二）期货结算所

期货结算所又称为"清算所"，是期货交易中专门从事结算业务的管理机构。当今世界各国期货结算所的组成形式大体有三种：第一种是结算所隶属于交易所，交易所的会员也是结算会员；第二种是结算所隶属于交易所，但交易所的会员只有一部分财力雄厚者才成为结算会员；第三种是结算所独立于交易所之外，成为完全独立的结算所。

期货结算所的功能和作用主要是：负责期货合约买卖的结算；承担期货交易的担保；监督实物交割；公布市场信息等。

期货交易所的结算实行保证金制度、每日无负债结算制度等。

保证金制度就是按期货交易所规定，期货交易的参与者在进行期货交易时必须存入一定数额的履约保证金。履约保证金是用来作为确保买卖双方履约的一种财力担保，其额度通常为合约总值的 5%～10%。保证金水平随市场交易风险大小而调整，在价格波动较大要求较高的保证金水平，而在价格波动较小时要求的保证金水平较低，有时可能会低于 1%，也有时可能高达 18%。

每日无负债结算制度亦称为"逐日盯市制度"，是指在每个交易日结束之后，交易所结算部门先计算出当日各期货合约结算价格，核算出每个会员每笔交易的盈亏数额，借以调整会员的保证金账户，将盈利记入账户的贷方，将亏损记入账户的借方。若保证金账户上贷方金额低于维持保证金水平，交易所就通知该会员在限期内缴纳追加保证金，以达到初始保证金水平；否则，该会员就不能参加下一交易日的交易。

与期货市场的层次结构相适应，期货交易的结算也是分级、分层的。交易所只对会员结算，非会员单位和个人通过期货经纪公司会员结算。

交易所对会员的结算：每一交易日结束后交易所对每一会员的盈亏、交易手续费、交易保证金等款项进行结算。

期货经纪公司对客户的结算：期货经纪公司对客户的结算方法与交易所一样，即每一交易日交易结束后对每一客户的盈亏、交易手续费、交易保证金等款项进行结算。期货经纪公司在闭市后向客户发出交易结算单。每日结算后若客户保证金低于期货交易所规定的交易保证金水平，期货经纪公司按照期货经纪合同约定的方式通知客户追加保证金，客户不能按时追加保证金的，期货经纪公司应当将该客户部分或全部持仓强行平仓，直至保证金余额能够维持其剩余头寸。

（三）期货经纪公司

期货经纪公司（或称经纪所）是非会员客户参与期货交易的中介，其主要任务是代理客户进行交易、管理客户保证金、执行客户下达的交易指令、记录交易结果，并运用先进的设施和技术，为客户提供商品行情、市场分析及相关的咨询服务。

作为期货交易活动的中介组织，期货经纪公司在期货市场构成中具有十分重要的作用。一方面，它是交易所与众多交易者之间的桥梁，拓宽和完善交易所的服务功能；另一方面，它为交易者从事交易活动向交易所提供财力保证。

（四）期货交易者

期货交易者是指参与期货交易的企业、个人等，他们通过期货经纪公司（或自身就是期货交易所的自营会员）在期货交易所进行期货交易。

期货交易者根据参与期货期交易的目的不同基本上分为两类：套期保值者和投机者。

套期保值者从事期货交易的目的是利用期货市场进行保值交易，以减少价格波动带来的风险，确保生产和经营的正常利润。

投机者或风险投资者参加期货交易的目的与套期保值者相反，他们愿意承担价格波动的风险，其目的是希望以少量的资金来博取较多的利润。期货交易所的投机方式可以说是五花八门、多种多样，其做法远比套期保值复杂得多。期货市场如果没有投机者参与，其回避风险和发现价格两大功能就不能实现。投机者参加交易可增加市场的流动性，起到"润滑剂"的作用。

（五）期货市场监管部门

期货市场监管部门是指国家指定的对期货市场进行监管的单位。国家目前确定中国证券监督管理委员会及其下属派出机构对中国期货市场进行统一监管。国家工商行政管理局负责对期货经纪公司的工商注册登记工作。

我国期货市场由中国证监会作为国家期货市场的主管部门进行集中、统一管理的基本模式已经形成，对地方监管部门实行由中国证监会垂直领导的管理体制。根据各地区证券、期货业发展的实际情况，在部分监管对象比较集中、监管任务比较重的中心城市，设立证券监管办公室，作为中国证监会的派出机构。此外，还在一些城市设立特派员办事处。

三、期货合约

期货合约是期货交易的买卖对象或标的物，是由期货交易所统一制定的，规定了某一特定的时间和地点交割一定数量和质量商品的标准化合约，期货价格则是通过公开竞价而达成的。一般期货合约规定的标准化条款有以下内容：其一，标准化的数量和数量单位。如上海期货交易所规定每张铜合约单位为5吨，每个合约单位称之为1手。其二，标准化的商品质量等级。在期货交易过程中，交易双方无须再就商品的质量进行协商，这就大大方便了交易者。其三，标准化的交割地点。期货交易所在期货合约中为期货交易的实物交割确定经交易所注册的统一的交割仓库，以保证双方交割顺利进行。其四，标准化的交割期和交割程序。期货合约具有不同的交割月份，交易者可自行选择，一旦选定之后，在交割月份到来之时如仍未对冲掉手中合约，就要按交易所规定的交割程序进行实物交割。其五，交易者统一遵守的交易报价单位、每天最大价格波动限制、交易时间、交易所名称等。如上海期货交易所铜期货合约格式如表4-4所示。

表 4-4　上海期货交易所铜期货合约

交易品种	阴极铜
交易单位	5 吨/手
报价单位	元(人民币)/吨
最小变动价位	10 元/吨
每日价格最大变动限制	不超过上一交易日结算价正负 3%
合约交割月份	1~12 月
交易时间	上午 9:00—11:30　下午 1:30—3:00
最后交易日	合约交割月份的 15 日(遇法定假日顺延)
交割日期	最后交易日后连续五个工作日
交割等级	标准品:阴极铜,符合国际 GB/T467—2010 中 1 号标准铜(Cu－CATH－2)规定,其中主成分铜加银含量不小于 99.95%。 替代品:阴极铜,符合国际 GB/T467—2010 中 A 级铜(Cu－CATH－1)规定;或符合 BS EN1978:1998 中 A 级铜(Cu－CATH－1)规定。
交割地点	交易所指定交割仓库
交易保证金	合约价值的 5%
交割方式	实物交割
交易代码	CU
上市交易所	上海期货交易所

四、套期保值

(一)套期保值的概念及基本原理

规避价格风险是期货市场的基本功能之一,实现价格风险转移的手段就是套期保值。

套期保值是交易者将期货交易与现货交易结合起来,利用期货市场进行品种相同、数量相当但方向相反的期货交易,为交易者在现货市场上的交易进行保值。具体地说,套期保值指在期货市场上买入(或卖出)与现货市场交易方向相反、数量相等的同种商品的期货合约,因而无论现货市场价格怎样波动,交易者最终都能取得在一个市场上亏损的同时在另一个市场盈利的结果,并且亏损额与盈利额大致相等,从而达到规避现货商品价格风险的目的。

套期保值之所以能够达到规避风险的目的,主要是因为同种商品的期货价格走势与现货价格走势基本一致。特别是随着期货合约到期日的逐步临近,价格的影响因素已渐明朗,基差将逐渐趋近于零。如果期货价格严重偏离现货价格时,交易者就会在期货、现货两个市场间进行套利交易,套利的结果就将使期货与现货价格趋于一致。这样,如果在期货、现货这两个市场做方向相反的交易,交易者就可以在一个市场出现亏损的同时,在另一个市场实现盈利,从而达到锁定成本或利润水平、实现保值的目的。

举例来说,某农场为回笼资金,9月卖出玉米5000吨,每吨价格为1000元。农场管理人员预计玉米价格未来将会上涨。为了规避玉米价格将来上涨给企业带来不应有的损失,农场决定在期货市场上进行套期保值,即在卖出现货玉米的同时,以1000元/吨的价格买入5000吨玉米的期货合约。到12月份期货到期时,玉米现货、期货的价格均为1150元/吨。对于农场而言,如果不急于在9月份卖出这一部分玉米,就可每吨多卖150元。但是通过套期保值,这一部分玉米现货销售所产生的不该有的损失就可以有效地避免。具体计算如下:

① 玉米现货销售的损失 = 5000吨 × 150元/吨 = 750000元
② 玉米期货的盈利 = 5000吨 × 150元/吨 = 750000元

若不考虑佣金都相关费用,农场在现货市场上销售所带来的损失与其在期货市场所获得的盈利相抵,而农场所付出的代价只不过是玉米期货保证金的利息和佣金等费用。由于期货交易的保证金率较低,保证金的利息对其保值效果可以说是微不足道的。

套期保值交易的特点如下:套期保值交易的交易量一般比较大;套期保值在期货市场上买卖位置或头寸一般比较稳定,不会随意变动;套期保值在期货市场上保留期货合约的时间一般比较长,很少在买进或卖出后很快进行对冲。

(二)套期保值实例

1. 买入套期保值

买入套期保值又称为"多头套期保值",是指套期保值者先在期货市场上买入与其将在现货市场上买入的现货商品数量相同、交割日期相同或相近的该商品期货合约。该套期保值者在现货市场上买入现货商品的同时,在期货市场上进行对冲,卖出原来所买进的该商品期货合约。通过买入套期保值,可将套期保值者的经营成本或利润水平维持在进行套期保值时商品的价格水平上。买入套期保值主要是套期保值者担心自己将来实际买入现货商品或偿还债务时价格上涨而采取的一种保值措施。

例4-5 某饲料厂计划11月份需要1000吨玉米作为原料。在9月份时玉米的现货价格为每吨1010元,该饲料厂对该价格比较满意。因担心11月份玉米价格可能上涨导致原材料成本上升,因此该饲料厂决定在期货市场上进行套期保值交易。交易情况如表4-5所示:

表4-5 买入套期保值交易实例

现货市场	期货市场
9月份 玉米价格1010元/吨	买入10手11月份玉米合约,价格为1010元/吨
11月份 买入100吨玉米,价格为1050元/吨	卖出10手11月份玉米合约,价格为1050元/吨
亏损40元/吨	盈利40元/吨
最终结果 净获利 = 40 × 1000 − 40 × 1000 = 0	

从该例可以看出,完整地买入套期保值涉及两笔期货交易:第一笔为在所确定的保

值位置买入期货合约;第二笔为在现货市场买入现货的同时,在期货市场上卖出对冲原先持有的头寸。通过这一套期保值交易,虽然现货市场价格出现了对该饲料厂不利的变动,价格上涨了 40 元/吨,从而原材料成本提高了 40000 元;但是在期货市场上的交易盈利使他盈利了 40000 元,从而消除了价格变动带来的不利影响,实现了保值的目的。

在买入套期保值交易中,套期保值者所需付出的代价只不过是期货交易保证金的利息及其他的一些交易费用。若保证金比率为 5%,所需要的保证金为 $1000 \times 1010 \times 5\% = 50500$ 元,当 3 个月利率为 2% 时,利息仅为 1010 元。以此利息和一些相关的交易费用为代价,就可以规避由于价格上涨而带来的 40000 元的损失。如果该企业是通过提前进货的方式来减少现货价格上涨而带来的损失,不仅需要支付大量的货款(10.1 万元),而且 3 个月的仓储、损耗等费用也是相当可观的。但另一方面,一旦采取了套期保值策略,在规避由于价格的不利变动而产生损失的同时,也失去了由于价格的有利变动而可能得到的获利机会。如本例中,如果现货市场价格下跌饮料厂就可以得到更便宜的原料,从而降低生产成本;但是进行了套期保值之后,期货市场上的损失却使他丧失了可能得到的利益。

2. 卖出套期保值

卖出套期保值又称为"空头套期保值",是指套期保值者先在期货市场上卖出与其将在现货市场上卖出的现货商品数量相同、交割日期相同或相近的该商品期货合约。该套期保值者在现货市场上卖出现货商品的同时,在期货市场上进行对冲,买入原来所买进的该商品期货合约。通过卖出套期保值,可将套期保值者的经营成本或利润水平维持在进行套期保值时商品的价格水平上。卖出套期保值主要是套期保值者担心自己将来实际卖出现货商品时价格下跌而采取的一种保值措施。

例 4-6 7 月份,玉米的现货价格为每吨 1100 元,某农场对该价格比较满意,但是玉米 9 月份才能出售,该农场担心到时现货价格可能下跌,从而减少收益。为了避免将来价格下跌带来的风险,该农场决定进行玉米期货交易。交易情况如表 4-6 所示:

表 4-6 卖出套期保值交易实例

现货市场	期货市场
7 月份　玉米价格 1100 元/吨	卖出 10 手 9 月份玉米合约,价格为 1100 元/吨
9 月份　卖出 1000 吨玉米,价格为 1040 元/吨	买入 10 手 9 月份玉米合约,价格为 1040 元/吨
亏损 60 元/吨	盈利 60 元/吨
最终结果　净获利 $= 60 \times 1000 - 60 \times 1000 = 0$	

从该例可以得出,完整地卖出套期保值也是涉及两笔期货交易。第一笔为在所确定的保值位置卖出期货合约;第二笔为在现货市场卖出现货的同时,在期货市场买进对冲原先持有的头寸。通过这一套期保值交易,虽然现货市场价格出现了对该农场不利的变动,价格下跌了 60 元/吨,使其减少销售收入 60000 元;但是在期货市场上的交易却

使他盈利了 60000 元,从而消除了价格不利变动的影响,实现了保值的目的。

在卖出套期保值交易中,套期保值者可以规避由于价格下跌而带来的销售收入的减少的风险,但同时也失去了若出现价格的有利变动而可能得到的获利机会。如本例中,如果现货市场价格上涨,农场可以取得更高的销售收入;但是进行了套期保值之后,期货市场上的损失却使他在现货市场上可能得到的利益不复存在。

第四节　期权交易

一、期权收益与风险

(一)期权价格的影响因素

期权价格又称为"期权费、权利金"等,是期权的买方支付给卖方的费用。正因为期权的买方向卖方支付了期权费,才换取了在一定期限按敲定价格向期权的卖出方购买或出售某种标的资产的选择权。在场内交易的期权合约均为标准化的期权合约,其中标的物数量、敲定价格、期权合约的期限等都已在合约中由交易所统一确定,期权价格是期权合约中唯一的变量。因此,期权价格的高低对交易双方收益的影响至关重要。

在期权交易中,期权价格的高低是由交易双方通过竞价产生的。期权价格的重要意义就在于,对于期权的买方而言,他获得了按敲定价格向期权的卖出方购买或出售某种资产的选择权,也可以说是获得了一定的获利机会,而伴随着这一机会的风险就是期权费的损失;对于期权的卖方而言,卖出一份期权就可以立即获得一笔期权费收入,而且不必马上进行标的物的交割,但他必须做好买方对期权合约的行权准备,同时要承担在行权过程中所可能产生的无限损失风险。

期权价格的影响因素有很多,主要包括:

1. 期权的理论价值

期权的理论价值是决定期权价格的基础。期权的理论价值包括期权的内涵价值和时间价值两部分。期权的内涵价值是指假如当前以敲定价格行权,期权的买入者所可以获得的利润,也就是当前标的物价格与敲定价格之差;而时间价值是指随着时间的推移,期权标的物的价格朝着对期权购买方有利的方向变化的可能,而使其愿意为此所付出的权利金。当期权标的物的市场价格上涨,市场价格与敲定价格之差增大时,看涨期权的权利金就会增加,看跌期权的权利金就会减少;当期权标的物的市场价格下跌,市场价格与敲定价格之差减小时,看涨期权的权利金就会减少,看跌期权的权利金就会增加。交易当时距到期日的时间越长,期权合约的时间价值越大,期权权利金也就越高。如在同一敲定价格下,距离到期日 6 个月的期权合约与距离到期日 2 个月的期权合约相比,虽然两者的敲定价格相同、市场价格相同,即内涵价值相同,但两者的时间价值不同,前者必须付出更高的权利金方可成交。

2.期权合约的相关要素

期权交易是以期权合约为载体的。期权合约中的相关要素对权利金的确定有着重要的影响。在同样的条件下,期权合约的敲定价格越低,看涨期权的权利金越高,看跌期权的权利金越低。期权的有效期限越长,行情变动的可能性越大,期权卖方潜在损失的可能性越大,其所要求的权利金越高;期权买方有利行权的机会增多,他也愿意接受较高的权利金。

3.期权的供求情况

当期权合约供大于求时,权利金就会减少;当期权合约供不应求时,权利金就会增加。

4.利率变动情况

一般而言,当利率提高时,金融资产的市场价格会降低,期权合约的内涵价值降低,其权利金相应减少;当利率降低时,金融资产的市场价格会提高,期权合约的内涵价值提高,其权利金相应增加。

5.期权标的物的市场价格变动趋势和活跃程度

当期权标的物价格未来的涨势基本确立时,这一标的物看涨期权的权利金就会增加,看跌期权的权利金就会减少;当期权标的物价格未来的跌势基本确立时,这一标的物看涨期权的权利金就会减少,看跌期权的权利金就会增加。期权标的物价格的变动幅度越大,则可能提供的获利机会越多,这一期权合约的权利金就会增加;期权标的物价格的变动幅度越小,可能提供的获利机会越少,这一期权合约的权利金就会减少。

(二)期权保证金

在期权交易中,买卖双方所承担的交易风险有着很大的区别。例如,投资者预测某项金融资产的价值将上升而买入看涨期权。如果价格走势确如所料,他就会执行看涨期权。而且,随着金融资产价格升高,其潜在收益不断增大。理论上来讲,金融资产价格的上涨空间是无限的。因此,在期权有效期内,潜在收益也是无限的。但如果金融资产的价格下跌,投资者可以放弃执行该期权,无论价格如何下跌,他所面临的最大损失就是所付出的期权权利金。正是由于这种风险是有限的和可预知的,期权买方不需要开设保证金账户。对于该期权的卖方而言,他所能获取的潜在收益是有限的,最大收益是权利金,而承担的风险是无限的,无论价格涨到什么程度,只要买方依照期权合约的规定要求执行,卖方就要无条件的以事先约定的敲定价格相应地建立与买方相对应的空头交易头寸,其最大损失从理论上讲具有不可预知的无限性。因此,卖方必须存入一定的期权保证金,以表明其具有应付潜在履约义务的能力。期权交易中保证金的管理与期货交易中保证金的管理基本相同,由有关清算机构于每日交易结束后进行计算,盈余的部分可以提取,不足部分必须要在下一交易日开市前补足。

二、期权交易的损益分析

(一)看涨期权的损益分析

看涨期权又称为"买入期权、多头期权",是指期权的买方在约定的期限内按协议价格买入一定数量某种资产的权利。期权通常被看作一种衍生金融工具,它的价值也是通过基础证券价值的衍生而来的。基础证券价值的变化对期权交易者的损益有着直接的影响。例如,某投资者以 2 元/股的价格买入敲定价格为 20 元/股 A 股票的看涨期权,只有当 A 股票的价格在到期之前超过 20 元,该期权才有价值,投资者可以通过行权或出售该期权而获利;但是他如果判断失误,A 股票的价格在到期时也没有超过 20 元,这时期权将变得一文不值,他将损失全部的期权费。

例 4-7 投资者 A 和 B 分别为看涨期权的买入方与卖出方,他们就 X 公司的股票达成看涨期权交易。期权的有效期为 3 个月,欧式期权,行权日为 6 月 15 日,敲定价格为 20 元/股,期权费为 2 元/股,每份期权合约的股数为 100 股。

那么,对于这份看涨期权,交易双方损益情况的变化如图 4-1 所示(为便于分析,暂不考虑经纪人佣金等费用)。

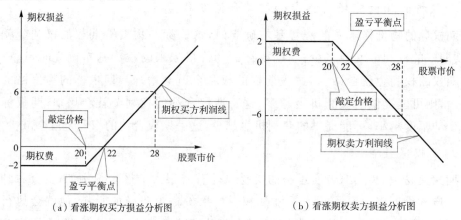

(a) 看涨期权买方损益分析图 (b) 看涨期权卖方损益分析图

图 4-1 看涨期权损益分析图

对于看涨期权的买方 A 而言,他可能有以下几种选择(假设 6 月 15 日 X 公司股票的市场价格为 S)。

当 S≤20 元(敲定价格)时,A 将放弃行权,每份期权合约他要亏损 200 元。

当 20 元<S<22 元(敲定价格+期权费)时,A 将选择行权,尽管他行权后仍会亏损,但每份期权合约的亏损额低于 200 元。

当 S=22 元(敲定价格+期权费)时,A 将选择行权,这时他处于盈亏平衡状态;

当 S>22 元(敲定价格+期权费)时,A 将选择行权,这时他处于盈利状态,股票市价越高,A 所获得的利润越高。如本例,若 X 公司股票的市价为 28 元,则每份期权合约 A 将获利 600 元,收益率高达 300%。

在合约的有效期内,随着股票价格的变化,期权费也在不断地变化,A 也可以在适当的时机将期权合约卖出,获取期权费的差额。

对于看涨期权的卖方 B 来说,他所获得的期权费就是其所承担风险的补偿,这也是他盈利的上限值,从理论上讲,他的亏损额是无限的。买方的盈利就是卖方的亏损,买方的亏损就是卖方的盈利。如本例,若 X 公司股票的市价为 28 元,则每份期权合约 B 将亏损 600 元。

(二)看跌期权的损益分析

看跌期权又称为"卖出期权、空头期权",是指期权的买方在约定的期限内按协议价格卖出一定数量某种资产的权利。

例 4-8 投资者 A 和 B 分别为看跌期权的买入方与卖出方,他们就 X 公司的股票达成看跌期权交易。期权的有效期为 3 个月,欧式期权,行权日为 6 月 15 日,敲定价格为 20 元/股,期权费为 2 元/股,每份期权合约的股数为 100 股。

那么,对于这份看跌期权,交易双方损益情况的变化如图 4-2 所示(为便于分析,暂不考虑经纪人佣金等费用)。

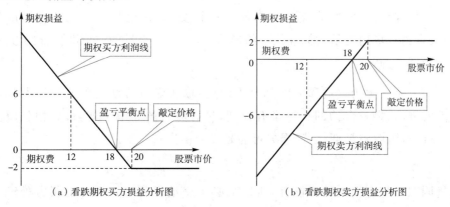

(a)看跌期权买方损益分析图　　(b)看跌期权卖方损益分析图

图 4-2　看涨期权损益分析图

看跌期权的损益分析与看涨期权相似,只是看跌期权的买方在付出期权费之后所获得的是在约定的期限按协议价格出售给期权卖出方一定数量某种资产的权利,所以合约到期时标的证券的价格越低,看跌期权买入方的获利越大。如本例,敲定价格为 20 元/股,期权费为 2 元/股,盈亏平衡价格为 18 元/股,也就是此时期权买入方可以 18 元/股的价格从市场上买入股票,而以 20 元/股的价格卖给期权卖出方,获得的 2 元/股利润恰好补偿了他所支付的期权费。对于看跌期权的买方 A 来说,当 X 公司股票的市场价格高于 20 元(敲定价格)时,A 将选择放弃行权,每份期权合约他要损失 200 元期权费;当市场价格处于 18~20 元时,A 也将选择行权,尽管他行权后仍会亏损,但每份期权合约的亏损额低于 200 元;当市场价格低于 18 元时,A 将选择行权,这时他处于盈利状态,股票市价越低,A 所获得的利润越高。如本例,若 X 公司股票的市价为 12 元时,则每份期权合约 A 将获利 600 元,收益率高达 300%。同样,随着股票价格的波动,期权费也在不断地变化,A 也可以在合约的有效期内选择适当的时机将期权合约卖出,获取期权费的差额。

对于看跌期权的卖方 B 来说,他所获得的期权费是其盈利的上限值,从理论上讲,他的亏损额是无限的。标的证券的价格越低,他的亏损越大。

三、期权交易与期货交易的区别

期权交易与期货交易都有保值和投机的功能,但是,这两种功能发挥的程度由于受到各种因素的影响,在具体表现上有相当显著的差异。

(一)权利和义务

期货合约的双方的权利和义务是对等的,只有合约对冲抵消,否则在到期时双方都必须履行期货合约;而期权合约买卖双方的权利和义务不对等,买方拥有权利,卖方必须承担义务,当买方要求履行期权合约时,卖方必须相应地买入或者卖出标的资产。

(二)标准化

期货是标准化的合约,在期货交易所内进行交易,这也是其与远期合同的最大区别;而期权合约有场内交易的标准化合约形式,也有场外交易的非标准化合约形式。

(三)收益风险

期货双方所承担的收益和风险都是无限的,取决于双方所处的头寸以及标的资产价格变动的方向;期权合约的买方享有权利,具有收益的无限可能,最大损失仅为期权费;而卖方的有限收益是期权费,损失可能是无限的。

(四)保证金

期货因双方都有损失的可能性,所以都必须交纳保证金。期权的买方处于有利地位,损失不会超过其已经缴纳的期权费,所以交易所不要求期权买方缴纳保证金;但是卖方必须缴纳保证金,以保证其在不利的头寸下履约。

(五)买卖匹配

期货的买方处于标的资产的多头方向,卖方处于标的资产的空头方向。期权的买方可能处于标的资产的买方(看涨多头),也可能处于标的资产的卖方(看跌多头),即期权的买卖双方与最终履行期权合约时标的资产的买卖双方可能不同。

(六)套期保值

期货的套期保值,规避价格风险,以确定性取代不确定性,在转移不利风险的同时,把获利的可能性也同样转移出去;期权可以实现只把不利的风险转移出去而保留有利的机会。

四、权证

(一)权证的功能

1.利用权证获取超额利润

权证是一种以小博大的投资工具,购买时只需花费少量的权利金,如果判断正确可能会获利高额收益。

例 4-9 投资者王先生和李先生都利用 1.5 万元的资金进行证券投资,王先生投资 1000 股 A 公司股票,每股 15 元;李先生投资 30000 份 A 公司的认股权证,每份价为 0.5 元(为方便计算,均忽略交易费用)。若有效期为 1 年,行权价格为 18 元/股。假定两人同时入市,权证到期时(1 年后),A 公司股价上升到 20 元,则王先生和李先生的盈利如下:

王先生盈利额 $=(20-15)\times 1000=5000$(元)

王先生投资收益率 $=5000\div 15000\times 100\%=33.33\%$

李先生盈利额 $=(20-18)\times 30000=60000$(元)

李先生投资收益率 $=60000\div 15000\times 100\%=400\%$

由此可以看出,权证投资具有很高的杠杆性。李先生在判断正确的情况下,买入 A 公司权证的收益远远超出王先生购买股票的收益。当然,投资工具的高杠杆性是一柄双刃剑,它在为投资者提供高额的投资利润的背后也蕴含了巨大的风险。如在本例中,如果李先生判断错误,行权时 A 公司股票的市价为 17.8 元,这时李先生只有放弃行权,那么他投资 1.5 万元购买的权证将一文不值,血本无归;而王先生此时却仍可获利 2800 元。

2.利用权证进行避险

投资者如果已经持有 A 公司股票,可以购买权证进行避险。如果投资者估计 A 公司股票会上涨,但又担心可能会出现与预期不符的情况,可以花费少量的权利金买进 A 公司的认沽权证,一旦当股票未来下跌时,权证获得的收益部分可以用来弥补 A 公司股票的损失。而如果预测正确,股票价格上涨,买入的股票已经获利,所损失的只是少量的权利金

(二)权证投资的特点

权证投资与股票投资相比具有较为显著的区别,其本质是期权,投资者切勿以股票投资的思维方式来从事权证的投资。

1.投资权证应当特别注意控制风险

由于权证是一种高杠杆品种,其涨跌幅度会远远大于股票,投资者应当注意控制仓位,不要盲目追高,以免造成重大损失。

2. 不要像投资股票一样投资权证

不少投资者在买卖股票时，习惯在套牢之后不再操作或不断补仓。这种操作方式对于股票来说还是可以理解的，因为股票的假设前提就是上市公司可以永续经营，所以股票套牢后还可能有解套的一天。但是权证不同，权证是有期限的，到了期限就必须行权。行权期过后，权证就成为废纸一张。例如，2006年8月30日宝钢权证行权时宝钢股份的股价低于行权价4.50元，投资者肯定会放弃行权，这时权证已没有了任何价值。

3. 权证的价值并不是简单地等于"股价－行权价"

决定权证价值的因素很多，包括正股股价、正股的波动率、权证的剩余期限、无风险利率、行权价格、红利收益率、供求状况等。权证有一定的存续期，随着时间的流逝，权证的价值也会逐渐消减，而且越临近到期，时间价值耗损越快。

4. 权证可以做"T+0"交易

根据证券交易所的规定，权证是允许在一个交易日内进行多次买卖的。

5. 权证的涨跌停板幅度是变化的

权证的涨跌停板幅度不像股票那样固定在10%，当正股位于不同价位时其达到涨跌停板时的涨跌幅度是不一样的。

权证涨停价格＝权证上一交易日收盘价格＋（标的证券当日涨停价格－标的证券上一交易日收盘价）×125%×行权比例

权证跌停价格＝权证上一交易日收盘价格－（标的证券上一交易日收盘价－标的证券当日跌停价格）×125%×行权比例

当计算结果小于等于零时，权证跌停价格为零。

复习思考题

一、名词解释

1. 市价委托　　　2. 限价委托　　　3. 集合竞价
4. 连续竞价　　　5. 套期保值　　　6. 信用交易
7. 保证金买空　　8. 保证金卖空

二、简答

1. 比较分析市价指令和限价指令的利弊。
2. 股票交易的竞价原则是什么？
3. 期货的功能是什么？
4. 试分析期权四个头寸的盈亏状况。
5. 简述期权交易与期货交易的区别。

三、计算

1. 假设 A 公司的股票现价为 20 元,用 15000 元自有资金加上从经纪人处借得的 5000 元保证金贷款买了 1000 股 A 股票。

(1) 如果 A 股票价格变为①22 元、②18 元,该投资者的盈亏如何?

(2) 如果保证金最低维持率 25%,A 股票价格为多少时需要追加保证金?

2. 假设 B 公司的股票现价为 20 元,某投资者在经纪人处存入 15000 元保证金,并卖空 1000 股 B 股票。保证金账户资金不生息。

(1) 如果 B 股票价格变为①22 元、②18 元,该投资者的盈亏如何?

(2) 如果保证金最低维持率 25%,B 股票价格为多少时需要追加保证金?

第五章　证券投资的收益与风险

从证券投资中得到收益是投资者进行证券投资的直接动因。投资收益是未来的,而且一般情况下难以预测。未来收益的不确定性就是证券投资的风险。投资者总是既希望回避风险,又希望获得较高的收益,但是收益和风险是并存的,通常收益越高,风险越大。收益是风险的补偿,风险是收益的代价,投资者如果能够掌握证券投资中收益与风险变化的规律,就可以在收益与风险之间加以权衡,即在风险相同的证券中选择收益较高的或在收益相同的证券中选择风险较小的进行投资,从而减小风险,提高收益。

第一节　证券投资的收益

证券投资收益是指证券投资者从事证券投资而获得的报酬。证券投资的收益包括两部分:

一是经常性收入。经常性收入是指证券的债息、股息及红利收入等。

二是资本利得。资本利得是指证券买卖差价。资本利得可以是正值,也可以是负值。对于短线投资者而言,他们所追求的主要是资本利得。

一、债券投资的收益

(一)债券投资收益的构成

债券投资的收益主要来自债券利息与差价收入。债券利息就是债券的票面利率与债券票面价格的乘积。由于供求关系的变化、市场利率的调整以及不同债券、不同金融工具收益率的相互影响制约,债券价格也会随之波动,因此在债券交易市场投资亦可获得差价收入。但与股票相比,这部分收入所占比重不高,利息收入为债券收益的主要来源,所以与股票相比,债券收益比较稳定。

影响债券收益变化的因素很多,其中债券的票面利率、债券价格和债券期限是最为直接的影响因素。

(二)债券投资收益的衡量

根据证券投资所包括的内容,若不考虑资金的时间价值,证券投资收益就是投资者在持有证券期间现金流入的总和与现金流出总和的差额。由于证券收益的绝对数量与投资者所投入的资金量有着直接的联系,所以一般不以收益的绝对数量来衡量证券投资收益水平的高低,而是以收益的相对数量,即收益率的高低来衡量。对于债券和股票投资收益我们也使用收益率来衡量。

由于债券收益率的计算比较复杂,在给出债券收益率的衡量公式之前,我们先做几点说明:

其一,所有计算均不考虑交易费用;

其二,利息计算有单利计息与复利计息之分,为简化计算我们只给出单利计息的收益率计算公式;

其三,为便于比较,所有收益率的计算均以年为单位(即计算结果是年收益率);

其四,债券有附息债券、零息债券(贴现债券)和一次性还本付息债券之分,其收益率的具体计算公式不同,我们将分别作介绍;

其五,债券有偿还期限,各个投资者持有期限可能不同。根据持有期限的长短,我们将其分为三类:第一类为有效期,指发行日买入持有至偿还期兑现这段时间;第二类为待偿期,指从二级市场买入持有至偿还期兑现这段时间;第三类为持有期,指发行日买入在债券到期前在二级市场卖出,或在二级市场买入也未持有到期又在二级市场卖出这段时间。在债券衡量收益率时,我们也将分别列出不同期限的收益率计算公式。

1. 附息债券收益率的计算

(1)有效期收益率。

$$\text{有效期收益率(年收益率)} = \frac{(F-P_0)/N + I_0}{P_0} \times 100\% \tag{5-1}$$

式中:F——债券的票面金额;

P_0——债券的发行价格;

I_0——债券每年的利息收入;

N——债券的期限。

例 5-1 某企业债券,面额为 1000 元,票面利率为 10%,期限为 5 年,每年付息一次,于 2014 年 7 月发行,发行价为 950 元。则:

$$\text{有效期收益率(年收益率)} = \frac{(F-P_0)/N + I_0}{P_0} \times 100\%$$

$$= \frac{(1000-950)/5 + 1000 \times 10\%}{950} \times 100\%$$

$$= 11.58\%$$

(2)待偿期(到期)收益率。

$$\text{待偿期收益率(年收益率)} = \frac{(F-P_1) + I_t}{n \times P_1} \times 100\% \tag{5-2}$$

式中:F——债券的票面金额;

P_1——债券在二级市场上的买入价格;

I_t——待偿期内获得的利息总和;

n——投资者持有债券的时间(以年为单位)。

例 5-2 上例中若某投资者在 2015 年 7 月在二级市场上以 980 元的价格买进,持有至偿还期兑现,期间获得 4 次利息收入,则:

$$待偿期收益率(年) = \frac{(F-P_1)+I_t}{n \times P_1} \times 100\%$$

$$= \frac{1000-980+1000 \times 10\% \times 4}{4 \times 980} \times 100\%$$

$$= 10.71\%$$

(3) 持有期收益率。

$$持有期收益率(年收益率) = \frac{(P_2-P_1)+I_t}{n \times P_1} \times 100\% \tag{5-3}$$

式中:P_2——债券在二级市场上的卖出价格;
P_1——债券在二级市场上的买入价格;
I_t——持有期内获得的利息总和;
n——持有期的时间(以年为单位)

例 5-3 若在例 5-2 中,投资者未持有至偿还期兑现,而是在 2017 年 7 月在二级市场上以 995 元的价格卖出,期间获得两次利息收入,则:

$$持有期收益率(年收益率) = \frac{(P_2-P_1)+I_t}{n \times P_1} \times 100\%$$

$$= \frac{995-980+1000 \times 10\% \times 2}{2 \times 980} \times 100\%$$

$$= 10.97\%$$

2. 零息债券(贴现债券)收益率的计算

(1) 有效期收益率。

$$有效期收益率(年收益率) = \frac{(F-P_0)/N}{P_0} \times 100\% \tag{5-4}$$

(2) 待偿期(到期)收益率。

$$待偿期收益率(年收益率) = \frac{F-P_1}{n \times P_1} \times 100\% \tag{5-5}$$

(3) 持有期收益率。

$$持有期收益率(年收益率) = \frac{P_2-P_1}{n \times P_1} \times 100\% \tag{5-6}$$

3. 一次性还本付息债券收益率的计算

(1) 有效期收益率。

$$有效期收益率(年收益率) = \frac{F-P_0+I}{N \times P_0} \times 100\% \tag{5-7}$$

式中:I——债券的利息;其他参数同上。

(2) 待偿期(到期)收益率。

$$待偿期收益率(年收益率) = \frac{F-P_1+I}{n \times P_1} \times 100\% \tag{5-8}$$

(3)持有期收益率。

$$持有期收益率(年收益率) = \frac{P_2 - P_1}{n \times P_1} \times 100\% \tag{5-9}$$

二、股票投资的收益

(一)股票投资收益的构成

股票投资的收益与一般证券投资的收益相同,也包括经常性收入和资本利得两部分。具体包括:股息收入、红利收入、资本增值、市价盈利等。

1. 股息收入

股息收入是公司按照投资者投入公司的资本数量分配给投资者的利息。多数优先股股东都有固定的股息收入,但普通股股东一般没有此项收入。

2. 红利收入

红利亦称为"股利"。股份公司通常在年终结算后,将盈利的一部分按股额分配给股东。股利的形式有现金股利、股票股利、财产股利和建业股利。

(1)现金股利亦称为"派现",是指股份公司以货币形式发放给股东股利。例如,某公司的分配方案是每10股派发现金红利3元(含税)。

(2)股票股利也称为"送红股",是指股份公司利用公司所创造的利润,以增发本公司股票的方式来代替现金向股东派息,通常是按股票的比例分发给股东。例如,某公司的分配方案是每10股送红股1股,就是发放股票股利。股东得到的股票股利,实际上是向公司增加投资如新建或正在扩展中的公司往往会倾向于分派股票股利,这样就可以把资金锁定在公司内部。

(3)财产股利是股份公司以实物或有价证券的形式向股东发放股利。

(4)建业股利是以公司筹集到的资金作为投资盈利分发给股东的股利。这种情况多发生在那些建设周期长、资金周转缓慢、风险大的公司,它们建设时间长,一时不能赢利,但又要保证股利的发放以吸引投资者。

股利的发放一般是在期末结算后,在股东大会通过结算方案和利润分配方案之后进行。有些公司一年派发2次股利,但是中期派息与年终派息有所不同,中期派息是以上半年的盈利为基础,而且要考虑到下半年不至于出现亏损,公司董事会必须以此作为判断标准。

3. 资本增值

股份公司一般每年都会提留部分利润作为公司的发展基金,如资本公积金、盈余公积金、未分配利润等,形成公司的净资产。因此,公司净资产的增值也是股票收益的一部分。

4. 市价盈利

市价盈利是投资者利用低价进高价出所赚取的差价利润,这正是目前我国绝大部分投资者投资股票的直接目的。

在一些成熟的资本市场中,从长期的分析来看,投资股票的收益是较高的。有人曾对美国投资市场近120年的历程作过统计,股市的平均年回报率为8.8%,长期债券为4.6%,现金存款为4.2%。具体而言,如果在120年前投入1万美元,则存款可获利139万美元,债券可获利220万美元,而股票可获利24858万美元。

(二)股票收益的分配过程

1. 上市公司利润的分配顺序

在股票的特点中我们已经提到,股票投资具有收益性上的剩余性。所谓"收益上的剩余性"是指股东的经常性收入的多少取决于股份公司的经营状况和盈利水平,它是公司将利润用于弥补以前年度亏损、缴纳税金、提取公积金、支付债息和优先股股东的股息之后剩余部分的分配。上市公司利润是按照以下顺序进行分配的。

(1)弥补以前年度的亏损,但不得超过税法规定的弥补期限。

(2)缴纳所得税。

(3)弥补在税前利润弥补亏损之后仍存在的亏损。

(4)提取法定公积金。

(5)提取任意公积金。

(6)向股东分配利润。

由上述分配顺序可以看出,普通股股东所能获得的收益的高低取决于股份公司的经营状况和盈利水平。如果上市公司收益丰厚,盈利水平较高,普通股股东所能获得的收益也就较多;但是如果上市公司收益情况较差,在一些具有优先顺序的分配项目分配完以后,利润可能就已经所剩无几,此时普通股股东的收益也就无从谈起。普通股股东收益的不稳定性和高风险性由此可见一斑。

2. 股票收益的分配过程

上市公司的股票在交易日内处于不断流通的过程中,股票持有人在不断地发生变化。因此,上市公司在进行分红送配时,就必须确定在何时点上在册的投资者才具有参与分配的权利。上市公司在分配过程中涉及的重要日期包括:公告日、股权登记日、除权(除息)日、支付日。下面以江中药业股份有限公司2017年年度利润分配及资本公积金转增股本实施公告为例进行说明。

【案例】

证券代码:600750 证券简称:江中药业 公告编号:2018—032

江中药业股份有限公司
2017年年度利润分配及资本公积金转增股本实施公告

本公司董事会及全体董事保证本公告内容不存在任何虚假记载、误导性陈述或者重大遗漏,并对其内容的真实性、准确性和完整性承担个别及连带责任。

重要内容提示：

• 每股分配比例,每股转增比例:A股每股现金红利0.45元(含税);每股转增股份0.4股

• 相关日期

股份类别	股权登记日	最后交易日	除权(息)日	新增无限售条件流通股份上市日	现金红利发放日
A股	2018/6/19	—	2018/6/20	2018/6/21	2018/6/20

• 差异化分红送转:否

一、通过分配、转增股本方案的股东大会届次和日期

本次利润分配及转增股本方案经公司2018年5月24日的2017年年度股东大会审议通过。

二、分配、转增股本方案

1. 发放年度:2017年年度

2. 分派对象:

截至股权登记日下午上海证券交易所收市后,在中国证券登记结算有限责任公司上海分公司(以下简称"中国结算上海分公司")登记在册的本公司全体股东。

3. 分配方案:

本次利润分配及转增股本以方案实施前的公司总股本300,000,000股为基数,每股派发现金红利0.45元(含税),以资本公积金向全体股东每股转增0.4股,共计派发现金红利135,000,000元,转增120,000,000股,本次分配后总股本为420,000,000股。

三、相关日期

股份类别	股权登记日	最后交易日	除权(息)日	新增无限售条件流通股份上市日	现金红利发放日
A股	2018/6/19	—	2018/6/20	2018/6/21	2018/6/20

四、分配、转增股本实施办法(略)

五、股本结构变动表(略)

六、摊薄每股收益说明

实施送转股方案后,按新股本总额420,000,000股摊薄计算的2017年度每股收益为0.99元。

七、有关咨询办法

联系部门:公司证券部

联系电话:0791—88169323

特此公告。

江中药业股份有限公司董事会
2018年6月13日

(1)公告日。上市公司分配方案必须要由股东大会审议通过。在分配方案由股东大会审议通过后,上市公司必须通过证监会指定的、有相关资质的媒介向全社会予以公告。上市公司通过一定的媒介向全社会予以公告的时间即为公告日。如本例中,江中药业股份有限公司2017年年度利润分配及资本公积金转增股本实施公告在2018年5月24日经2017年年度股东大会审议通过后,于2018年6月13日向社会公告。

(2)股权登记日。股权登记日是在上市公司进行分配股时确定的,在该日收盘后仍持有该公司股票的投资者享受分红送配的权利。在股权登记日收盘前的股票为"含权股票"。如本例中,江中药业股份有限公司2017年年度分配方案的股权登记日就是2018年6月19日。

(3)除权(除息)日。除权(除息)日是股权登记日的下一个交易日。在该交易日及以后交易日交易的股票成为"除权股票",买入该股票的投资者不再享受此次分红送配的权利;而在股权登记日收盘时仍持有该股票的投资者,在除权(除息)日及以后卖出该股票,其所享受的分红配股的权利不受影响。如本例中,江中药业股份有限公司2017年度分配方案的除权除息日就是2018年6月20日。

(4)支付日。支付日是指现金红利的发放日以及新增可流通股份上市日。如本例中,江中药业股份有限公司红利发放日为2018年6月20日;新增无限售条件流通股份上市日为2018年6月21日。

3. 除权、除息价的计算

当上市公司公告上年度分红派息方案并获董事会及监事会批准后,即可确定股权登记日。在股权登记日收盘时手中仍持有这种股票的投资者均有享受分红派息的权利。

如果上市公司分配红利现金,称作"除息";如果上市公司是送红股、转增或者配股,称为"除权";如果上市公司既分红利又配股或转增、送红股,称为"除权除息"。

在上市公司的除权除息日,由于在上一交易日持有该公司股票的投资者已经参与了公司的分配,在除权除息日及以后买入该公司股票的投资者不再拥有该公司股票上一年度收益分配的权利,因而要对股价进行除权除息处理,股票的价格也会作相应的调整。这时大盘显示的前收盘价不是前一天的实际收盘价,而是根据股权登记日收盘价与分红现金的数量、送配股的数量和配股价的高低等结合起来算出来的价格。为了提示投资者注意这一变化,在大盘股票简称的显示上也会作出相应的提示。如果本交易日为上市公司的除息日,则大盘显示股票简称为XD××(XD是Exclude Dividend的简写);如果本交易日为上市公司的除权日,则大盘显示股票简称为XR××(XR是Exclude Right的简写);如果本交易日为上市公司的除权除息,则大盘显示DR××(DR为Dividend Right的简写)。

(1)除息价的计算。如果上市公司是分配红利现金,则其除息价的计算公式为:

除息价=股息登记日的收盘价-每股所分红利现金额 (5-10)

例5-4 某股票股息登记日的收盘价是21.7元,每股送红利现金0.3元,则下一交易日所显示股权登记日的收盘价为：

除息价＝21.7－0.3＝21.4（元）

（2）除权价的计算。如果上市公司是向投资者送红股，则其除权价的计算公式为：

$$送红股后的除权价 = \frac{股权登记日的收盘价}{1 + 每股送红股数} \tag{5-11}$$

例 5-5 某股票股权登记日的收盘价是 24.75 元，每 10 股送 3 股，即每股送红股数为 0.3，则下一交易日所显示股权登记日的收盘价为：

$$除权价 = \frac{24.75}{1 + 0.3} = 19.04 \text{ 元}$$

如果上市公司是向投资者配售新股，则其除权价的计算公式为：

$$配股后的除权价 = \frac{股权登记日的收盘价 + 配股价 \times 每股配股数}{1 + 每股配股数} \tag{5-12}$$

例 5-6 某股票股权登记日的收盘价为 18.00 元，10 股配 3 股，即每股配股数为 0.3，配股价为每股 6.00 元，则下一交易日所显示股权登记日的收盘价为：

$$除权价 = \frac{18.00 + 6.00 \times 0.3}{1 + 0.3} = 15.23 \text{ 元}$$

（3）除权除息价的计算。

$$除权除息价 = \frac{股权登记日的收盘价 - 每股所分红利现金额 + 配股价 \times 每股配股数}{1 + 每股送红股数 + 每股配股数}$$

$$\tag{5-13}$$

例 5-7 某股票股权登记日的收盘价为 20.35 元，每 10 股派发现金红利 4.00 元，送 1 股，配 2 股，配股价为 5.50 元/股，即每股分红 0.4 元，送 0.1 股，配 0.2 股，则下一交易日所显示股权登记日的收盘价为：

$$除权除息价 = \frac{20.35 - 0.40 + 5.50 \times 0.2}{1 + 0.1 + 0.2} = 16.19 \text{ 元}$$

按照上述公式计算的除权除息价，就其实质而言，相当于投资者在参与了上市公司的分配之后，其不含权股票价格的回落值。从理论上来说，在股权登记日买入的股票和在除权、除息日买入的股票是完全等值的。但事实上，影响股票价格的因素很多，股票除权、除息之后价格的走势也是难以预料，它与整个市场的状况、上市公司的经营情况、送配的比例、投资者对上市公司分配方案的认识等多种因素有关，并没有确定的规律可循。当实际开盘价高于计算的除权除息价格时，就称为"填权"，参与分配的股东即可获利；反之，当实际开盘价低于计算的除权除息价格时，就称为"贴权"，参与分配的股东的利益将会受损。但一般来说，上市公司股票通过送配以后除权，其单位价格下降，流动性进一步加强，上升的空间也相对增加。不过，这并不能说上市公司可以任意送配，公司要根据企业自身的经营情况和国家有关法规来规范操作。

（三）股票投资收益的衡量

股票因为没有偿还期限，不存在有效期和待偿期，所以股票收益率的衡量比债券要简单,只需考虑持有期收益率以及股利收益率的计算。

1. 股利收益率的计算

股利收益率是指股份公司每年派发的现金红利与股票购买价格的比率。这个指标既可以用于计算已经获得的股利收益率,也可以用于预测未来可能得到的股利收益率。其计算公式为:

$$股利收益率(年) = \frac{D}{P_1} \times 100\% \tag{5-14}$$

式中:D——年现金股利;

P_1——股票的买入价格。

2. 持有期收益率的计算

持有期收益率是指投资者持有股票期间的股息收入与买卖差价占股票买入价格的比率。其计算公式为:

$$持有期收益率 = \frac{D + (P_2 - P_1)/n}{P_1} \times 100\% \tag{5-15}$$

式中:D——年现金股利;

P_1——股票的买入价格;

P_2——股票的卖出价格;

n——持有期限(以年为单位)。

3. 配送后收益率的调整

如果在股票持有期内有红利分配(包括现金红利和红股)或送配股的发生,上面的持有期收益率的公式应作相应的调整。调整后的计算公式为:

$$持有期收益率 = \frac{(P_1 - P_0) + (D_1 - G_1)}{P_0 + G_1} \times 100\% \tag{5-16}$$

式中:P_0, P_1——分别投资者买进、卖出股票的价格;

D_1——股票持有期收入,包括现金股利,红股、无偿送股和有偿配股所折算的收入;

G_1——股票持有期内支出,主要是有偿配股的缴款额。

三、证券投资基金的收益

对证券投资基金的投资是一种间接的证券投资,其收益来源于基金投资于其他有价证券所获的收益。基金投资收益一般高于债券的投资收益,低于股票的投资收益。

(一)证券投资基金收益构成

证券投资基金的收益也由两部分构成:一是基金红利。基金份额持有人有权分享基金财产收益。基金财产收益包括基金资产在运作过程中所得红利、股息、债券利息、买卖证券价差、存款利息和其他收入,基金红利的高低取决于基金管理人的投资盈利状况。二是买卖价格之差。由于基金资产净值都处在波动之中,所以无论是封闭式基金还是开放式基金的购进价格和卖出价格都可能不同,都存在差价。封闭型基金在二级市场进行交易,其交易价格除了受基金资产净值的制约,同时受到市场供求关系影响,价格波动较大。开放型基金仅受基金资产净值的影响,不受到供求关系影响,其申购价和赎回价之间的差价相对小些。

(二)证券投资基金收益的衡量

证券投资基金的投资收益与股票投资收益都来源于经常性收入和资本利得,所以证券投资基金的收益衡量同股票相似。

1.红利收益率

$$红利收益率 = \frac{D}{P} \times 100\% \tag{5-17}$$

式中:D——投资者购买证券投资基金每年获得的红利(即每年分配到的基金收益);

P——基金单位购入价格。

2.持有期收益率

$$持有期收益率 = \frac{D + (P_2 - P_1)/n}{P_1} \times 100\% \tag{5-18}$$

式中:D——年基金红利;

P_1——基金单位的购入价格;

P_2——基金单位的卖出价格或赎回价;

n——持有期限(以年为单位)。

四、投资组合收益的衡量

投资组合是指投资者所持有的各种证券的总称。通过构建投资组合,投资者可以有效地分散风险。因此,投资者在实际的投资中,常购买多只股票、债券、基金等多种金融产品,进行组合投资。投资组合的收益是把投资者所持有的各种金融资产各自收益率进行加权平均来衡量的,权数为各金融资产在投资组合中的投资比重。

假设一个投资组合中包括 m 种证券,每种证券的实现收益率分别为 $r_1, r_2, \cdots r_m$,各证券的加权系数分别为 $x_1, x_2, \cdots x_m$,且 $x_1 + x_2 + \cdots + x_m = 1, x_i \geq 0$,则投资组合 P 的收益率为:

$$r_p = r_1 x_1 + r_2 x_2 + \cdots + r_m x_m = \sum_{i=1}^{m} r_i x_i \tag{5-19}$$

例 5-8 某投资者持有 A、B、C、D 四种股票,组成一个资产组合,该四种股票价值占资产组合总价值的比例分别为 10%、20%、30%、40%,其收益率分别是 8%、12%、15%、14%。该投资组合的收益率为:

$r_p = 10\% \times 8\% + 20\% \times 12\% + 30\% \times 15\% + 40\% \times 14\% = 13.3\%$

第二节　证券投资的风险

风险是指对投资者预期收益的背离,或者说是证券收益的不确定性。证券投资的风险是指证券的预期收益变动的可能性及变动幅度。收益与风险是股票投资的中心问题,其他各种问题都是围绕这个中心而展开。投资者既想要本金绝对安全,又想要收益丰厚,那是不切实际的幻想。投资者承担一份风险,往往会有一定收益作为补偿,风险越大,补偿越高,两者成正比例相关。以公式表示:收益率＝无风险利率＋风险补偿收益率。各个投资者对收益与风险的态度不同,有些人要求收益率高一点,而有些人宁可接受低一点的收益率,也不愿承担过大的风险。因此,在股票的买卖交易中,为了尽量回避各种买卖风险,以获得最大的投资收益,投资者必须对股票投资的风险与收益的对称关系有充分认识,以便综合权衡利弊得失,最合理地运用投资资金,达到风险尽可能小、收益尽可能高的投资目的;同时,投资者应采取可行的投资方式,高度警惕和避开前进途中的陷阱,将股票投资的风险减少到最低的限度,以获得尽可能多的投资收益。

一、证券投资风险的种类

(一)系统风险

系统风险是指某些因素能够以同样的方式对所有证券的收益产生影响而引起的投资收益的可能变动。经济、政治和社会的变动是系统风险的根源,它们使几乎所有的股票以同样的方式一起运动。由于这些影响因素来自于上市公司外部,是上市公司无法控制和回避的,因此,系统风险又称为"不可回避风险"。例如,如果经济进入衰退期,公司利润下降之势已很明显,那么股票价格就可能普遍下跌,几乎所有在纽约证券交易所上市的股票在一段较长时期内都与纽约证交所指数同方向运动。平均而言,一种股票价格50%的变动可以解释为股市指数的变动,换句话说,典型的普通股票的总风险中大约有一半是系统风险。系统风险包括政策风险、宏观经济风险、利率风险、购买力风险、市场风险等。

1. 政策风险

政策风险是指政府有关证券市场的政策发生重大变化或是有重要的举措、法规出台,引起证券市场的波动,从而给投资者带来的风险。政策风险多见于发展中国家的新兴资本市场,由于这些国家的市场化程度较低,法律架构不健全,监管不到位,人们对证券市场的认识不足,证券市场单纯依靠市场规律自发调节难以健康发展,因而更多地要依赖政策对证券市场进行调控。我国的证券市场被人们称为"政策市",也就说明了政策风险对我国证券市场的影响。

要降低政策风险的影响,投资者应加强对国内外政治经济形势的研究,理解政府对证券市场价格波动的承受能力,理智和冷静地对待证券市场过度火爆和过度低迷的局面,正确地判断政府可能采取的政策措施或出台时机,并作出及时的反映。

2. 宏观经济风险

宏观经济风险主要是由于宏观经济因素的变化、经济政策的变化、经济的周期性波动以及国际经济因素的变化,而给股票投资者带来的意外收益或损失。

宏观经济因素的变动会对证券市场的运作以及股份制企业的经营产生重大影响,如经济体制的转轨、企业制度的改革、加入世界贸易组织、人民币的自由兑换等等。

经济政策对国家的经济发展有着十分重要的作用。一些关系到整个证券市场的产业政策、财政政策、货币政策、税收政策等的出台以及变化,对上市公司的发展及经济效益都会产生直接的影响,从而影响投资者的投资收益。

经济的周期性波动也会给投资者带来较大风险。经济周期一般分为萧条、复苏、繁荣和衰退四个阶段。在经济复苏和繁荣时期,社会总需求、总投资旺盛,经济增长率上升,就业率和个人收入水平也有较大的提高,与此同时,证券市场筹资与投资十分活跃,证券投资收益较好。然而,在经济萧条特别是危机时期,社会经济活动处于停滞不前甚至萎缩和倒退状态,经济秩序不稳定,证券市场也必然受到冲击,从而出现以下情况:资金需求减少,市场交易规模随之缩小;股票价格大幅度波动并呈现跌势,投资者实际收益下降,甚至出现亏损。

随着经济国际化程度的不断提高,国际经济因素的变化对一国的证券市场的影响日益显著。世界各国,尤其是那些经济大国,它们的经济发展状况,汇率、利率的变化,对外贸易政策以及证券市场的动荡,都会对我国的资本市场产生间接或直接的影响。特别是我国实现进一步对外开放,实现人民币项目下的自由兑换,实现更多的国内企业在海外证券市场上市之后,国际经济因素的变化对我国股票市场的影响也越来越明显。

3. 利率风险

利率风险是指由市场利率变动引起的证券投资的风险。这里所说的"利率"是指银行信用活动中的存贷款利率。利率是经济运行过程中的一个重要经济杠杆,会经常发生变动,并给股票市场带来明显的影响。一般来说,银行利率与证券价格之间呈现一个"跷跷板"效应:银行利率上升,证券价格下跌;银行利率下跌,证券价格上涨。这一现象实际上就是投资者追求投资收益的体现。利率下调,银行储蓄收益下降,投资者就会把钱拿出来买证券,证券的供求状况就会发生相应的变化,证券价格便会随之上升;相反,利率上调,人们觉得存银行合算,买证券的人随之减少,证券价格也随之下跌。

利率风险对不同证券的影响是不相同的,对固定收益证券的影响较大,对长期债券的影响要大于短期债券。因此,投资者要降低利率风险,就应在利率将要提高时,减少对证券,特别是对固定利率债券、长期债券的持有量;在利率将要下调时,增持证券。

4. 购买力风险

购买力风险又称为"通货膨胀风险",是指由于通货膨胀、货币贬值给投资者带来实际收益水平下降的风险。证券市场是企业等资金需求者直接融资的场所,因而社会货币资金的供给总量成为决定证券市场供求状况和影响证券价格水平的重要因素,当货币资金供应量增长过猛,出现通货膨胀时,证券的价格也会随之发生变动。通货膨胀对证券价格有两种截然不同的影响:在通胀之初,公司、企业的房地产、机器设备等固定资产账面价值因通货膨胀而水涨船高,物价上涨不但可以使企业存货以高价售出,而且可以使企业从以往低价购入的原材料上获利,名义资产与名义盈利增加,自然会使公司、企业股票的市场价格上涨,同时预感到通胀可能加剧的人们为保值也会抢购股票,刺激股价短暂上扬;然而,当通货膨胀持续一段时期以后,便会使股票价格走势逆转,并给投资者带来负效益。公司、企业资产虚假增值逐渐显露出来,新的生产成本因原材料等价格上升而提高,企业利润相应减少,投资者开始抛出股票,转而寻找其他金融资产保值的方式。所有这些都将使股票市场需求萎缩,供大于求,股票价格自然也会显著下降。严重的通货膨胀还会使投资者持有的股票贬值,抛售股票得到的货币收入的实际购买力下降。

5. 汇率风险

汇率与证券投资风险的关系主要体现在两方面:一是本国货币升值有利于以进口原材料为主的企业,不利于产品主要面向出口的企业,因此投资者看好前者,看淡后者,这就会引发相应股票价格的涨落;本国货币贬值所产生的效应正好相反。二是对于货币可以自由兑换的国家来说,汇率变动也可能引起资本的输出与输入的变化,从而影响国内货币资金和证券市场的供求状况。

6. 市场风险

市场风险是指证券市场的价格波动给投资者带来损益的可能性。这种价格波动可通过对股票价格指数或股价平均数的变动来分析。市场风险是难以回避的一种风险,它给持股人带来的后果有时是灾难性的。在股市低迷的行情中,逆市走强的股票还会存在,但极为难得。在大熊市到来之际,投资者大多难以逃脱亏损的厄运。

降低市场风险的影响,其一是认清市场变动趋势并顺势而为,通过分析判断,是牛市就入市投资,是熊市就远离股市;其二是选择大企业和业绩优良的企业投资,因为这类企业对客观经济环境变化的承受能力和适应能力较强。

(二) 非系统风险

非系统风险是指只对某个行业或个别公司的证券产生影响的风险,它通常是由某一特殊的因素引起,与整个证券市场的价格不存在系统、全面的联系,如某公司因管理者经营能力、消费者消费偏好、公司员工罢工等自身因素造成的公司利润的变动。这种因行业或企业自身因素改变而带来的证券价格变化与其他证券的价格、收益没有内在的必然联系,不会因此而影响其他证券的收益。虽然非系统风险并不会对整个证券市场产生根本的影响,但是对一个投资者而言却可能是致命的。所以,投资者要通过审慎的投资选择来减少甚至避免非系统风险。

非系统风险的形式主要有以下几种。

1. 信用风险

信用风险又称为"违约风险",指证券发行人在证券到期时无法还本付息而使投资者遭受损失的风险。公司资本结构不合理、融资不当是导致信用风险的一个重要原因。投资者可以通过观察一个公司的资本结构来估量该公司的股票的信用风险程度。资本结构中负债较少的公司,其股票的信用风险低;负债比重大的公司,其股票的信用风险高。投资者回避信用风险的最好办法是参考证券信用评级的结果。

2. 经营风险

经营风险是指由于公司的经营状况的变化而导致公司盈利水平变化,从而使投资者预期收益下降的风险。经营风险的程度因公司而异,取决于公司的经营活动和所属行业。公司的收益和现金流量密切依赖于其收入,当公司收入突然下降时,由于普通股持有者在现金分配时排在最后,因而与公司的债券持有者相比,普通股票持有者处于一个风险大得多的地位,公司在支付债务利息和到期本金后,可用于支付股息的收益已所剩无几,从而导致股东们所得股息减少或根本没有股息;与此同时,股票的市场价格一般也会随之降低,使股东们蒙受双重损失。

3. 流动性风险

流动性风险指的是由于将资产变成现金方面的潜在困难而造成的投资者收益的不确定。一种股票在不作出大的价格让步的情况下卖出的难度越大,该种股票的流动性风险程度就越大。在流通市场上交易的各种股票,其流动性风险差异很大,一些流动性强的股票,投资者可轻而易举地将其卖出,在价格上不引起任何波动;而一些流动性差的股票,投资者急着要将它们变现时,往往很难脱手,除非忍痛贱卖,在价格上作出很大牺牲。

二、证券投资风险的识别

(一)系统性风险的识别

证券投资中的系统性风险是由基本经济因素和政治因素的不确定性引起的,因而对系统性风险的识别就是对一个国家一定时期内宏观的经济状况和政治气候作出的判断。具体来说,系统性风险可以从以下几方面的变化中进行分析:

1. 经济增长率

经济增长率是支撑证券市场价格的重要基础,也是决定证券价格走势的主要内容。

目前世界各国通常用国内生产总值(GDP)的变化予以反映。

2. 国家经济政策

通过国家经济政策的变动,可以判断国家对经济增长状况及产业发展的态度。投资者应通过政府工作报告、政府颁布的法令、法规,官方报刊发表的重要经济类文章等多种渠道研判各种政策对某些上市公司的发展所产生的有利或不利影响,从而识别系统性风险给自己的投资所产生的影响。

3. 国家政治状况

国家政治状况体现在政治制度的稳定性、政府领导层的素质、政府的政治路线、政策的延续性、高层领导人的健康状况等方面。

4. 投资状况

经济增长率是一种事后指标,需待一个生产周期结束之后才能有确定的结果,而投资状况则更直接地反映当前的经济活动状况。投资规模、投资增长速度反映了国家的产业政策导向,反映了国家对一个部门、一个行业是鼓励、扶持,还是限制、打压的态度。如果投资规模较大,投资增长速度较快,那么这行业或企业肯定有较好的发展前景。

5. 信贷资金供给

银行的信贷资金是社会资金总供给中的主要组成部分,也是影响货币供应量和物价水平的重要因素。信贷规模扩大,资金供给充足,必将会导致股票价格的上涨。

6. 消费资金与个人消费支出的变化

消费资金的增减用城镇职工工资和农村个人收入增长率的变动来表示,个人消费支出的变化可以分别用社会商品零售额和居民人均生活消费额两项指标来测算。它们从不同角度反映了居民收入中用于消费的部分所占的比重,从而可以计算出居民储蓄资金的多少,进而计算出股票市场上个人投资的潜力及其对价格的影响。

7. 利率与通货膨胀率

利率与通货膨胀率和投资收益之间的相关程度极高,在各种利率中,尤其应注意中央银行的贴现率。央行的贴现率是商业银行向中央银行寻求短期资金融通时接受的利息率,它决定着其他商业银行存贷款利率的高低。考察通货膨胀率主要有三个参照指标:批发物价指数、消费物价指数与国民生产总值平均指数。

8. 政府财政收支

政府财政状况可通过每年公布的预算与决算表反映出来,政府财政状况如果不好,不仅会导致国债收益下降,还会诱发通货膨胀,使整个经济状况恶化。

(二)非系统性风险的识别

非系统风险一般主要是由企业因素和市场因素的不确定性造成的。

1. 企业因素的分析与风险的识别

企业因素的变动会构成证券投资风险,因而投资者可从各种途径去详细了解企业的真实状况。一般来说,最简单的办法就是阅读企业发布的各种文件,这些文件包括:公司章程、招股说明书或上市公告书、董事会工作报告、公司财务资料审核报告等。投资者从公司章程中可以了解该企业的行业归属、经营范围、资本实力、董监事会和主要管理人员的构成、财务管理和自己可能获得的基本权益等方面的大体情况;从招股说明书和上市公告书中可以了解公司的发展变革、股本构成以及近期的经营实绩,从而更加深入地掌握企业的资信状况;从股份公司董事会每年发布的年度报告中可以了解公司的经营状况、红利分配方案以及有关公司发展的动态信息,了解企业的实际经营能力以及自己的投资回报率。

公司财务资料审核报告一般包括资产负债表和损益表。上市公司的财务报表需经专职的、权威性的会计事务所审核,并出具验资报告,一般来说内容比较真实可信。

2. 市场因素的分析与风险识别

基本因素、企业因素的变动与股票投资风险之间的关系,可以通过各种宏观经济数据、报道、文件资料等反映出来,而市场因素变化与投资风险之间的关系就比较复杂。但是,人们在实践中发现,这种关系可以从大量的统计数据构成的变动轨迹中得到验证,也就是说,借助技术分析方法可以识别股票投资中的市场风险。

三、证券投资风险的衡量

（一）单只证券的风险衡量

证券的风险是未来收益的变动可能和变动幅度,风险的量化就是将证券未来收益的不确定性加以量化,而风险的量化可以用未来收益水平对预期收益的离散程度来表示。因此,我们借助证券未来收益的方差和标准方差来衡量证券的风险程度,其计算公式为:

$$\delta^2 = \sum_{i=1}^{n}(X_i - E(X))^2 \cdot P_i \qquad (5\text{-}20)$$

$$\delta = \sqrt{\sum_{i=1}^{n}(X_i - E(X))^2 \cdot P_i} \qquad (5\text{-}21)$$

其中 $E(X)$ 为期望报酬率,是以概率为权数计算出来的证券的加权平均收益率,其计算公式为:

$$E(X) = \sum_{i=1}^{n} X_i P_i \qquad (5\text{-}22)$$

（二）证券组合的风险衡量

1. 双证券组合的风险

两个证券的风险可能具有一定的相互抵消或增强的作用,因此,双证券组合的风险就不再等于证券 A 和 B 的风险以其投资比互为权数计算的加权平均数了,双证券组合

的风险可以用该组合的方差来衡量,其计算公式为:
$$\delta_P^2 = X_A^2\delta_A^2 + X_B^2\delta_B^2 + 2\rho_{AB}X_AX_B\delta_A\delta_B \tag{5-23}$$

式中:δ_P^2——双证券组合的方差;

X_A——证券 A 在组合中的比例;

X_B——证券 B 在组合中的比例,且 $X_B=100\%-X_A$;

δ_A^2——证券 A 的方差;

δ_B^2——证券 B 的方差;

ρ_{AB}——证券 A 和 B 的相关系数,$-1\leqslant\rho_{AB}\leqslant 1$。

证券组合的方差不仅取决于组合中单个证券方差的大小,还取决于各证券之间的协方差大小,下面考虑 ρ_{AB} 取不同数值的情况。

(1)$\rho_{AB}=-1$,A 与 B 完全负相关。

$$\delta_P^2 = X_A^2\delta_A^2 + X_B^2\delta_B^2 + 2\times(-1)X_AX_B\delta_A\delta_B$$
$$= (X_A\delta_A - X_B\delta_B)^2$$
$$\delta_P = |X_A\delta_A - X_B\delta_B|$$

当 $X_A=100\%$,$X_B=0\%$ 时,$E(r_P)=E(r_A)$,$\delta_P=\delta_A$;当 $X_A=0\%$,$X_B=100\%$ 时,$E(r_P)=E(r_B)$,$\delta_P=\delta_B$;当 $X_B=\delta_AX_A/\delta_B$ 时,$E(r_P)=X_AE(r_A)+X_BE(r_B)$,$\delta_P=0$。由此可见,当 $\rho_{AB}=-1$ 时,组合的收益与风险关系为折现,见图 5-1 折线 AQB。

(2)$\rho_{AB}=1$,A 与 B 完全正相关。

$$\delta_P^2 = X_A^2\delta_A^2 + X_B^2\delta_B^2 + 2\times 1 X_AX_B\delta_A\delta_B$$
$$= (X_A\delta_A + X_B\delta_B)^2$$
$$\delta_P = X_A\delta_A + X_B\delta_B$$

当 $X_A=100\%$,$X_B=0\%$ 时,$E(r_P)=E(r_A)$;$\delta_P=\delta_A$;当 $X_A=0\%$,$X_B=100\%$ 时,$E(r_P)=E(r_B)$;$\delta_P=\delta_B$;其他取值时,$E(r_P)=X_AE(r_A)+(1-X_A)E(r_B)$;$\delta_P=X_A\delta_A+(1-X_A)\delta_B$。组合的收益与风险关系为线段 AB,见图 5-1 线段 AB。

(3)$-1<\rho_{AB}<1$,组合的收益与风险关系为一条向左弯曲的曲线 AB,ρ 越小,弯曲的程度越大。

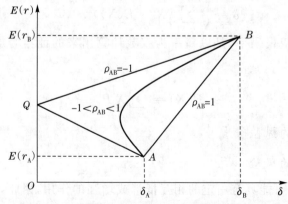

图 5-1 双证券组合的收益、风险与相关系数的关系

例 5-9 假设一证券组合由 A 和 B 两只证券构成，A、B 的各项参数分别为：A 的期望收益率 $E(r_A)=6\%$，标准差 $\delta_A=30\%$；B 的期望收益率 $E(r_B)=2\%$，标准差 $\delta_B=20\%$；A、B 的相关系数为 ρ_{AB}，A、B 在组合中的比例分别为 $X_A=40\%$，$X_B=60\%$，则该组合的期望收益率和标准差分别为：

$$E(r_P)=X_A E(r_A)+X_B E(r_B)=40\%\times6\%+60\%\times2\%=3.6\%$$

因为组合的标准差 δ_P 与 A、B 的相关系数 ρ_{AB} 有关，所以在 ρ_{AB} 取不同数值时，组合的标准差也不同。

(1) $\rho_{AB}=-1$。

$$\begin{aligned}\delta_P^2 &= X_A^2\delta_A^2+X_B^2\delta_B^2+2\rho_{AB}X_A X_B\delta_A\delta_B \\ &=(40\%\times30\%)2+(60\%\times20\%)2+2\times(-1)\times40\%\times60\%\times30\%\times20\% \\ &=0\end{aligned}$$

$$\delta_P=0$$

(2) $\rho_{AB}=0$。

$$\begin{aligned}\delta_P^2 &= X_A^2\delta_A^2+X_B^2\delta_B^2+2\rho_{AB}X_A X_B\delta_A\delta_B \\ &=(40\%\times30\%)2+(60\%\times20\%)2+0 \\ &=0.0288\end{aligned}$$

$$\delta_P=16.97\%$$

(3) $\rho_{AB}=1$。

$$\begin{aligned}\delta_P^2 &= X_A^2\delta_A^2+X_B^2\delta_B^2+2\rho_{AB}X_A X_B\delta_A\delta_B \\ &=(40\%\times30\%)2+(60\%\times20\%)2+2\times1\times40\%\times60\%\times30\%\times20\% \\ &=0.0576\end{aligned}$$

$$\delta_P=24\%$$

由上例可以看出，只要证券的相关系数不等于 1，证券组合的风险低于任一证券单独的风险。因此，建立证券组合可以分散风险。但这种被分散的风险仅限于证券的非系统性风险。

2. N 个证券组合的风险

上面分析了两种证券的投资组合，但在实践中，证券投资组合往往会包含多种证券。如果证券组合中证券的数量为 N 个，N 个证券组合的风险也不能简单地用组合中每个证券的风险的加权平均来衡量。N 个证券组合的风险同样用该组合的方差来表示，其计算公式为：

$$\begin{aligned}\delta_P^2 &= \sum_{i=1}^{n}\sum_{j=1}^{n}X_i X_j\delta_{ij} \\ &= \sum_{i=1}^{n}X_i^2\delta_i^2+\sum_{i=1}^{n}\sum_{n}X_i X_j\delta_{ij}\end{aligned} \quad (5\text{-}24)$$

式中：δ_P^2——证券组合的方差；

X_i——第 i 种证券在投资组合中的比重；

X_j——第 j 种证券在投资组合中的比重；

δ_{ij}——第 i,j 两种证券的协方差。

也可以用标准离差 δ_P 来衡量 N 个证券组合的风险。

证券组合中证券数量越多,协方差所起的作用越大,而各证券的方差所起的作用越小。

根据上面对证券组合的收益与风险的分析可知,一个证券组合的期望报酬率只是组合中各证券的期望报酬率的加权平均数。因此,增加证券组合中证券的只数未必会提高证券组合的预期收益。但是,证券组合的风险则随着证券只数的增加而降低,这是由于证券组合中各证券的非系统性风险可以通过分散化投资相互抵消。

从理论上讲,如果一个证券组合包括足够多的相关关系弱的证券,就完全有可能消除几乎所有的非系统性风险。证券组合中包含的证券只数是否越多越好呢?许多西方经济学者对此都进行过实证研究,结果表明当证券组合中的证券种类从 1 只增加到 10 只左右时,证券组合风险的下降程度很明显。但是,随着组合中证券种类的增加,组合风险降低的边际效果在迅速递减。一般来说,当证券组合中证券种类增加到 20 只时,证券组合的风险几乎降低到只包含系统性风险的水平,非系统风险基本上已经消除。此时,再增加证券的种类对组合风险的降低作用就不大了,特别是当组合中证券种类增加到 30 只以上时,就会出现风险降低的边际效果小于由此而增

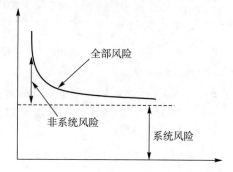

图 5-2 证券投资组合风险与证券数目的关系

加的边际成本,因为增加证券种类是要增加管理成本的。因此,一般来说证券组合中的证券数目在 15~20 只比较适宜。证券投资组合风险与证券数目的关系见图 5-2。

四、证券投资风险的控制

证券投资风险变化的规律是可以认识的,也是可以通过一定的方法和措施防范和化解的。

(一)风险控制的基本原则

风险控制的目标包括确定风险控制的具体对象和风险控制的程度两层含义。投资者如何确定自己的目标,取决于自己的主观投资动机,也决定于证券的客观属性。控制风险可以遵循四大原则,即回避风险、减少风险、留置风险和共担(分散)风险。

1. 回避风险原则

回避风险原则是指事先预测风险发生的可能性,分析和判断风险产生的条件和因素,在经济活动中设法避开它或改变行为的方向。在股票投资中的具体做法是:放弃对风险性较大的股票的投资,转而投资其他金融资产或不动产;或改变直接参与股票投资的做法,求助于共同基金,间接进入市场等。相对来说,回避风险原则是一种比较消极和保守的控制风险的原则。

2. 减少风险原则

减少风险原则是指人们在从事经济活动的过程中,不因风险的存在而放弃既定的

目标,而是采取各种措施和手段设法降低风险发生的概率,减轻可能承受的经济损失。在股票投资过程中,投资者在已经了解到投资股票有风险的前提下,一方面,不放弃股票投资动机;另一方面,运用各种技术手段,努力抑制风险发生的可能性,削弱风险带来的消极影响,从而获得较丰厚的风险投资收益。对于大多数投资者来说,这是一种进取性的、积极的风险控制原则。

3. 留置风险原则

留置风险原则是指在风险已经发生或风险无法避免和转移的情况下,投资者正视现实,从长远利益和总体利益出发,将风险承受下来,并设法把风险损失减少到最低程度。在股票投资中,投资者在力所能及的范围内,确定承受风险的度,在股价下跌且已经亏损的情况下,要果断"割肉斩仓""停损",进行自我调整。

4. 共担(分散)风险原则

共担风险是指在股票投资中,投资者借助于各种形式的投资群体合伙参与股票投资,以共同分担投资风险,这是一种比较保守的风险控制原则。投资者承受风险的压力减弱了,但获得高收益的机会也少了,一般只能得到平均收益。

(二)风险控制的措施

1. 做好知识准备

证券投资本身是一门非常深奥的学问,涉及经济、管理、法律、统计、信息技术等多方面的综合知识。当然作为普通投资者并不需要对所有这些知识都有透彻的理解,但是若想成为一个稳健而成功的投资者,就必须花费心血和时间去学习证券知识、研究投资规律,如果连一些基本的投资知识都没有就涉足证券市场,将会面临极大的风险。

2. 运用技术分析

技术分析是指投资者利用统计数据和图表,根据股票的市场价格和交易量变动的趋势及两者之间的联系,对市场未来行情作出预测,择机买卖股票,以期免受价格下跌造成的损失并谋取投资收益。技术分析是建立在统计分析的基础之上的,依照技术指标或技术图形中所出现的买入或卖出信号进行操作。虽然不可能保证每次分析的结果都是正确的,但是从总体上来看失误的概率要小一些,从而起到规避风险的作用。

3. 科学组合投资

"不要把所有的鸡蛋放到一个篮子里",形象地说明了投资组合对分散风险的重要性。科学地进行组合投资是最能体现分散风险原则的投资技巧。投资组合是指投资者将资金同时投入收益、风险、期限都不相同的若干种证券上,借助证券多样化效应,分散只投资一种证券的风险,进而减少所承受的投资总风险。值得注意的是,投资组合并不只是简单地将自己的资金分散购买多只股票。有效的投资组合应当具备以下三个条件:所选择的各类资产,其风险可以部分地互相冲抵;在投资总额一定的前提下,其预期收益与其他组合相同,但可能承受的风险比其他投资组合小;在投资总额一定的前提下,其风险程度与其他投资组合相同,但预期的收益较其他投资组合高。ETF,即交易型开放式指数基金(Exchange Traded Fund),是一种在交易所上市交易的开放式证券投资基金产品。ETF管理的资产是一揽子股票组合,这一组合中包含的股票种类与某一特定指数包含的成分股相同。如上证50ETF与上证50指数包含的成分股相同,股票的构成比例与该指数的成分股构成比例一致,ETF交易价格取决于它拥有的一揽子股票的价值,即"单位基金资产净值"。由于上证50指数代表了沪市优秀上市公司的集合,而且是不断采取优胜劣汰的方法淘汰那些业绩出现明显下滑的上市公司,因此对于普通投资者而言,购买此类基金是进行投资、实现投资组合的一种简单而有效的方式。

4. 借助期货、期权交易

股票指数期货是一种新的金融交易品种,运用股票指数期货进行保值交易,可以为投资者大大地降低投资风险。

复习思考题

一、名词解释

1. 证券投资收益　　2. 除权　　3. 除息
4. 股权登记日　　5. 系统风险　　6. 非系统风险
7. 持有期收益率

二、简答题

1. 影响债券投资收益率的主要因素有哪些?
2. 何谓除息、除权价?如何计算?
3. 简述证券投资风险构成包括哪几部分?
4. 简要分析收益与风险的关系。
5. 上市公司风险控制的基本原则有哪些?

三、计算题

1. 某附息债券面值500元,期限3年,息票率6%,一次性还本付息。

(1)若某投资者以460元的价格认购,在持有两年后以480元的价格卖出,求持有期收益率。

(2)在第二年初以470元的价格购入,持有到期,求持有期收益率。

2. 某投资者以20元一股的价格买进某公司股票,在持有一年后以23.20元的市价出售,期间每股曾分得现金股息1.8元,求持有期收益率。

3. 某公司本年度以每10股送2股的比例向全体股东派发红股,在除权日前一天该股票的收盘价为10元,试计算其除权除息价。

4. 某股票股权登记日的收盘价为21.80元分配方案为每10股派发现金红利5元送2股配3股,配股价为5.50元,试计算其除权除息价。

第六章　证券投资基本分析

第一节　证券投资分析概述

一、证券投资分析的定义

证券投资是指投资者(法人或自然人)购买股票、债券、基金券等有价证券以及这些有价证券的衍生品以获取红利、利息及资本利得的投资行为和投资过程,是直接投资的重要形式。

证券投资分析是通过各种专业性的分析方法和分析手段对来自于各个渠道的、能够对证券价格产生影响的各种信息进行综合分析,并判断其对证券价格发生作用的方向和力度。证券投资分析作为证券投资过程不可或缺的一个组成部分,是进行投资决策的依据,在投资过程中占有相当重要的地位。

二、证券投资分析的意义

(一)提高投资决策的科学性,减少盲目性

在具体实施投资决策之前,投资者需要明确每一种证券在风险、收益、流动性和时间等方面的特点。只有这样,投资者才可能选择到在这些方面同自己要求相匹配的、合适的投资对象,提高投资决策的科学性,减少盲目性。

(二)降低投资风险,提高投资收益

通过考察分析每一种证券的风险—收益率特性,投资者就可以确定哪些证券是风险较大的证券,哪些证券是风险较小的证券,从而选择风险—收益率特征与自己投资决策相适应的证券进行投资。证券投资分析采用了基本分析和技术分析等证券投资分析方面的专业分析方法和分析手段,通过对影响证券回报率和风险的诸因素客观、全面和系统的分析,揭示出其作用机制以及某些规律,用于指导投资者的投资决策,从而保证在降低投资风险的同时获取较高的投资收益率。

三、证券投资分析的信息来源

信息在证券投资分析中起着十分重要的作用,是进行证券投资分析的基础。来自各个渠道的信息最终都将通过各种方式对证券的价格发生作用,导致证券价格的上升或下降,从而影响证券的收益率。因此,信息的多寡、信息质量的高低将直接影响证券投资分析的效果,影响分析报告的最终结论。一般来说,进行证券投资分析的信息主要来自于以下三个渠道:

(一)历史资料

历史资料是指过去通过各种渠道发布或获得的影响证券市场或对证券投资分析有借鉴意义的信息资料。它包括有关世界政治经济、某个国家的政治经济以及某个地区经济政策方面的信息,还包括某个行业发展状况,某个公司生产、销售、管理、财务、股票状况的信息以及某项产品生产与销售状况的信息。

(二)媒体信息

媒体信息主要是指通过各种书籍、报纸、杂志、其他公开出版物以及电视、广播、互联网等媒体获得公开发布的信息。它包括国家的法律法规、政府部门发布的政策信息、上市公司的年度报告和中期报告等。媒体信息内容繁多,提供的信息量极为庞大,某些商业机构便将各种信息进行筛选、分类,使用者在支付一定的费用后,可以利用这些经过整理的信息资料,从而节省时间,大大提高工作效率。例如,会计师事务所、银行、资信评估机构、咨询机构、证券公司等,有专门的人员进行资料的收集、整理、分析工作,并撰写研究报告,这些报告通常会以有偿的形式向使用者提供,也属于媒体信息。随着计算机网络技术和远程通信技术的发展,投资者和证券分析人员可以通过互联网直接提取和阅读所需要的境内外信息。

(三)实地访查信息

实地访查是指证券投资分析人员直接到有关的上市公司、交易所、政府部门等机构去实地了解进行证券分析所需的信息资料。通过实地访查去获取信息资料的做法,具有比较强的针对性,信息资料的真实性也有相当的保障;但是,实地访查所花费的时间、精力都比较多,成本比较高,而且具有一定的难度。因此,通常将这种方法作为上面两个信息来源的补充。

信息的收集、分类、整理和保存是进行证券投资分析的最基础的工作,是进行证券投资分析的起点。分析人员最终所提供的分析结论的准确性,除了与采用的分析方法和分析手段有关外,更重要的是取决于占有信息的广度和深度。

四、证券投资分析的主要方法

证券投资分析的方法直接决定了证券投资分析的质量,而证券投资分析的质量直接决定证券投资的收益。所以,全面掌握和理解证券投资的各种分析方法是学习证券投资理论与实务的核心。目前,进行证券投资分析所采用的分析方法主要有两大类:第一类是基本分析,第二类是技术分析。前者主要是根据经济学、金融学、投资学等基本原理推导出结论的分析方法,后者则是主要根据证券市场本身的变化规律得出结果的分析方法。

(一)基本分析法

基本分析又称为"基本面分析"。是指证券投资分析人员根据经济学、金融学、财务管理学及投资学等基本原理,对决定证券价值及价格的基本要素,如宏观经济指标、经济政策走势、行业发展状况、产品市场状况、公司销售和财务状况等进行分析,评估证券的投资价值,判断证券的合理价位,提出相应的投资建议的一种分析方法。

基本分析的理论基础是建立在以下一个基本的前提条件之下,即任何金融资产的"真实"(或"内在")价值等于这项资产所有者的所有预期收益流量的现值。证券投资基本分析的内容包括以下几个方面:

1. 宏观经济分析

宏观经济分析主要探讨各经济指标和经济政策对证券价格的影响。经济指标又分为三类:一是先行性指标,这类指标可以对将来的经济状况提供预示性的信息;二是同步性指标,这类指标的变化基本上与总体经济活动的转变同步;三是滞后性指标,这类指标的变化一般滞后于国民经济的变化。除了经济指标之外,主要的经济政策有:货币政策、财政政策、信贷政策、债务政策、税收政策、利率与汇率政策、产业政策、收入分配政策等。

2. 行业分析和区域分析

行业分析和区域分析是介于经济分析与公司分析之间的中观层次的分析。行业分析主要分析行业所属的不同市场类型、所处的不同生命周期以及产业的业绩对于证券价格的影响;区域分析主要分析区域经济和自然因素对证券价格的影响。一方面,行业的发展状况对该产业上市公司的影响是巨大的,从某种意义上说,投资于某个上市公司,实际上就是以某个行业为投资对象;另一方面,上市公司在一定程度上又受到区域经济的影响,尤其在我国,各地区的经济发展极不平衡,从而造成了我国证券市场所特有的"板块效应"。

3. 公司分析

公司分析是基本分析的重点,无论什么样的分析报告,最终都要落实在某个公司证券价格的走势上。如果没有对发行证券的公司状况进行全面的分析,就不可能较好地预测其证券的价格走势。公司分析侧重对公司的竞争能力、盈利能力、经营管理能力、发展潜力、财务状况、经营业绩以及潜在风险等进行分析,据此评估和预测证券的投资价值、价格及其未来变化的趋势。

基本分析的优点主要是能够比较全面地把握证券价格的基本走势,应用起来也相对简单。基本分析的缺点主要是预测的时间跨度相对较长,对短线投资者的指导作用比较弱；同时，预测的精确度相对较低。基本分析主要适用于周期相对比较长的证券价格预测、相对成熟的证券市场以及预测精确度要求不高的领域。

(二)技术分析法

技术分析法的理论基础是建立在市场的行为包含一切信息、价格沿趋势移动、历史会重演这三个假定前提下，是仅从证券的市场行为来分析证券价格未来变化趋势的方法。证券的市场行为可以有多种表现形式，其中证券的市场价格和成交量的变化以及完成这些变化所经历的时间是市场行为最基本的表现形式。

技术分析的优点是同市场接近，考虑问题比较直观。与基本分析相比，利用技术分析进行证券买卖见效快，获得收益的周期短。此外，技术分析对市场的反应比较直接，分析的结果也更接近市场的局部现象。

技术分析的缺点是考虑问题的范围相对较窄，对市场长远的趋势不能进行有益的判断。正是由于这个原因，技术分析在给出结论的时候，只能给出相对短期的结论。因此，在证券市场，要想得到较准确的长期预测结论，仅仅依靠技术分析是不够的。

第二节 证券投资的宏观经济分析

证券价格决定模型得出的证券价格只是证券的理论价格，它是在高度简化和严格不变条件下的结果。而实际的证券市场状态受多重因素的影响和作用，这些因素也不断地发生变化，其对证券市场价格的影响也在不断地发生变化，因此，证券市场价格不可能按照纯粹的理论价格而呈线性运动。在进行证券投资基本分析的时候，更要全面的宏观分析，综合的行业分析和深入细致的公司分析。其中，宏观经济分析在证券投资分析中占首要位置。

一、证券投资的宏观经济分析概述

(一)宏观经济分析的意义与方法

1. 宏观经济分析的意义

(1)把握证券市场的总体变动趋势。在证券投资领域中，宏观经济分析非常重要。只有把握住经济发展的大方向，才能把握证券市场的总体变动趋势，作出正确的长期决策；只有密切关注宏观经济因素的变化，尤其是货币政策和财政政策因素的变化，才能抓住证券投资的市场时机。

(2)判断整个证券市场的投资价值。证券市场的投资价值与国民经济整体素质、结构变动息息相关。这里的证券市场的投资价值是指整个市场的平均投资价值。从一定意义上说，整个证券市场的投资价值就是整个国民经济增长质量与速度的反映，因为不同部门、不同行业与成千上万的不同企业相互影响、互相制约,共同影响国民经济发展的速度和质量。宏观经济是各个体经济的总和,因而企业的投资价值必然在宏观经济的总体中综合反映出来。所以,宏观经济分析是判断整个证券市场投资价值的关键。

(3)掌握宏观经济政策对证券市场的影响力度与方向。证券市场与国家宏观经济政策息息相关。在市场经济条件下,国家通过财政政策和货币政策来调节经济,或挤出泡沫,或促进经济增长,这些政策直接作用于企业,从而影响经济增长速度和企业效益,并进一步对证券市场产生影响。因此,证券投资必须认真分析宏观经济政策,掌握其对证券市场的影响力度与方向,以准确把握整个证券市场的运动趋势和各个证券品种的投资价值变动方向。这无论是对投资者、投资对象,还是对证券业本身乃至整个国民经济的快速健康发展都具有重要的意义。

2. 宏观经济分析的基本方法

(1)经济指标。宏观经济分析可以通过一系列的经济指标的计算、分析和对比来进行。经济指标是反映经济活动结果的一系列数据和比例关系。经济指标有三类:一是先行指标,这类指标可以对将来的经济状况提供预示性的信息,主要有货币供应量、股票价格指数等;二是同步指标,通过这类指标反映出的国民经济转折点大致与总的经济活动的转变时间同时发生,主要包括失业率、国民生产总值等;三是滞后指标,这类指标反映出的国民经济的转折点一般要比实际经济活动滞后一段时间,主要有银行短期商业贷款利率、工商业未还贷款等。

(2)计量经济模型。计量经济模型就是表示经济现象及其主要因素之间数量关系的方程式。计量经济模型主要有经济变量、参数以及随机误差三大要素。

(3)概率预测。概率预测方法运用得比较多也比较成功的是对宏观经济的短期预测,主要是对国民生产总值及其增长率、通货膨胀率、失业率、利息率、个人收入、个人消费、企业投资、公司利润及对外贸易差额等指标的下一时期水平或变动率的预测,其中最重要的是对前三项指标的预测。

(4)国际比较。各国在经济发展过程中存在一些共同规律。处于不同经济发展阶段的各国发展经验和教训对证券市场当前和今后的投资分析具有重要的参考价值。

(二)评价宏观经济形势的基本变量

1. GDP 增长率

国内生产总值 GDP 是指一定时期内(一般按年统计)在一国领土范围内新创造的产品和劳务的价值总额。经济增长率也称为"经济增长速度",它是反映一定时期经济发展水平变化程度的动态指标,也是反映一个国家经济是否具有活力的基本指标。

2. 货币供应量

3. 失业率

失业率的上升与下降是以 GDP 相于潜在的变动为背景的。

4. 通货膨胀率

通货膨胀率是指用某种价格指数衡量的一般价格水平的持续上涨。

5. 利率

利率亦称为"利息率",是指在借贷期内所形成的利息额与所贷资金额的比率。

6. 汇率

汇率是外汇市场上一国货币与他国货币相互交换的比率,即以本国货币表示的外国货币的价格。一国的汇率会因该国的国际收支状况、通货膨胀水平、利率水平、经济增长率等的变化而波动,汇率的变动对一国的国内经济、对外经济以及国际的经济联系都产生着重大影响。

7. 财政收支

财政收支包括财政收入和财政支出。财政收入是国家为了保证实现政府职能的需要,通过税收等渠道集中的公共性资金收入;财政支出则是为满足政府执行职能需要而使用的财政资金。

8. 国际收支

国际收支是一国居民在一定时期内与非居民在政治、经济、军事、文化及其他往来中所产生的全部交易的系统记录。国际收支中包括经常项目和资本项目。经常项目主要反映一国的贸易和劳务往来状况;资本项目则集中反映一国同国外资金往来的情况,反映着一国利用外资和偿还本金的执行情况。

9. 固定资产投资规模

固定资产投资规模是指一定时期在国民经济各部门、各行业固定资产再生产中投入资金的数量。

(三)影响证券市场价格的因素

1. 影响股票市场价格的因素

(1)宏观经济形势与政策因素。

①经济增长与经济周期。经济运行具有周期性,股票市场作为"经济的晴雨表",将提前反映经济周期变化。

②通货膨胀。适度的通货膨胀对证券市场有利,过度的通货膨胀必然恶化经济环境,对证券市场将产生极大的负面效应。

③利率水平。利率水平提高会使股票价格下跌。

④币值(汇率)水平。本币贬值,资本从本国流出,从而使股价下跌。

⑤货币政策。当中央银行采取紧缩性的货币政策时会促使股价下跌。

⑥财政政策。当政府通过支出刺激或压缩经济时,将增加或减少公司的利润和股息,当税率升降时,将降低或提高企业的税后利润和股息水平,财政和税收政策还影响

居民收入。这些影响将综合作用在证券市场上。

(2)行业因素。

①行业周期。行业的生命周期分为初创期、成长期、稳定期和衰退期四个阶段。行业处于生命周期的不同阶段,其股价也会有不同的表现。具体内容会在后面行业分析中进行阐述。

②其他因素。政府产业政策与相关行业的变动对行业股价也将产生影响。

(3)公司因素。公司因素一般只影响特定公司自身的股票价格,这些因素包括:公司的财务状况、公司的盈利能力、股息水平与股息政策、公司资产价值、公司的管理水平、市场占有率、新产品开发能力、公司的行业性质等。

(4)市场技术因素。市场技术因素指的是股票市场的各种投机操作、市场规律以及证券主管机构的某些干预行为等因素。

(5)社会心理因素。由于股价波动是由市场投资者的买卖操作的直接表现,而投资者在进行买卖时都是根据自身心理预期来进行,因而会产生"羊群效应",使股价出现非正常的剧烈波动。

(6)市场效率因素。

①信息披露是否全面、准确。

②通讯条件是否先进,从而决定信息传播是否快速准确。

③投资专业化程度,投资大众分析、处理和理解信息的能力、速度及准确性。

(7)政治因素。政治因素指的是国内外的政治形势、政治活动、政局变化、国家领导人的更迭、执政党的更替、国家政治经济政策与法律的公布或改变、国家或地区间的战争和军事行为等。这些因素,尤其是其中的政局突变和战争爆发,会引起股票市场价格的巨大波动。

①战争对股票市场及股票价格的影响有长期性的,也有短期性的;有好的方面,也有坏的方面;有广泛范围的,也有单一项目的,这要视战争性质而定。战争促使军需工业兴起,凡与军需工业相关的公司股票当然要上涨;战争中断了某一地区的运输,提高了原料或成品输送的运费,致使商品涨价,影响大众的购买力,公司业绩萎缩,与此相关的公司股票必然会跌价。由于战争所引起的许多状况都是足以使证券市场产生波动,投资人需要冷静的对此分析。

②政权的转移,领袖的更替等,均会对股价波动产生影响。

③随着交通运输的日益便利,通讯手段、方法的日益完善,国与国之间、地区与地区之间的联系越来越密切,世界从独立单元转变成相互影响的整体,因此一个国家或地区的政治、经济、财政等结构将紧随着国际形势改变,股票市场也随之变动。

④如果一个国家(在金融方面的)法律制度健全,使投资行为得到管理与规范,并使投资者的正当权益得到保护,会提高投资者投资的信心,从而促进股票市场的健康发展;如果法律法规不完善,投资者权益受法律保护的程度低,则不利于股票市场的健康

发展与繁荣。

2. 影响债券市场价格的因素

(1)宏观经济形势与政策因素。

①经济增长与经济周期。

②利率水平。

③通货膨胀。

④货币政策与财政政策。

(2)发行人因素。债券的发行主体(发行人)总会有不同的信用等级,信用等级高的发行人发行的债券,投资者购买意愿强,从而使得其价格走高;信用等级低的发行人发行的债券,投资者购买意愿弱,从而使得其价格走低。

(3)期限因素。债券的期限会有长有短,投资者在投资债券时,总会考虑所投资债券的流动性,会考虑债券的到期日。往往期限较长的债券,流动性较弱,从而其价格会较低;期限较短的债券,流动性较强,价格会较高。

二、宏观经济运行分析

(一)宏观经济运行对证券市场价格的影响

证券市场是反映国民经济状况的一个窗口,证券市场的兴衰反过来也影响着国民经济发展的好坏与快慢。但是,从根本上来说,国民经济的发展决定着证券市场的发展,而不是相反。因此,国民经济发展的状况、对国民经济发展有重要影响的一些因素都将对证券市场及证券市场中存在着的各种股票发生显著作用。对这些作用,股票投资者和分析者必须做到了然于胸,不然,他们就难以作出正确的投资决策。因此,分析宏观经济对证券市场的影响,其意义十分重大。

在影响股价变动的市场因素中,宏观经济周期的变动是最重要的因素之一,它对企业营运及股价的影响极大,是股市的大行情、大趋势的根源。因此,经济周期与股价的关联性是投资者不能忽视的。经济周期包括衰退、危机、复苏和繁荣四个阶段。一般来说,在经济衰退时期,股票价格会逐渐下跌;到危机时期,股价跌至最低点;进入经济复苏时期时,股价又会逐步上升;到繁荣时期时,股价逐步上涨并至最高点。这种变动的具体原因是,当经济开始衰退之后,企业的产品滞销,利润相应减少,促使企业减少产量,从而导致股息、红利也随之不断减少,持股的股东因股票收益不佳而纷纷抛售,使股票价格下跌;当经济衰退已经达到经济危机时,整个经济生活处于瘫痪状况,大量的企业倒闭,股票持有者由于对形势持悲观态度而纷纷卖出手中的股票,从而使整个股市价格大跌,市场处于萧条和混乱之中;经济周期经过低谷之后又出现缓慢复苏的势头,随着经济结构的调整,商品开始有一定的销售量,企业又能开始给股东分发一些股息红利,股东慢慢觉得持股有利可图,于是纷纷购买,使股价缓缓回升;当经济由复苏达到繁荣阶段时,企业的商品生产能力与产量大增,商品销售状况良好,企业开始大量盈利,股息、红利相应增多,股票价格上涨至最高点。

经济周期影响股价变动,但两者的变动周期又不是完全同步的。通常的情况是,不管在经济周期的哪一阶段,股价变动总是比实际的经济周期变动要领先一步。即在衰退以前,股价已开始下跌,而在复苏之前,股价已经回升;经济周期未步入高峰阶段时,股价已经见顶,经济仍处于衰退期间,股市已开始从谷底回升。这是因为股市股价的涨落包含着投资者对经济走势变动的预期和投资者的心理反应等因素。

根据经济循环周期来进行股票投资的策略是:衰退期以保本为主,投资者在此阶段多采取持有现金(储蓄存款)和短期存款证券等形式,避免衰退期的投资损失,以待经济复苏时再适时进入股市;而在经济繁荣期,大部分产业及公司经营状况改善和盈利增加,即使是不懂股市分析而盲目跟进的散户,往往也能从股票投资中赚钱,这时应积极买入,提高持股仓位。

当然还有例外现象,如一般情况是企业收益有希望增加或由于企业扩大规模而希望增资的景气的时期,资金会大量流入股市,但在萧条时期,也会出现资金不是从股市流走,而是流进股市的情形。尤其在此期间,政府为了促进经济繁荣而扩大财政支付,公司则因为设备过剩,不会进行新的投资,因而拥有大量的闲置货币资本,一旦这些资本流入股市,则股市的买卖和价格上升就与企业收益无关,而是带有一定的投机性。此外,投资股票除了要洞悉整个大市场趋势外,还要了解不同种类的股票在不同市况中的表现,有的股票在上涨趋势初期有优异的表现,如能源、(机械、电子)设备等类股票;有的股票却能在下跌趋势的末期表现出较强的抗跌性,如公用事业股、消费弹性较小的日用消费品部门的股票。总之,投资者还应该考虑各类股票本身的特性,以便在不同的市况下作出具体选择。

(二)宏观经济变动与证券市场波动的关系

1.国内生产总值(GDP)变动对证券市场的影响

证券市场一般提前对GDP的变动作出反应。

(1)持续、稳定、高速的GDP增长。在这种情况下,社会总需求与总供给协调增长,经济结构逐步合理趋于平衡,经济增长来源于需求刺激并使得闲置的或利用率不高的资源得以更充分的利用,从而表明经济发展的良好势头,这时证券市场将基于上述原因而呈现上升走势。

(2)高通胀下GDP增长。当经济处于严重失衡下的高速增长时,总需求大大超过总供给,这将表现为高的通货膨胀率,这是经济形势恶化的征兆,如不采取调控措施,必将导致未来的"滞胀"(通货膨胀与增长停滞并存)。这时经济中的矛盾会突出地表现出来,企业经营将面临困境,居民实际收入也将降低,因而失衡的经济增长必将导致证券市场下跌。

(3)宏观调控下的GDP减速增长。当GDP呈失衡的高速增长时,政府可能采用宏观调控措施以维持经济的稳定增长,这样必然减缓GDP的增长速度。如果调控目标得以顺利实现,而GDP仍以适当的速度增长,而非负增长或低增长,说明宏观调控措施十分有效,经济矛盾逐步得以缓解,为经济的进一步增长创造了有利条件,这时证券市场亦将反映这种好的形势而呈平稳渐升的态势。

(4)转折性的GDP变动。如果GDP一定时期以来呈负增长,当负增长速度逐渐减缓并呈现向正增长转变的趋势时,表明恶化的经济环境逐步得到改善,证券市场走势也将由下跌转为上升。当GDP由低速增长转向高速增长时,表明低速增长中,经济结构得到调整,经济的"瓶颈"制约得以改善,新一轮经济高速增长已经来临,证券市场亦将伴之以快速上涨之势。

2. 经济周期与股价波动的关系

(1)经济总是处在周期性运动中。股价伴随经济相应的波动,但股价的波动超前于经济运动,股价波动是永恒的。

(2)收集有关宏观经济资料和政策信息,随时注意经济发展动向。正确把握当前经济发展所处经济周期阶段的特点,对未来作出正确判断,切忌盲目从众。

(3)把握经济周期,认清经济形势。在把握经济周期的同时,配合技术分析的趋势线进行研究。不要被股价的"小涨""小跌"驱使而追逐小利或回避小失(这一点对中长期投资者尤为重要)。不同行业受经济周期的影响程度是不一样的,对具体某种股票的行情分析,应深入细致地探究该轮周期的起因、政府控制经济周期采取的政策措施,并结合行业特征及上市公司的基本素质综合地进行分析。

(4)景气来临之时首当其冲上涨的股票往往在衰退之时首当其冲下跌。典型的情况是,能源、设备类等股票在上涨初期将有优异表现,但其抗跌能力差;反之,公用事业股、消费弹性较小的日常消费品部门的股票则在下跌末期表现出较强的抗跌能力。

3. 通货膨胀对证券市场的影响

(1)通货膨胀对股票市场的影响。通货膨胀是影响股票市场以及股票价格的一个重要宏观经济因素。这一因素对股票市场的影响比较复杂,既有刺激股票市场的作用,又有压抑股票市场的作用。通货膨胀主要是由于过多地增加货币供应量造成的。货币供应量与股票价格一般呈正比关系,即货币供应量增大使股票价格上升;反之,货币供应量缩小则使股票价格下降。但在特殊情况又有相反的作用。在适度的通货膨胀下,人们为避免损失将资金投向股市。在通货膨胀初期,物价上涨,生产受到刺激,企业利润增加,股价因此看涨,但在持续增长的通货膨胀下,企业成本增加,而高价格下需求下降,企业经营恶化。特别是,政府此时不得已采取严厉的紧缩政策,则犹如雪上加霜,企业资金周转失灵,一些企业甚至倒闭,股市在恐慌中狂跌。

(2)通货膨胀对债券市场的影响。

①通货膨胀提高了对债券的必要收益率,从而引起债券价格下跌。

②在适度通货膨胀下,人们企图通过投资于债券实现资金保值,从而使债券需求增加,价格上涨。

③未预期的通货膨胀增加了企业经营的不确定性,降低了还本付息的保证,从而债券价格下跌。

④过度的通货膨胀将使企业经营发生困难甚至倒闭,同时投资者将资金转移到实物资产和交易上寻求保值,债券需求减少,债券价格下跌。

三、宏观经济政策分析

国家产业政策主要通过财政政策和货币政策来实现,产业政策对证券市场的影响是长期而深远的。

(一)财政政策

财政政策是政府依据客观经济规律制定的指导财政工作和处理财政关系的一系列方针、准则和措施的总称。财政政策的中长期目标一是资源的合理配置,二是收入的公平分配。财政政策手段主要包括国家预算、税收、国债、财政补贴、财政管理体制、转移支付制度等。总的来说,紧缩的财政政策将使得过热的经济受到控制,证券市场也将走弱;而宽松的财政政策会刺激经济发展,证券市场也随之走强。财政政策是除货币政策以外政府调控宏观经济的另一种基本手段,它对股市的影响也相当大。下面从税收、国债两个方面了解财政政策对证券市场的影响。

(1)税收。税收是国家为维持其存在、实现其职能而凭借其政治权力,按照法律预先规定的标准,强制地、无偿地、固定地取得财政收入的一种手段,也是国家参与国民收入分配的一种方式。国家财政通过税收总量和结构的变化,可以调节证券投资和实际投资规模,抑制社会投资总需求膨胀或者补偿有效投资需求的不足。

对证券投资者之投资所得规定不同的税种和税率,将直接影响着投资者的税后实际收入水平,从而起到鼓励或抑制的作用。一般来说,企业从事证券投资所得收益的税率应高于个人证券投资收益的税率,这样可以促使企业进行实际投资即生产性投资。税征得越多,企业用于发展生产和发放股利的盈余资金越少,投资者用于购买股票的资金也越少。因此,高税率会对股票投资产生消极影响,投资者的投资积极性也会下降;相反,低税率或适当的减免税则可以扩大企业和个人的投资和消费水平,从而刺激生产发展和经济增长。

(2)国债。国债是区别于银行信用的一种财政信用调节工具。国债对于股票市场也具有不可忽视的影响。首先,国债本身是构成证券市场上金融资产总量的一个重要部分。由于国债的信用程度高、风险水平低,如果国债的发行量较大,会使证券市场风险和收益的一般水平降低。其次,国债利率的升降变动严重影响着其他证券的发行和价格,当国债利率水平提高时,投资者就会把资金投入到既安全、收益又高的国债上。因此,国债和股票是竞争性金融资产,当证券市场资金一定或增长有限时,过多的国债势必会影响到股票的发行和交易量,导致股票价格的下跌。

(二)货币政策

货币政策是指政府为实现一定的宏观经济目标所制定的关于货币供应和货币流通组织管理的基本方针和基本准则。货币政策的目标总体上包括：稳定币值（物价）、充分就业、经济增长和国际收支平衡。

货币政策工具又称为"货币政策手段"，是指中央银行为实现货币政策目标所采用的政策手段。货币政策的运作主要是指中央银行根据客观经济形势采取适当的政策措施调控货币量和信用规模，使之达到预定的货币政策目标，并以此影响经济的运行。中央银行经常采用的货币政策工具包括法定存款准备金率、再贴现政策、公开市场业务和利率政策等。再贴现政策是指中央银行对商业银行用持有的未到期票据向中央银行融资所作的政策规定；公开市场业务是指中央银行在金融市场上公开买卖有价证券，以此来调节市场货币量的政策行为。

货币政策对经济的调控是总体上和全方位的，突出表现在以下几点：

一是通过调控货币供应总量保持社会总供给与总需求的平衡；

二是通过调控利率和货币总量控制通货膨胀，保持物价总水平的稳定；

三是调节国民收入中消费与储蓄的比例；

四是引导储蓄向投资的转化并实现资源的合理配置。

货币政策对股票市场与股票价格的影响非常大。宽松的货币政策会扩大社会上货币供给总量，对经济发展和证券市场交易有着积极影响；但是货币供应太多又会引起通货膨胀，使企业发展受到影响，实际投资收益率下降。紧缩的货币政策则相反，它会减少社会上货币供给总量，不利于经济发展，不利于证券市场的活跃和发展。另外，货币政策对人们的心理影响也非常大，这种影响对股市的涨跌又将产生极大的作用。从总体上来说，松的货币政策将使得证券价格上涨，紧的货币政策将使得证券价格下跌。

利率政策是货币政策中的一项影响最为深远的政策工具。一般来说，利率下降时，股票的价格就上涨；利率上升时，股票的价格就会下跌。因此，利率的高低以及利率同股票市场的关系也成为股票投资者据以买进和卖出股票的重要依据。

为什么利率的升降与股价的变化呈上述反向运动的关系呢？主要有以下三个原因：

一是利率的上升不仅会增加公司的借款成本，而且会使公司难以获得必需的资金，这样公司就不得不削减生产规模，而生产规模的缩小又势必会减少公司的未来利润，股票价格就会下降；反之，股票价格就会上涨。

二是当利率上升时，投资者据以评估股票价值所在的折现率也会上升，股票价值因此会下降，从而也会使股票价格相应下降；反之，利率下降时，股票价格就会上升。

三是当利率上升时，一部分资金从投向股市转向到银行储蓄和购买债券，从而会减少市场上的股票需求，使股票价格下跌；反之，利率下降时，储蓄的获利能力降低，一部分资金就可能回到股市中来，从而扩大对股票的需求，使股票价格上涨。

一般情况下，利率与股价呈反向变化，但我们也不能将此绝对化。在股市发展的历史上,也有一些相对特殊的情形。当形势看好,股票行情暴涨的时候,利率的调整对股价的控制作用就不会很大;同样,当股市处于暴跌时,即使出现利率下降的调整政策,股价也可能依旧回升乏力。美国在 1978 年就曾出现过利率和股票价格同时上升的情形,当时出现这种异常现象主要原因有两个:一是许多金融机构对美国政府当时维持美元在世界上的地位和控制通货膨胀的能力没有信心;二是当时股票价格已经下降到极低点,远远偏离了股票的实际价格,从而时大量的外国资金流向了美国股市,引起了股票价格的上涨。香港在 1981 年也曾出现过同样的情形。当然,这种利率和股票价格同时上升或同时回落的现象还是比较少见的。

投资者应该密切关注利率的升降,并对利率的走向进行必要的预测,以便在利率变动之前,抢先一步对股票买卖进行决策。对利率的升降走向进行预测,在我国应侧重于以下几个因素的变化情况:

其一,贷款利率的变化情况。由于贷款的资金是由银行存款来供应的,因此,根据贷款利率的下调可以推测出存款利率必将下降。

其二,市场的景气动向。如果市场过旺,物价上涨,国家就有可能采取措施提高利率水准,以吸引居民存款的方式来减轻市场压力;相反,如果市场疲软,国家就有可能以降低利率水准的方法来推动市场。

其三,资金市场的银根松紧状况和国际金融市场的利率水准。国际金融市场的利率水准往往也能影响到国内利率水准的升降和股市行情涨跌。在一个开放的市场体系中是没有国界的,如果海外的利率水准降低,一方面对国内的利率水准产生影响,另一方面会引致海外资金进入国内股市,拉动股票价格上扬;反之,如果海外的利率水准上升,则会发生与上述相反的情形。

(三)收入政策

收入政策是国家为实现宏观调控总目标和总任务在分配方面制定的原则和方针。着眼于短期供求总量均衡的收入总量调控通过财政、货币政策进行,因而收入总量调控通过财政政策和货币政策的传导对证券市场产生影响。

四、国际金融市场环境分析

国际金融市场按经营业务的种类可以分为全球货币市场、证券市场、外汇市场、黄金市场和期权期货市场。这些市场既各自独立,又相互影响。目前,我国人民币还没有实现完全自由兑换,同时证券市场也只是有限度的开放,因此,我国的证券市场是相对独立的,国际金融市场对我国证券市场的直接冲击较小。但由于经济全球化的发展,我国经济与世界经济的联系日趋紧密,因此,国际金融市场的剧烈动荡会通过各种途径影响我国的证券市场。

(一)国际金融市场动荡通过人民币汇率预期影响证券市场

汇率对证券市场的影响是多方面的。一般来讲,一国的经济越开放,证券市场的国际化程度越高,证券市场受汇率的影响越大。

一般而言,汇率上升,本币贬值,本国产品竞争力增强,出口型企业将增加收益,因而企业的股票和债券价格将上涨;相反,进口型企业成本增加,利润减少,股票和债券价格将下跌。同时,汇率上升,本币贬值,将导致资本流出本国,并将使得本国证券资金供给减少,市场价格下跌。

另外,汇率上升时,本币表示的进口商品价格提高,进而带动国内物价水平上涨,引起通货膨胀。通货膨胀对证券市场的影响视上市公司特点及国家政策而有不同表现。为维持汇率稳定,政府可能动用外汇储备,抛售外汇,从而减少本币的供应量,使得证券市场价格下跌,直到汇率回落恢复均衡,反面效应可能使证券价格回升。如果政府利用债市与汇市联动操作达到既控制汇率的升势又不减少货币供应量,即抛售外汇,同时回购国债,则将使国债市场价格上涨。

由于我国人民币实行贸易项下的自由兑换和对资本项目的严格控制,因此,官方的人民币汇率不容易受到国际金融市场的冲击。但由于贸易项下的自由兑换、心理恐慌形成汇率预期、人民币"黑市"交易的活跃,造成实际汇率(考虑"黑市"交易因素)的波动,从而影响证券市场。同时,即使人民币汇率保持稳定,但由于国际金融市场的动荡,导致周边国家(地区)或其他重要贸易伙伴国家货币的贬值,使人民币汇率相对这些货币的汇率升值,也会影响我国证券市场。

(二)国际金融市场动荡通过宏观面和政策面间接影响我国证券市场

国际金融市场动荡加大了我国宏观经济增长目标的执行难度,从而在宏观面和政策层面上间接影响我国证券市场的发展。改革开放以来,我国国民经济的对外依存度大大提高。国际金融市场动荡导致出口增幅下降、外商直接投资下降,从而影响经济增长率,失业率随之上升,宏观经济环境的恶化导致上市公司业绩下降和投资者信心不足,最终使证券市场下跌。其中,国际金融市场的动荡对外向型上市公司和外贸行业上市公司的业绩影响最大,对其股价的冲击也最大;同时有关政府部门将吸取国际金融市场动荡的教训,采取降低证券市场的风险、加强监管、提高上市公司的素质等积极措施,从而促使证券市场的稳健发展。

第三节 证券投资的行业分析

一、行业分析的意义

行业是一个企业群体,这个企业群体的成员由于其产品(包括有形与无形)在很大程度上的可相互替代性而处于一种彼此紧密联系的状态,并且由于产品可替代性的差异而与其他企业群体相区别。行业分析为证券投资提供了背景条件,但没有为投资者解决如何投资的问题。投资者要对具体投资对象加以选择,还需要进行行业分析和公司分析。投资者进行行业分析的最终目的就是为还没有选定的股票找到最佳的行业。

二、行业划分的方法

(一)道·琼斯分类方法

道·琼斯分类法将大多数股票分为三类:工业、运输业和公用事业。

(二)国际标准行业分类

为了便于汇总各国的统计资料,联合国经济及社会理事会于1948年制定了《全部经济活动国际标准行业分类》,简称《国际标准行业分类》。其修订本第四版(ISIC Rev 4.0)于2006年发布。

1. 农业、林业及渔业

2. 采矿和采石

3. 制造业

4. 电、煤气、蒸气和空调的供应

5. 供水;污水处理、废物管理和补救活动

6. 建筑业

7. 批发和零售业;汽车和摩托车的修理

8. 运输和储存

9. 食宿服务活动

10. 信息和通信

11. 金融和保险活动

12. 房地产活动

13. 专业、科学和技术活动

14. 行政和辅助服务活动

15. 公共管理与国防;强制性社会保障

16. 教育

17. 人体健康和社会工作活动

18. 艺术、娱乐和文娱活动

19. 其他服务活动

20. 家庭作为雇主的活动;家庭自用、未加区分的物品生产及服务的活动

21. 国际组织和机构的活动

(三)我国国民经济行业的分类

我国《国民经济行业分类》国家标准于1984年首次发布,分别于1994年、2002年、2011年、2017年四次修订(GB/T4754—2017)。新的分类标准于2017年10月1日实施。

1. 农、林、牧、渔业

2. 采矿业

3. 制造业

4. 电力、热力、燃气及水生产和供应业

5. 建筑业

6. 批发和零售业

7. 交通运输、仓储和邮政业

8. 住宿和餐饮业

9. 信息传输、软件和信息技术服务业

10 金融业

11. 房地产业

12. 租赁和商务服务业

13. 科学研究和技术服务业

14. 水利、环境和公共设施管理业

15. 居民服务、修理和其他服务业

16. 教育

17. 卫生和社会工作

18. 文化、体育和娱乐业

19. 公共管理、社会保障和社会组织

20. 国际组织

(四)我国上市公司的行业分类

中国证监会参照《国民经济行业分类与代码》于2012年修订了《上市公司行业分类指引》，将上市公司分为农、林、牧、渔业，采矿业，制造业，电力、热力、燃气及水生产和供应业，建筑业，批发和零售业，交通运输、仓储和邮政业，住宿和餐饮业，信息传输、软件和信息技术服务业，金融业，房地产业，租赁和商务服务业，科学研究和技术服务业，水利、环境和公共设施管理业，居民服务、修理和其他服务业，教育，卫生和社会工作，文化、体育和娱乐业，综合等19个门类。

三、行业的一般特征分析

(一)行业的市场结构分析

行业的市场结构分析就是对行业市场的竞争激烈程度进行判断，行业的市场竞争会直接影响到行业的利润率，间接对整个行业的基本因素产生很大的影响。市场结构随该行业中企业的数量、产品的性质、价格的制定和其他一些因素的变化而变化。由于市场结构的不同，行业基本上可分为四种市场类型：完全竞争、不完全竞争和垄断竞争、寡头垄断、完全垄断。

(二)经济周期与行业分析

不同的行业与经济周期有着不同的关系。与经济周期密切相关的行业被称为"周期性行业",其他则称为"非周期性行业"。根据与国民经济总体的周期变动关系的密切程度,可以将行业分为三类。

1. 增长型行业

增长型行业的运动状态与经济活动总水平的周期及其振幅无关,因为其技术和生产力发展的持续性,行业也保持着持续高速的增长。过去十年,我国电子信息产业蓬勃发展,属于增长型行业。但从2001年美国网络泡沫的破灭来看,绝对意义上的增长型行业是不存在的,所以增长型行业只能在某段时期不受经济周期影响,现实中很难有一个永远增长的行业。

2. 周期型行业

周期型行业的运动状态直接与经济周期相关。当经济处于上升时期,这些行业会紧随其扩张;当经济衰退时,这些行业也相应衰落。例如,银行业、旅游业、耐用品制造业等。投资者在选择周期性股票进行投资时首先要准确预测经济周期。

3. 防御型行业

防御型行业产品的需求相对稳定,并不受经济周期处于衰退阶段的影响,其收益比较稳定,增长速度较慢。公用事业是主要的防守型行业,另外,部分日常的非耐用消费品或者服务性的供应行业也不受经济周期影响,也属于防守型行业。在经济不景气的时候,投资防守型行业往往可以躲过资产的缩水,但景气来临时,防守型行业往往会低于平均增长水平。

(三)行业的生命周期分析

通常,每个产业都要经历一个由成长到衰退的发展演变过程,这个过程便称为"行业的生命周期"。一个行业的生命周期可以分为四个阶段:幼稚期、成长期、成熟期和衰退期。

1. 幼稚期

行业在起步阶段,公司数目相对较少,市场狭窄,大多数公司都处于亏损状态。行业内的公司都处于创业阶段,投资于起步阶段的行业风险很大,甚至具有投机的性质,但也蕴藏着巨大的收益,世界各地的创业板市场,有不少处于起步阶段的企业。

2. 成长期

当行业成功经历起步阶段,马上迎来的是成长阶段,行业内的公司数目迅速增加,产品或服务的市场和销售都快速扩张,规模效应使公司的成本下降,这时行业的业绩由于销售增长和成本下降而大幅上升,行业内的各个企业都处于黄金时期。市场上一些激进的投资者往往会选择成长期的行业进行投资,取得稳健而快速增长的回报。

3. 成熟期

行业经过快速成长后,逐渐步入成熟阶段,行业内产品的总销售、利润率都达到比较高的水平,再往上升的空间十分有限。但这时候,行业内的企业都十分成熟,财务状况十分理想,唯独业绩增长十分缓慢。保守而有实力的机构往往会重点关注这类行业内的公司,因为成熟行业内的公司往往实力雄厚,体制健全,业绩优良,会保证相当大额的回报。

4. 衰退期

随着行业成熟期市场的超常发展和产品的大量供应,市场将日益饱和,市场对行业产品或服务的需求日益下降,行业最终迈进老年期——衰退阶段。整个行业开始逐渐萎缩,行业内的利润和销售额逐渐萎缩,进而出现亏损,行业内的公司也因为经营困难而越来越少。

四、影响行业兴衰的主要因素

技术进步、政府政策、产业的组织创新和社会生活习惯是对行业产生影响四个主要因素。其中,行业的技术力量对行业发展的影响是最大,也是最根本的。

(一)技术进步

技术进步使得新的产品代替旧的产品,新的行业代替旧的行业。过去十多年,源自信息产业的技术力量让传统行业的生产力发生了巨大的变化,传统行业依赖信息产业而发展。信息产业由于掌握了最先进的技术力量,成为如今最有活力的行业。计算机、电信、电子等行业快速崛起,技术力量是其中最关键的因素。不仅如此,一些传统行业,如机械制造业、建筑业、冶金业都通过不断提高自身的技术力量来提高生产效益和扩大市场的需求。所以,在进行行业分析的时候,一定要认真研究行业的技术力量。如果行业的技术力量薄弱,它就很可能会被淘汰;如果行业的技术力量雄厚,它会在不久的将来崛起。

(二)政府政策

政府政策主要针对一些与国计民生密切相关的行业,如公用事业、交通运输业、金融和能源业等采取一定的保护措施。一般来说,各个国家都会出于对本国利益或国计民生大局的考虑,保护或限制进入一些行业,但是所采取的措施不尽相同。例如,美国政府鼓励私人企业经营公用事业,但会用反垄断法来防止私人企业垄断公用事业牟取暴利。在对行业进行分析时,一定要知道政府的政策方向,例如对哪些行业采取了保护措施,对哪些行业采取了限制措施。在我国,随着改革开放的不断深入,政府政策的影响将逐渐减弱,对相关行业的保护措施将不断减少或消除,准入门槛不断降低。对民营资本和外商投资实施准入负面清单制度,并不断缩减负面清单条目,扩大增值电信、医疗机构、教育服务等现代服务业以及交通运输、基础设施、能源资源等领域对外开放。

(三) 产业组织创新

产业组织是指同一产业内企业的组织形态和企业间的关系,包括市场结构、市场行为、市场绩效三方面内容。所谓"产业组织创新"是指行业内企业的组织形态和企业间关系的创新。产业组织的创新的过程(活动)实际上是对影响产业组织绩效的要素进行整合优化的过程,是使产业生获取竞争优势的过程。

(四) 社会习惯的改变

一方面,具有历史沉淀的生活习惯使得一些传统的行业仍然能够生存,如手工纺织业;另一方面,新的生活习惯会产生新的行业,并刺激新的行业的发展,如环保业和保险业。

五、行业投资的选择

(一) 选择目标

选择行业最重要的一点在于如何正确预测所观察行业的未来业绩。要准确有效地预测未来收益是有困难的,但即期的价格/收益比率在某种程度上反映了某行业证券的市场价格究竟如何,表明了投资者出于对未来总收入考虑所产生的信心和期望。

(二) 选择方法

一是行业增长比较分析。将行业的增长情况与国民经济的增长进行比较,从中发现增长速度快于国民经济的行业。

二是行业未来增长率预测。利用行业历年的销售额、盈利额等历史资料分析过去的增长情况,并预测行业的未来发展趋势。

第四节　证券投资的公司分析

一、公司基本素质分析

(一) 行业地位分析

行业地位分析的目的是找出公司在所处行业中的地位,如是否是领导企业,在价格上是否具有影响力,有没有竞争优势等。在大多数行业中,无论其行业平均盈利能力如何,总有一些企业比其他企业获利能力更强。例如,在高度竞争、平均盈利能力并不高的行业内,定位恰当的企业仍有可能获取较高的投资收益率。企业的行业定位决定了其盈利能力是高于还是低于行业平均水平,决定了其行业内的竞争地位。衡量公司行业竞争地位的主要指标是产品的市场占有率和行业综合排序。

(二)区位分析

区位,或者说经济区位,是指地理范畴上的经济增长极或经济增长点及其辐射范围。上市公司的投资价值与区位经济的发展密切相关,处在经济区位内的上市公司一般具有较高的投资价值。因为我们对上市公司进行区位分析,就是将上市公司的投资价值与区位经济的发展联系起来,通过分析上市公司所在区位的自然条件、资源状况、产业政策、政府扶持力度等方面来考察上市公司发展的优势和后劲,确定上市公司未来发展的前景,以鉴定上市公司的投资价值。具体来讲,我们可以通过以下几个方面来进行上市公司的区位分析。

1. 区位内的自然和基础条件

自然和基础条件包括矿产资源、水资源、能源、交通、通信设施等,它们在区位经济发展中起着重要作用,也对区位内上市公司的发展起着重要的限制和促进作用。分析区位内的自然条件和基础条件有利于分析本区位内上市公司的发展前景。如果上市公司所从事的行业与当地的自然和基础条件不符,公司的发展就可能受到很大的制约。如在水资源稀缺的内陆地区从事大量耗水的工业项目,其项目的前景就难以乐观。

2. 区位内政府的产业政策和其他相关的经济支持

为了进一步促进区位经济的发展,当地政府一般都相应地制定了经济发展的战略规划,提出相应的产业政策,确定了区位优先发展和扶持的产业,并给予相应的财政、信贷及税收等诸多方面的优惠措施。这些措施有利于引导和推动相应产业的发展,相关产业内的公司将因此受益。如果区位内的上市公司的主营业务符合当地政府的产业政策,一般会获得诸多政策支持,对上市公司本身的进一步发展有利。

3. 区位内的比较优势和特色

所谓"特色"是区位间比较的结果,指本区位经济与区位外经济的联系和互补性、龙头作用及其发展活力与潜力的比较优势。它包括区位的经济发展环境、条件与水平、经济发展现状等方面有别于其他区位的特色。特色在某种意义上意味着优势,利用自身的优势发展本区位的经济,无疑在经济发展中找到了很好的切入点。例如,某区位在电脑软件或硬件方面或在汽车工业方面已经形成了优势和特色,那么该区位内的相关上市公司在同等条件下比其他区位主营相同的上市公司具有更大的竞争优势和发展空间,因为该区位的配套服务齐全,相关人才集聚,信息流和物流都更为顺畅便捷。

(三)产品分析

1. 产品的竞争能力分析

(1)成本优势。成本优势是指公司的产品依靠低成本获得高于同行业其他企业的盈利能力。在很多行业中,成本优势是决定竞争优势的关键因素。企业一般通过规模经济、专有技术、优惠的原材料和低廉的劳动力实现成本优势。由资本的集中程度而决定的规模效益是决定公司生产成本的基本因素。当企业达到一定的资本投入或生产能力时,根据规模经济的理论,企业的生产成本和管理费用将会得到有效降低。

对公司技术水平的评价可分为评价技术硬件部分和软件部分两类。技术硬件部分主要针对机械设备、单机或成套设备;软件部分主要针对生产工艺技术、工业产权、专利设备制造技术和经营管理技术、生产能力和生产规模、企业扩大再生产的能力等。另外,企业如拥有较多的技术人员,就有可能生产出质优价廉、适销对路的产品。原材料和劳动力成本则应考虑公司的原料来源以及公司的生产企业所处的地区。取得了成本优势,企业在激烈的竞争中便处于优势地位,意味着企业在竞争对手失去利润时仍有利可图,亏本的可能较小;同时,也使其他想利用价格竞争的企业有所顾忌,成为价格竞争的抑制力。

(2)技术优势。企业的技术优势是指企业拥有的比同行业其他竞争对手更强的技术实力及其研究与开发新产品的能力。这种能力主要体现在生产的技术水平和产品的技术含量上。在现代经济中,企业新产品的研究与开发能力是决定企业竞争成败的关键,因此,任何企业一般都确定了占销售额一定比例的研究开发费用,这一比例的高低往往能决定企业的新产品开发能力。

产品的创新包括研制出新的核心技术,开发出新一代产品;研究出新的工艺,降低现有的生产成本;根据细分市场进行产品细分等。技术创新不仅包括产品技术,还包括创新人才,因为技术资源本身就包括人才资源。现在大多数上市公司越来越重视人才的引进,因为在激烈的市场竞争中,谁先抢占智力资本的制高点,谁就具有决胜的把握。技术创新的主体是高智能、高创造力的高级创新人才,实施创新人才战略是上市公司竞争制胜的务本之举。

(3)质量优势。质量优势是指公司的产品以高于其他公司同类产品的质量赢得市场,从而取得竞争优势。由于公司技术能力及管理等诸多因素的差别,不同公司间相同产品的质量是有差别的。消费者在进行购买选择时,虽然有很多因素会影响他们的购买倾向,但产品的质量始终是影响他们购买倾向的一个重要因素。质量是产品信誉的保证,质量好的产品会给消费者带来信任感。严格管理,不断提高公司产品的质量,是提升公司产品竞争力的行之有效的方法。具有产品质量优势的上市公司往往在该行业占据领先地位。

2. 产品的市场占有率

公司产品的市场占有率在衡量公司产品竞争力中占有重要地位,通常从两个方面进行分析。其一,公司产品销售市场的地域分布情况。从这一角度可将公司的销售市场划分为地区型、全国型和世界范围型,大致地估计一个公司的经营能力和实力。其二,公司产品在同类产品市场上的占有率。市场占有率是指一个公司的产品销售量占该类产品整个市场销售总量的比例。市场占有率越高,表示公司的经营能力和竞争力越强,公司的销售和利润水平越好、越稳定。不断地开拓进取,挖掘现有市场潜力,不断进军新的市场,是扩大市场占有份额和提高市场占有率的主要手段。

3. 品牌战略

品牌是一个名称、名词、符号或设计,或者是它们的组合,用来辨别销售者的商品或劳务,以便同竞争者相区别。一个品牌不仅是一种产品的标志,而且是产品质量、性能、满足消费者效用的可靠程度的综合体现。品牌竞争是产品竞争的深化和延伸。当产业发展进入成熟阶段,产业竞争充分展开时,品牌就成为产品及企业竞争力的一个越来越重要的因素。品牌具有产品所不具有的开拓市场的多种功能:一是品牌具有创造市场的功能;二是品牌具有联合市场的功能;三是品牌具有巩固市场的功能。以品牌为开路先锋,不断攻破市场壁垒,从而实现迅猛发展的目标,是国内外很多知名大企业行之有效的措施。

(四)公司经营管理能力分析

1. 公司管理人员的素质和能力分析

素质是指一个人的品质、性格、学识、能力、体质等方面特性的总和。在现代企业里,管理人员不仅担负着对企业生产经营活动进行计划、组织、指挥、控制等管理职能,而且从不同角度和方面负责或参与对各类非管理人员的选择、使用与培训工作。因此,管理人员的素质是决定企业能否取得成功的一个重要因素。在现代市场经济条件下,企业面临的内外环境日益复杂,对公司管理人员的要求也不断提高。在一定意义上,是否有卓越的企业管理人员和管理人员集团,直接决定着企业的经营成败。一般而言,企业的管理人员应该具备如下素质:

(1)从事管理工作的愿望。企业管理是组织、引导和影响他人为实现组织目标而努力的专业性工作,胜任这一工作的前提条件是必须具有从事管理工作的愿望。只有那些具有影响他人的强烈愿望,并能从管理工作中获得乐趣、真正得到满足的人,才可能成为一个有效的管理者;反之,倘若没有从事管理工作对他人施加影响的愿望,这个人就不会花费时间和精力去探索管理活动的规律性和方法,亦缺乏做好管理工作的动力,不可能致力于提高他人的工作效率,难以成为一个优秀的管理者。

(2)专业技术能力。管理人员应当具备处理专门业务技术问题的能力,包括掌握必要的专业知识,能够从事专业问题的分析研究,能够熟练运用专业工具和方法等。这是由于企业的各项管理工作,不论是综合性管理还是职能管理,都有其特定的技术要求。如计划管理要求掌握制定计划的基本方法和各项经济指标的内在联系,能够综合分析企业的经营状况和预测未来的发展趋势,善于运用有关计算工具和预测方法。

(3)良好的道德品质修养。管理人员能否有效影响和激发他人的工作动机,不仅决定于企业组织赋予管理者个人的职权大小,而且在很大程度上取决于个人的影响力。而构成影响力的主要因素是管理者的道德品质修养,包括思想品德、工作作风、生活作风、性格气质等方面。管理者只有具备能对他人起到榜样、楷模作用的道德品质修养,才能赢得被管理者的尊敬和信赖,建立起威信和威望,使之自觉接受管理者的影响,提高管理工作的效果。

(4)人际关系协调能力。这是从事管理工作必须具备的基本能力。在企业组织中,为了充分发挥协作劳动的集体力量,适应企业内外联系的要求,管理人员应成为有效的协调者,协调工作群体内部各个成员之间以及部门内各工作群体之间的关系,鼓励职工与群体发挥合作精神,创造和谐融洽的组织气氛;同时要善于处理与企业有直接或间接关系的各种社会集团及个人的关系,妥善化解矛盾,避免冲突和纠纷,最大限度地争取社会各界公众的理解、信任、合作与支持,为企业的发展创造良好的外部环境。

(5)综合能力。现代市场经济条件下,企业作为不断与外部环境进行信息、物质与人才转换的开放系统,生产经营过程具有明显的动态性质,即需要随时根据市场环境的变化作出反应和调整。与这一状况相适应,管理人员必须具备较强的解决问题的能力,能够敏锐地发现问题之所在,迅速提出解决问题的各种措施和途径,讲究方式方法和处理技巧,使得问题得到及时、妥善的解决。

2. 公司的管理风格及经营理念分析

管理风格是企业在管理过程中所一贯坚持的原则、目标及方式等方面的总称。经营理念是企业发展一贯坚持的一种核心思想,是公司员工坚守的基本信条,也是企业制定战略目标及实施战术的前提条件和基本依据。一个企业不必追求宏伟的理念,而应建立一个符合自身实际的并能贯彻渗透下去的理念体系。经营理念往往是管理风格形成的前提。一般而言,公司的管理风格和经营理念有稳健型和创新型两种。稳健型公司的特点是在管理风格和经营理念上奉行稳健原则,一般不会轻易改变业已形成的管理和经营模式,因为现有的模式是企业内部经过各方面反复探索、学习、调整和适应才形成的,意味着企业的发展达到了较理想的状态。奉行稳健型原则的公司的发展一般较为平稳,大起大落的情况较少,但由于不太愿意从事风险较高的经营活动,公司较难获得超额利润,跳跃式增长的可能性较小,而且有时由于过于稳健,可能会丧失大发展的良机。创新型公司的特点是管理风格和经营理念上以创新为核心,公司在经营活动中的开拓能力较强。创新型公司的管理风格是此类公司获得持续竞争力的关键。管理创新是指管理人员借助于系统的观点,利用新思维、新技术、新方法,创造一种新的更有效的资源整合方式,以促进企业管理系统综合效益的不断提高,达到以尽可能少的投入获得尽可能多的产出综合效益的目的,具有动态反馈机制的全过程管理。创新型企业依靠自己的开拓创造,有可能在行业中率先崛起,获得超常规的发展;但创新并不意味着企业的发展一定能够获得成功,有时实行的一些冒进式的发展战略也有可能迅速导致企业的失败。分析公司的管理风格可以跳过现有的财务指标来预测公司是否具有可持续发展的能力,而分析公司的经营理念则可据以判断公司管理层制定何种公司发展战略。

3. 公司业务人员素质和创新能力分析

公司业务人员的素质也会对公司的发展起到很重要的作用。作为公司的员工,公司业务人员应该具有如下素质:熟悉自己从事的业务,必要的专业技术能力对企业的忠诚度,对本职工作的责任感,团队合作精神等。公司业务人员只有具有以上这些基本素质,才有可能做好自己的本职工作,才有可能贯彻落实公司的各项管理措施以及完成公司的各项经营业务,才有可能把自身的发展和企业的发展紧密地联系在一起。当今国际经济竞争的核心是知识创新、技术创新和高技术产业化,不少高科技公司依靠提高产品和技术服务的市场竞争力,加快新产品开发,公司业绩实现持续增长。管理创新是企业创新的一个方面,其他还有产品创新、技术创新、市场创新。管理创新则是产品创新、技术创新和市场创新的基础。在进取型的公司管理风格下,还需要具有创新能力的公司业务人员,如技术创新、新产品的开发必须要由技术开发人员来完成,而市场创新的信息获得和创新方式则缺少不了市场营销人员的努力。因此,公司业务人员的素质包括进取意识和业务技能也是公司发展不可或缺的要素。对员工的素质进行分析可以判断该公司发展的持久力和创新能力。

(五)成长性分析

1. 公司经营战略分析

经营战略是企业面对激烈的变化与严峻挑战的环境,为求得长期生存和不断发展而进行的总体性谋划。它是企业战略思想的集中体现,是企业经营范围的科学规定,同时又是制定规划(计划)的基础。经营战略是在符合和保证实现企业使命的条件下,在充分利用环境中存在的各种机会和创造新机会的基础上,确定企业同环境的关系,规定企业从事的经营范围、成长方向和竞争对策,合理地调整企业结构和分配企业的全部资源。经营战略具有全局性、长远性和纲领性的性质,它从宏观上规定了公司的成长方向、成长速度及其实现方式。由于经营战略决策直接牵涉到企业的未来发展,其决策对象是复杂的,所面对的问题常常是突发性的、难以预料的。因此,对公司经营战略的评价比较困难,难以标准化,一般可以从以下几个方面进行。

(1)通过公开传媒资料、调查走访等途径了解公司的经营战略,特别是注意公司是否有明确、统一的经营战略。

(2)考察和评估公司高级管理层的稳定性及其对公司经营战略的可能影响。

(3)评估公司的投资项目、财力资源、研究创新、人力资源等是否适应公司经营战略的要求。

(4)在公司所处行业市场结构分析的基础上,进一步分析公司的竞争地位是行业领先者、挑战者还是追随者,公司与之相对应的经营战略是否适当。

(5)结合公司产品所处的生命周期,分析和评估公司的产品策略是专业化还是多元化。

(6)分析和评估公司的竞争战略是成本领先、别具一格,还是集中一点。

2.公司规模变动特征及扩张潜力分析

公司规模变动特征和扩张潜力一般与其所处行业的发展阶段、市场结构、经营战略密切相关。它是从微观方面具体考察公司的成长性,可以从以下几个方面进行分析:公司规模的扩张是由供给推动还是由市场需求拉动,是通过公司的产品创造市场需求还是生产产品去满足市场需求,是依靠技术进步还是依靠其他生产要素等,以此找出企业发展的内在规律;纵向比较公司历年的销售收入、利润、资产规模等数据,把握公司的发展趋势是加速发展、稳步扩张还是停滞不前;将公司销售收入、利润、资产规模等数据及其增长率与行业平均水平及主要竞争对手的数据进行比较,了解其行业地位的变化;分析预测公司主要产品的市场前景及公司未来的市场份额,对公司的投资项目进行分析,并预测其销售和利润水平;分析公司的财务状况以及公司的投资和筹资潜力。

二、公司财务分析

(一)公司主要的财务报表

股份公司一旦成为上市公司,就必须遵守财务公开的原则,即定期公开自己的财务状况,提供有关财务资料,便于投资者查询。上市公司公布的财务资料中主要是一些财务报表,而这些财务报表中最为重要的有:资产负债表、利润表、现金流量表。

1.资产负债表

资产负债表是反映公司在某一特定时点(年末或季末)财务状况的静态报告。资产负债表反映的是公司资产、负债(包括股东权益)间的平衡关系。资产负债表由资产和负债及股东权益两部分组成,每部分各项目的排列一般以流动性的高低为序。资产部分表示公司所拥有或掌握的以及其他公司所欠的各种资源或财产;负债表示公司应支付的所有债务;股东权益表示公司的净值,即在清偿各种债务以后,公司股东所拥有的资产价值。资产、负债和股东权益的关系用公式表示如下:

资产=负债+股东权益

2.利润表

利润表是公司在一定时期内(通常是1年或1季内)经营成果的反映,是关于收益和损耗情况的财务报表。利润表是一个动态报告,它把一定期间的营业收入与其同一会计期间相关的营业费用进行配比,计算这一会计期间的净利润,反映公司在一定时期的业务经营状况,直接明了地揭示公司获取利润能力的大小、潜力以及经营趋势。如果说资产负债表是公司财务状况的瞬时写照,那么利润表就是公司财务状况的一段录像,因为它反映了两个资产负债表编制日之间公司财务盈利或亏损的变动情况。可见,利润表对于了解、分析上市公司的实力和前景具有重要的意义。利润表主要列示收入和与收入相配比的成本和费用,反映公司经营取得的利润。

3. 现金流量表

现金流量表编制的目的是为会计报表使用者提供企业一定会计期间内现金和现金等价物流入和流出的信息,以便于报表使用者了解和评价企业获取现金和现金等价物的能力,并据以预测企业未来现金流量。由于现金流量表反映的是资产负债表上现金项目从期初到期末的具体变化过程,因此,它为投资者分析上市公司财务报表提供了新的视角。现金流量表主要分经营活动、投资活动和筹资活动的现金流量三部分。此外,由于筹资活动和投资活动同时发生的交易事项,如发行股票或债券而获得某种非现金资产是不影响现金流动的,因此,为了全面反映这些事项,现金流量表下设附注项目,对此单独列示。投资者将现金流量表、附注与年报中的其他项目结合起来分析,可以对上市公司的经营情况有更清晰、真实的了解。

(二) 财务报表分析的意义与方法

1. 财务报表分析的主要目的与功能

(1) 财务报表分析的目的。财务报表分析的目的是为有关各方提供可以用来作出决策的信息。具体来说,使用财务报表的主体有三类:

① 公司的经营管理人员。他们通过分析财务报表判断公司的现状、可能存在的问题,以便进一步改善经营管理。

② 公司的现有投资者及潜在投资者。投资者十分关心公司的财务状况、盈利能力,他们通过对财务报表所传递的信息进行分析、加工得出反映公司发展趋势、竞争能力等方面的信息,计算投资收益率,评价风险,比较本公司和其他公司的风险和收益,决定自己的投资策略。

③ 公司的债权人。债权人主要关心自己的债权能否及时收回。通过分析财务报表得出对债务人短期偿债能力和长期偿债能力的判断,以决定是否需要追加抵押和担保、是否提前收回债权等。

(2) 财务报表分析的功能。

① 通过分析资产负债表,可以了解公司的财务状况,对公司的偿债能力、资本结构是否合理、流动资金是否充足等作出判断。

② 通过分析利润表,可以了解分析公司的盈利能力、盈利状况、经营效率,对公司在行业中的竞争地位、持续发展能力作出判断。

③ 通过分析现金流量表,可以判断公司的支付能力、偿债能力以及公司对外部资金的需求情况,了解公司当前的财务状况,并据此预测企业未来的发展前景。

2. 财务报表的分析方法

财务报表分析的方法主要有单个年度的财务比率分析、不同时期比较分析、与同行业其他公司之间的比较分析三种。财务比率分析是指对本公司一个财务年度内的财务报表各项目之间进行比较,计算比率,判断年度内偿债能力、资本结构、经营效率、盈利能力等情况;对本公司不同时期的财务报表进行比较分析,可以对公司持续经营能力、财务状况变动趋势、盈利能力作出分析,从一个较长的时期来动态地分析公司状况;与同行业其他公司进行比较分析通常选用行业平均水平或行业标准水平,通过比较了解公司各种指标的优劣,得出公司在行业中的地位,认识优势与不足,正确确定公司的价值。

财务报表分析的原则主要有以下几点。

(1)坚持全面原则。财务分析可以得出很多比率指标,每个比率指标都从某个角度揭示公司的财务状况,但任何一个单独的比率指标都不足以为评价公司提供全面的信息。然而,某一个指标的不足往往可以从其他指中标得到补充。因此,分析财务报表要坚持全面原则,只有将各个指标有机地结合起来,才能得出对公司的全面客观的评价。

(2)坚持考虑个性原则。一个行业的财务平均状况体现了行业内各公司的共性,但一个行业中各公司在具体经营管理活动上采取的方式不同,就会在财务报表数据中体现出来。比如某公司的销售方式以分期收款为主,就会使其应收账款周转率表现出差异;又比如某公司本年度后期进行增资扩股,就会使本公司的资产收益率、股东权益收益率指标下降,但这并不表示公司经营真正滑坡,而只是由于资本变动所造成的。所以,在对公司进行财务分析时,要考虑公司的特殊性,不能简单地与同行业其他公司直接比较。

三、财务比率分析

财务比率分析是同一张财务报表的不同项目之间、不同类别之间,或在两张不同财务报表的有关项目之间,用比率来反映它们的相互关系,以求从企业经营中发现存在的问题并据以评价企业的财务状况。分析财务报表所使用的比率以及对同一比率的解释和评价,因使用者的着眼点、目标和用途不同而异。例如,一家银行在考虑是否给一个企业提供短期贷款时,它关心的是该企业的资产流动性比率;而长期债权人和企业投资者则不然,他们着眼于企业的获利能力和经营效率,对资产的流动性则很少注意。投资者的目的在于考虑企业的获利能力和经营趋势,以便取得理想的报酬;至于企业的管理当局则需要关心财务分析的一切方面,既要保证企业具有偿还长、短期债务的能力,又要替投资者赢得尽可能多的利润。不同资料使用者对同一比率的解释和评价基本上应该一致,但有时候可能发生矛盾。例如,反映短期偿债能力的流动比率对短期债权人来说越大越好,但对企业管理当局来说,较大的流动比率可能说明公司没有充分利用资金。

比率分析可以在比较以下几种标准后得出结论:公司过去的最高水平、公司今年的计划预测水平、同行业的先进水平或平均水平。

比率分析涉及企业管理的各个方面,比率指标也特别多,大致可分为以下六大类:偿债能力分析、资本结构分析、经营效率分析、盈利能力分析、投资收益分析和财务结构分析。上述各指标之间是相互关联的。例如,盈利能力会影响短期和长期的流动性,而资产运营的效率又会影响盈利能力。因此,财务分析需要综合应用上述比率。考虑到课程特点,在此主要介绍公司的偿债能力分析、营运能力分析、盈利能力分析和投资收益分析。

(一)偿债能力分析

1. 短期偿债能力

短期偿债能力是指企业偿还短期债务的能力。短期偿债能力不足不仅会影响企业的资信,增加今后筹集资金的成本与难度,还可能会使企业陷入财务危机,甚至破产。一般来说,企业应该以流动资产偿还流动负债,而不应靠变卖长期资产,所以用流动资产与流动负债的数量关系来衡量短期偿债能力。

流动比率=流动资产/流动负债

速动比率=(流动资产-存货-待摊费用)/流动负债

现金比率=(现金+有价证券)/流动负债

流动资产既可以用于偿还流动负债,也可以用于支付日常经营所需要的资金。所以,流动比率高一般表明企业短期偿债能力较强,但如果过高,则会影响企业资金的使用效率和获利能力。流动比率究竟多少合适没有定论,因为不同行业的企业具有不同的经营特点,其流动性也各不相同;另外,这还与流动资产中现金、应收账款和存货等项目各自所占的比例有关,因为它们的变现能力不同。为此,我们可以用速动比率(剔除了存货和待摊费用)和现金比率(剔除了存货、应收款、预付账款和待摊费用)进行辅助分析。一般认为,流动比率为2、速动比率为1比较安全,过高有效率低之嫌,过低则有管理不善的可能。

2. 长期偿债能力

长期偿债能力是指企业偿还长期负债利息与本金的能力。一般来说,企业借长期负债主要是用于长期投资,因而最好是用投资产生的收益偿还利息与本金。通常以负债比率和利息收入倍数两项指标衡量企业的长期偿债能力。

负债比率=负债总额/资产总额

利息收入倍数=经营净利润/利息费用=(净利润+所得税+利息费用)/利息费用

负债比率又称为"财务杠杆",由于所有者权益不需偿还,所以财务杠杆越高,债权人所受的保障就越低。但这并不是说财务杠杆越低越好,因为一定的负债表明企业的管理者能够有效地运用股东的资金,帮助股东用较少的资金进行较大规模的经营,所以财务杠杆过低说明企业没有很好地利用其资金。

利息收入倍数考察企业的营业利润是否足以支付当年的利息费用,它从企业经营活动的获利能力方面分析其长期偿债能力。一般来说,这个比率越大,长期偿债能力越强。

(二)营运能力分析

营运能力是以企业各项资产的周转速度来衡量企业资产利用的效率。周转速度越快,表明企业的各项资产进入生产、销售等经营环节的速度越快,其形成收入和利润的周期就越短,经营效率自然就越高。一般来说,营运能力分析包括以下五个指标。

应收账款周转率＝赊销收入净额/应收账款平均余额

存货周转率＝销售成本/存货平均余额

流动资产周转率＝销售收入净额/流动资产平均余额

固定资产周转率＝销售收入净额/固定资产平均净值

总资产周转率＝销售收入净额/总资产平均值

由于上述的这些周转率指标的分子、分母分别来自资产负债表和利润表,而资产负债表数据是某一时点的静态数据,利润表数据则是整个报告期的动态数据,所以为了使分子、分母在计算口径上保持一致,就必须将取自资产负债表上的数据折算成整个报告期的平均额。通常来讲,上述指标越高,说明企业的经营效率越高。但数量只是一个方面的问题,在进行分析时,还应注意各资产项目的组成结构,如各种类型存货的相互搭配、存货的质量、适用性等。

(三)盈利能力分析

盈利能力是各方面关心的核心,也是企业成败的关键,只有长期盈利,企业才能真正做到持续经营。因此,无论是投资者还是债权人,都对反映企业盈利能力的比率非常重视。一般用下面几个指标衡量企业的盈利能力。

毛利率＝(销售收入－成本)/销售收入

营业利润率＝营业利润/销售收入＝(净利润＋所得税＋利息费用)/销售收入

净利润率＝净利润/销售收入

总资产报酬率＝净利润/总资产平均值

权益报酬率＝净利润/权益平均值

每股利润＝净利润/流通股总股份

在上述指标中,毛利率、营业利润率和净利润率分别说明企业生产(或销售)过程、经营活动和企业整体的盈利能力,它们越高则获利能力越强;资产报酬率反映股东和债权人共同投入资金的盈利能力;权益报酬率则反映股东投入资金的盈利状况。权益报酬率是股东最为关心的内容,它与财务杠杆有关,如果资产的报酬率相同,则财务杠杆越高的企业权益报酬率也越高,因为股东用较少的资金实现了同等的收益能力。每股利润只是将净利润分配到每一份股份,目的是更简洁地表示权益资本的盈利情况。衡量上述盈利指标是高还是低,一般要通过与同行业其他企业的水平相比较才能得出结论。

在投资实践当中,投资者更为关心的可能还是企业未来的盈利能力,即成长性。成长性好的企业具有更广阔的发展前景,因而更能吸引投资者。一般来说,可以通过企业在过去几年中销售收入、销售利润、净利润等指标的增长幅度来预测其未来的增长前景。

销售收入增长率＝(本期销售收入－上期销售收入)/上期销售收入×100%

营业利润增长率＝(本期销售利润－上期销售利润)/上期销售利润×100%

净利润增长率＝(本期净利润－上期净利润)/上期净利润×100%

当然,在评价企业成长性时,最好掌握企业连续若干年的数据,以保证对其获利能力、经营效率、财务风险和成长性趋势的综合判断更加精确。

(四)投资收益分析

投资收益是投资者选择上市公司作为自己的投资对象最重要的依据之一。衡量上市公司投资收益的主要指标是每股收益、市盈率、每股净资产、市净率等。

1. 每股收益

每股收益亦称为"每股盈利、每股盈余",是指税后利润与发行在外的普通股股数之间的比率,是每一股普通股股份所能享有的企业净利润或需承担的企业净亏损。每股收益不仅是衡量企业获利能力最重要的指标,也是投资者投资决策的重要依据。

目前,证监会要求我国上市公司须根据归属于公司普通股股东的净利润和扣除非经常损益后归属于公司普通股股东的净利润分别计算基本每股收益和稀释每股收益。

基本每股收益是按照"归属于公司普通股股东的净利润或扣除非经常损益后归属于公司普通股股东的净利润"除以"当期实际发行在外普通股的加权平均数"得到的每股收益。

稀释每股收益是假设企业所有发行在外的稀释性潜在普通股均已转换为普通股,从而分别调整归属于普通股股东的当期净利润以及发行在外普通股的加权平均数计算而得的每股收益。稀释性潜在普通股主要是指上市公司发行的可转换公司债券、认股权证、股票期权等可能在以后期间享有取得普通股权利的一些金融工具,它们在转换为普通股之后,就会增加普通股数量,从而降低每股收益。

2. 市盈率

市盈率是指投资者为获得的每一元钱利润所愿意支付的价格。它一方面可以用来证实股票是否被看好,另一方面也是衡量投资代价的尺度,体现了投资该股票的风险程度。其计算公式为:

市盈率=每股市价/每股收益

假设某上市公司,股票价格为 25 元,预计其当期的每股收益为 0.68 元,则其市盈率=25/0.68=36.76。

简单地说,市盈率越低,投资价值越大,投资风险就越低;市盈率越高,投资价值越小,投资风险就越高。市盈率在不同行业间的对比差异非常大,稳健型行业的市盈率低,高成长性行业的市盈率高。某公司股票的市盈率较高,表明投资者认为企业获利的潜力较大,愿意付出更高的价格购买该企业的股票,如果公司的业绩像期望的那样增长,甚至比预期更为理想,那么投资者很可能从公司股票价格上涨中获得较高的投资收益;但是,高市盈率也蕴含了巨大的风险,一旦公司的成长性未能达到投资者的预期,他们就会疯狂抛弃这家公司的股票,使得股票价格大幅下跌。市盈率有一定的局限性,因为股票市价是一个时点数据,是动态的,而每股收益则是一个时期数据,是静态的。这种数据口径上的差异和收益预测的准确程度都为投资分析带来一定的困难。同时,会计政策、行业特征以及人为运作等各种因素也使每股收益的确定口径难以统一,给准确分析带来困难。

3. 每股净资产

净资产是指公司的资产总额减去负债以后的净额，也叫"股东权益"或"所有者权益"。每股净资产是指股东权益与发行在外的普通股总股数的比率。即：

每股净资产＝股东权益/发行在外的普通股总股数

每股净资产指标反映了在会计期末每一股份的账面价值，在理论上提供了股票的最低价值。例如，在公司性质相同、股票市价相近的条件下，每股净资产越高，则公司发展潜力越大，其股票的投资价值越大，投资者所承担的投资风险越小。在有些情况下，股票价格跌破每股净资产，这说明市场环境已是极度低迷，投资者对市场前景已是极度悲观，投资者信心已完全丧失。"物极必反"，这也很可能是新一轮行情的开始。

4. 市净率

市净率是股价与每股净资产的比值。即：

市净率＝股票市价/每股净资产

市净率可理解为股票市价是每股净资产倍数。市净率是 3 倍，说明投资者愿意以该股票每股净资产 3 倍的价格购买该股票；市净率是 5 倍，则说明投资者愿意以该股票每股净资产 5 倍的价格购买该股票。一般来说，市净率较低的股票，投资价值较高，股价的支撑度较高，投资风险较小；反之则相反。然而，绝不能机械地以市净率的高低作为投资决策的唯一依据。由于行业成长性之间的巨大差异，也决定了公司之间市净率衡量标准的显著区别。

复习思考题

一、名词解释

1. 基本分析　　2. 财政政策　　3. 货币政策
4. 存款准备金　5. 每股收益　　6. 市盈率
7. 每股净资产　8. 市净率

二、简答题

1. 证券投资分析的意义是什么？
2. 影响股票价值的因素有哪些？
3. 影响股票市场价格的因素有哪些？
4. 经济周期的各个阶段证券市场价格有何不同表现？
5. 简述宏观经济变动与证券市场波动的关系。
6. 简述货币政策的调整对证券市场的影响。
7. 简述产业生命周期不同阶段的特点。
8. 公司盈利能力指标有哪些？简述其意义。
9. 公司投资收益分析的主要指标有哪些？简述其意义。

第七章　证券投资技术分析

证券投资是以获取投资收益为目的的一项经济活动。为了实现投资收益最大化，投资者必须对投资对象进行慎重、缜密的分析，科学地进行投资决策。投资分析的方法有很多，但归纳起来可以分为两大类：基本分析法和技术分析法。基本分析是对公司基本面情况的分析，以证券的内在价值作为投资决策的依据；技术分析是对证券成交量情况和价格走势情况的分析，并以此作为投资决策的依据。基本分析的目的是认识证券的投资价值，研究证券是否具有投资价值；而技术分析侧重于对价格和成交量变化规律进行研究，主要是解决证券在什么时机进行投资的问题。投资者可能会对这两种方法有所侧重，但任何一位投资者都不可能将两种方法完全割裂开来。大多数成功的投资者都是能够将两种方法有机地结合起来加以运用。

下面我们主要以股票市场为例介绍技术分析法的基本思想和操作策略。

第一节　技术分析概述

一、技术分析的含义

技术分析是指投资者利用数学、统计学理论，以技术图形和技术指标为分析工具，对股票市场未来的价格变化趋势进行预测的研究活动。

技术分析的对象主要是股票价格、成交量、价格变化的幅度及其所经历的时间跨度四个方面，简称价、量、时、空。技术分析可以简单地归结为对证券的价、量、时、空四大要素的分析。

股票价格是投资者进行投资分析的最主要的依据。尽管技术分析本身并不注重股票价格所处的位置，而着重考虑股票价格的走势以及技术指标。然而事实上，任何一位投资者都不可能完全抛开股票价格所处的位置而孤立地分析技术指标和走势。如果股价高企，已严重背离了它的价值，即使该股票走出了完美的底部技术图形，也是以多头陷阱的成分居多。因而价格及其所处的位置在技术分析中也是需要考虑的一个重要因素，这实际上也蕴含了基本分析的思想精髓。

在技术分析中，股票的价量关系是其市场行为最基本的表现。某一时点上的价格与成交量是市场上买卖双方力量的均衡点。价格变化,说明买卖双方的力量对比发生了变化。但是这一变化还必须能够得到市场的认同。成交量就是市场对于价格的变化的认同程度的反映。价升量增,说明市场对于这一价格的变化认同度高,价格还有进一步上涨的趋势;如果价升量减,说明买方对于这一价格的变化认同度低,价格的上涨缺乏基础。反之,价跌量减,说明卖方对于这一价格的变化认同度低,价格进一步下跌的空间就受到了限制。当然,价格与成交量之间的关系也是非常复杂的,如有时市场上出现重大利好时,可能会出现无量空涨的情况,这也从另一个角度说明了市场对这一价格变化的充分认同。

在技术分析的过程中,价格变化的空间与完成这一变化所需要的时间之间的对比,也是判断股票价格未来走势的重要参考依据。价格的快速上涨必须有强大的外在动力的推动,如果这一动力不足以保证股价的这种快速上涨,市场就会选择股价回落这一方式来缓和股价上涨与动力不足之间的矛盾。所以,我们在分析股票价格未来走势的过程中,不仅要考虑股价已经上涨了多少,还必须考虑该股票完成这一上涨变化所经历的时间的长短。如果是在短时间内急涨,则股价回调的动能较大,可能随时会出现回落;但在慢牛行情中,充足的时间、充分的换筹、持股成本的不断提高、均线系统的有力支撑等,将会使行情走得较远。例如,同样是上涨了15%,一只股票只用了3个交易日,另一只股票却用了一个月的时间。前者可能随时会出现回落,而后者却可能还有较大的上涨空间。

二、技术分析的假定前提

技术分析的理论基础是基于三项合理的市场假设:市场行为涵盖一切信息;证券价格沿趋势移动;历史会重演。

(一)市场行为涵盖一切信息

这一假设前提是进行技术分析的基础。它的提出是与有效市场假设一致的。根据有效市场假设,如果信息是高度对称的、透明的,每一位投资者都可以在相同的时间知晓市场上所有信息,任何信息都会迅速而充分地反映在市场行为中,并在证券价格上得到体现。投资者没有必要花精力去研究究竟是什么原因导致股票价格的波动,只需要从证券的量价变化判断其对市场行为的影响程度。

这一假设是有其合理性的,因为任何一个因素对证券市场的影响最终都必然体现在证券价格的变动上。股价大幅度上涨说明肯定有利好消息存在,股价大幅度下跌说明肯定有利空消息存在。投资者只需要关心这些市场因素对证券市场的影响程度,而不需要过多地关注这些市场因素到底是什么。但是,这一假设是建立在有效市场的前提下的,而在证券市场中,尤其是在像中国这样处于转轨时期的发展中国家的证券市场中,市场的弱有效性非常显著,信息的完全透明、对称是难以做到的。如果投资者按照信息失真或价格操纵导致的股票价格波动来进行技术分析,其出现错误的可能性也是显而易见的。因此,投资者在进行技术分析的同时,还需要对信息的可靠性以及公司的基本面进行科学的判断和准确的分析。

(二)证券价格沿趋势移动

这一假设认为证券价格的变动是有规律的,即有保持原来运动方向的惯性。这是技术分析最为核心的一项内容。一般来说,如果一段时间内股票价格一直是持续上涨或下跌,那么今后一段时间,如果不出意外,股票价格也会按这一方向继续上涨或下跌,没有理由改变这一既定的运动方向。正是因为这一假设的存在以及对其合理性的判定,才会有"追涨杀跌"这一操作策略的存在空间。技术分析中的指标分析、图形分析等都是建立在这个假定前提下的。在这些技术分析方法中,买点的选择并不是股价的最低点,而是在股价由最低点出现上涨并已形成上涨趋势时;卖点的选择也不是股价的最高点,而是在股价由最高点出现下跌并已形成下跌趋势时。

这一假设同样也有其不合理之处。由于证券价值的决定,证券的价格是不可能沿着一种趋势一直发展下去的。而且,证券价格波动被认为是最没有规律可循的,如果片面地强调这一假设,不管证券价格处在一种什么样的位置而一味地去追涨杀跌,势必导致投资的失败。

(三)历史会重演

这一假设是建立在对投资者心理分析的基础上。在一个证券市场上,影响证券供求的力量来自于人,而人的行为往往受其过去的经验和教训的局限。人类的心理从来都是"江山易改、本性难移"。因此,人们的交易行为将趋于一定的模式。当市场上出现与过去相同或类似的情况时,思维定式促使众多的投资者都按照过去的操作思路来进行操作,"顺势而为"的思想也使一些有不同认识的投资者选择了相同的操作,这样证券价格的走势也就重演了历史,也就是说,过去出现过的价格走势和变动方式今后还会不断地出现。同时,一些技术分析理论如波浪理论、道氏理论等,尽管来自证券投资的实践之中,但是投资者对它们的研究也进一步强化了心理误区,导致了历史的重演。正是"历史会重演"这一假设合理性的存在,技术分析也就能够根据技术指标的水平和一些技术图形形态的出现来判断股票价格未来的走势。股市谚语中的投资心理五部曲:"酸溜溜、失望、生气、买进、套牢"也说明了失败的投资者不断地在重复着过去的错误。

这一假设同样也有其不合理之处。历史确实会有相似之处,但是绝不是简单的重复。尤其是证券市场,其发展变化还受到大量人为因素的影响,历史的差异总会或多或少地存在,这也就决定了技术分析不可能百分之百地准确。但是,一种分析方法如果能够做到胜多负少,其存在就有价值。

三、成交量与价格趋势的关系

成交量是股票市场的原动力,没有成交量配合的股价形同无源之水、无本之木。因此,成交量是投资者分析判断市场行情并作出投资决策的重要依据,也是各种技术分析指标应用时不可或缺的参照。成交量与股票价格变动趋势之间的关系主要有下几种。

价升量增,股价随着成交量的递增而上涨。此为市场行情的正常特性,此时成交量若没有显著的变化,股价将维持缓慢攀升的态势;但是如果价格创出新高而成交量却没有同步创出新高,则说明股价上涨的基础不牢、上涨的原动力不足,股价存在反转的可能。

在一轮上涨之中,股价随着成交量的递增而上涨,突破前一轮上涨的高点,创下新高后继续上涨,如果此轮股价上涨的整个成交量水平低于上一轮股价上涨的成交量水平,则很可能这种股价的突破是一种假突破。

有时股价随着缓慢递增的成交量而逐渐上涨,经过一段时间的上涨以后,成交量突然急剧增加,股价快速拉升成为垂直上升的"井喷"行情。紧随着此波走势,或者经过数日的高位震荡,继之而来的是成交量大幅度萎缩,此后就很可能是股价的急速下跌。

股价在经过长期下跌形成谷底后,投资者对此价已基本认同,有些投资者也开始试探性地建仓,股价开始回升,但成交量并没有因股价上涨而递增或者是递增不明显,上涨的动力不足,股价又再度跌落至先前谷底附近。当第二谷底的成交量低于第一谷底时,也就是股价缩量下跌至第一谷底附近时,可能会出现股价的反转。

股价下跌,向下跌破股价形态趋势线或移动平均线,同时出现成交量的放大,表明趋势已形成反转,股价将进一步下跌。

股价经过长时间的下跌之后,突然出现恐慌性卖出,股价急速下跌,成交量剧烈放大。在恐慌性抛售结束之后,若成交量急剧萎缩,则预期股价可能上涨,同时恐慌性卖出所创的低价将不可能在短时间内跌破。如果其中有庄家操纵,出现"V"形反转的可能性也较大。

当市场行情持续上涨,出现成交量的大幅度增加,而股价却只是高位盘整震荡,说明卖压沉重,股价可能会下跌;但如果上涨的幅度并不大,则有可能是庄家震仓洗盘的特征。股价连续下跌之后,在低位出现大成交量,股价却没有进一步下跌,仅有小幅变动,是进货的信号。

四、技术分析与基本分析的区别

众所周知,技术分析和基本分析两种分析方法的目的都是指导人们为了实现投资收益最大化的目标,科学地决定投资行为。但这两种分析方法所采用的方法、研究的方向是大不相同的。

基本分析是对公司基本面情况的分析,集中研究供给与需求的经济力量中能够造成价格上涨、下跌或横向盘整的相关因素,是以证券的内在价值作为投资决策的依据,从而预测该股的价格走向;而技术分析专门研究市场行为,侧重于对价格和成交量变化规律的研究,主要是解决在什么时机进行投资的问题。

技术分析重视量与数,以统计学作为基础来进行实际操作,比较客观;而基本分析重视消息、新闻，主要从主观上对掌握的各种材料加以判断。基本分析一般会从政治、经济、金融、公司经营状况和企业管理等等各个方面去收集资料，再加以综合研究判断，不但分析整个经济形势、景气变动、产业结构变化，更进一步研究个别企业的业绩、获利能力、管理能力、工作效率、财务结构变化、股息红利分配政策等，从而挖掘有价值的投资对象。

技术分析研究市场价格移动所产生的影响，而基本分析研究市场价格移动的动因。

五、技术分析方法使用应注意的问题

像大多数事物一样，技术分析也有两面性，它有神奇有效的一面，也有无能为力的一面，这是由技术分析方法的原理决定的。每种技术分析方法只注重证券市场的某个方面，从特殊的角度进行分析研究，并且有一定的使用条件；而证券市场的运行方式是不断发生变化的，市场的条件与某种技术分析方法不一定完全吻合。另外，在分析过程中可能存在对一些技术分析方法的掌握不够准确、对一些细节的处理不够完善的问题。各种偶然因素的出现也会使技术分析方法产生偏差。总之，在运用技术分析时必然会发生偏差，使用者考虑的问题是如何尽量避免和减少这些偏差。

（一）不应过分地依赖于技术分析

任何一本技术分析的著作都可以列举出大量的事例，以及一些技术分析大师们所取得的辉煌业绩来说明技术分析的有效。但是我们应当看到技术分析虽然能够帮助我们正确地进行投资决策，但是它也存在自己的不足与盲点，即它能够避免明显的错误，但不能避免全部的错误。过分地依赖技术分析，固执地、不加分析地消极等待技术分析指标或技术图形的出现是十分可怕的事情。在使用技术分析方法的时候，我们要充分认清它的不足，不要超出了技术分析的能力范围。

（二）技术分析要与基本分析结合使用

处于转轨时期的证券市场，发展历史短，还很不成熟，政策因素干扰频繁，人为操纵的影响较大，所以，仅依靠过去和现在的数据、图表预测未来是不够的。投资者要不断地修正技术分析方法，灵活地使用技术分析，同时还必须结合基本分析的结果。基本分析是对证券内在价值的分析。"物极必反"的道理每一位投资者都必须永远牢记。如果证券的价格已严重背离了其价值，即使它的技术形态再完美，其潜在的风险也是显而易见的。

（三）用多种技术分析方法相互印证

没有完美的技术分析方法，这是每个使用技术分析方法的投资者应该记住的。投资者需要全面考虑各种技术分析方法，综合这些方法得到的结果，最终得出一个合理的多空双方力量对比的描述。单独使用一种方法有局限性和盲目性，如果每种方法都得到同一结论，那么这一结论的可靠性就较高。为了减少失误，投资者需要尽量多地掌握技术分析方法，掌握得越多肯定好处越大。

（四）.技术分析要不断地进行修正，并经过实践验证后才会真正有效

虽然没有人作过准确的统计，但是技术分析的指标与方法少说也有成百上千种，而且在不断地增加。之所以会这样，是因为研究股票的分析方法不同、证券市场不同、研究的时代不同、所选择分析的股票不同等。随着环境的改变，一些曾经成功的结论就可能失败。要保证技术分析方法准确、适用和有效，就应当运用历史的数据对技术分析的方法的有效性进行验证，并予以筛选。

（五）技术分析中决定的因素还是人

在运用技术分析时，在很大程度上依赖于使用者个人的选择。例如，技术指标中参数的选择、切线中线条画法的选择、波浪理论中浪的数法，都是因人而异的。个人的偏好和习惯影响这些选择，当然也就影响技术分析的结果，这就是不同的人在使用技术分析时得到结论不同的原因之一。

第二节　技术分析的理论基础

世界上的技术分析理论可以说是"百花齐放"，技术分析专家依据自己的分析视角提出了大量的技术分析理论，其中包括：道氏理论、随机漫步理论、波浪理论、循环周期理论、相反理论、空中楼阁理论等。在此我们主要介绍道氏理论、随机漫步理论、波浪理论。

一、道氏理论

道氏理论是技术分析理论的基石，技术分析理论的三大假设就是来源于道氏理论。它由《华尔街日报》第一任编辑查尔斯·亨利·道（Charles Henry Dow）于19世纪末创立。他和爱德华·琼斯（Edward Jones）于1884年7月3日首创著名的道·琼斯股票平均价格指数。道氏自己并未形成其系统的理论学说，是S.A.纳尔逊于1903年将道氏陆续在《华尔街日报》上所发表一系列对股票市场行为的研究心得收编在《股市投资常识》一书中，这本著作首次使用了"道氏理论"。后来，道氏的华尔街助手和传人威廉·彼得·汉密尔顿归纳整理了道氏的理论，并于1922年汇集成书《股票市场的晴雨表》；1932年，罗伯特·雷又将道氏的理论进一步加以提炼，出版了《道氏理论》一书。

一项统计资料表明，当道氏理论给出明确的"牛市"确认信号时，投资者能够掌握"牛市"行情的61.8%的涨幅；如果道氏理论给出明确的"熊市"确认信号时，投资者能够掌握"熊市"行情的40.5%的跌幅。投资者根据道氏理论确认的买卖信号进行操作，就是将道氏理论的失误考虑进去，也几乎可以保证14%的长年回报率。

（一）道氏理论的基本观点

道氏理论认为股票市场虽然千变万化，但同样存在着周期性的变化规律，这一变化

规律使股票市场的变动形成一定的趋势。如果股票平均指数的波动在一个较长的时期里,其高点一个比一个高,而低点也一个比一个高,那就是上升趋势,即"牛市";反之,就是跌势,即"熊市"。

道氏理论把市场的变动趋势分为三类:长期趋势(基本趋势)、中期趋势(次级趋势)、短期趋势(日常趋势)。道氏用大海的潮汐、浪涛、波纹来分别表示这三种趋势。

长期趋势(基本趋势)是指股价广泛或全面上升或下跌的变动情形,其持续时间为1~4年。其中上升的股市平均约为25个月,最短也达13个月;下跌的股市平均约为17个月,最短约为11个月。对投资者来说,基本趋势持续上升就形成了多头市场,持续下降就形成了空头市场。

多头市场上升的股市分为三个阶段:恢复阶段、上升阶段、疯狂阶段。在恢复阶段,以建仓筑底为主要特征。在不景气的时期,多数投资者都还停留在灰心丧气的阴影之中,但是一些有远见的投资人已经觉察到,虽然目前是处于不景气的阶段,但底部已经见到,因此开始逐步买进那些跌幅较大、投资价值已经显现的股票。随着空方力量的逐渐衰弱,多方力量逐渐积聚。由于此时股票市场还处于悲观的氛围之中,普通投资者缺乏信心和投资热情,甚至还想寻机逃离股市,因而此阶段如果没有实质性的利好消息,一般要经过非常漫长的胶着阶段。随着恢复阶段不断地换筹,投资者投资信心逐步恢复,交易热情逐渐提高,成交量不断放大,股市将进入第二个阶段——上升阶段。在上升阶段,随着企业景气趋势的上升和投资者投资信心的恢复,交易开始活跃,交易量增大,公司的经营状况也不断地好转,此时使用技术性分析指导操作通常能够获得较丰厚的利润。在经过了一段较长时间的上涨以后,第三个阶段——疯狂阶段出现。此时,整个证券市场处于疯狂状态,由于上升阶段的赚钱效应吸引了众多的场外资金。资金的大量涌入使得成交量急剧增加,股价快速拉升,整个证券市场一片繁荣,投机气氛逐渐高涨,"冷门股""垃圾股"也跟着上涨股价水平与其内在价值已严重背离,上涨趋势基本结束。

空头市场的股市也分为三个阶段:疲惫阶段、恐慌阶段、阴跌阶段。疲惫阶段的真正形成是在前一个多头市场的最后一个阶段。在第一个阶段——疲惫阶段,有远见的投资人觉察到企业的盈余已不足以支撑如此高的股价,而开始加快出货的步伐。此时成交量仍然很高,但是股价上升已见疲惫之状。虽然有时会有一定的反弹,但弹升的力度有限而且投资者跟进的意愿已明显降低。在第二个阶段——恐慌阶段,大多数投资者已经预见到股价的熊市已经来临,竞相抛售股票,逃离股市,此阶段交易量大幅度增加,股价急剧下跌。在恐慌阶段结束以后,通常会有一段相当长的次级反弹或者横向变动的时期,接着,第三阶段来临了。这时股市上弥漫着悲观的气氛,坏消息充斥市场,投资者信心丧失殆尽,稍有反弹,投资者就想止损出局,股票价格处于漫漫阴跌的状态。在这一阶段的后期,股价跌幅趋缓,可能会进入牛皮盘档行情。此时空头市场即将结束,下一步又将进入多头市场。

中期趋势(次级趋势)代表基本趋势中的调整,运动方向与基本趋势相反,并对基本趋势产生一定的牵制作用,因而也称为"股价的修正趋势"。中期趋势一般不会改变长期趋势的发展方向。当中期趋势下跌,其谷底一波比一波高,表示长期趋势仍将上升;当中期趋势上升,其波峰一波比一波低,表示长期趋势仍将下跌。中期趋势持续的时间从3周至数月不等,其股价上升或下降的幅度一般为股价基本趋势的1/3或2/3。通常在一个长期趋势中,总会有两三次中级趋势。

短期趋势(日常趋势)通常是指6日以内的股价变动趋势。中期趋势一般由3个或3个以上的短期趋势所组成。道氏理论认为,短期趋势是可以人为操纵的,它与反映经济态势的中长期趋势有着本质的不同,由于它波动的幅度比较小,对投资收益的影响不大;同时这种短期趋势又容易被庄家操纵,难以判断和利用,因此可以忽略短期趋势对股价变动的影响。

在三种趋势中,长线投资者最关心的是股价的基本趋势,其目的是想尽可能地在多头市场上买入股票,而在空头市场形成前及时地卖出股票;短线投资者则比较重视股价中期趋势和短期趋势,他们的目的是想从中获取短期的利润。庄家对股价的操纵主要是针对短期趋势,一般无法操纵股价的基本趋势和中期趋势。

(二)道氏理论的缺陷

道氏理论主要目标是探讨股市的基本趋势。一旦基本趋势确立,道氏理论假设这种趋势会一直保持下去,直到受到强大的外来因素影响而改变为止。道氏理论只能推断股市大势的变化方向,但不能推断基本趋势的涨跌幅度。

道氏理论对股价变动趋势变化提示信号,要在道·琼斯铁路平均股价指数和工业平均股价指数互证时发出,但往往这时这种趋势已经形成,容易失去最好的入货和出货机会。

道氏理论不能对选股提供帮助。

道氏理论注重长期趋势,对中、短期趋势,特别是牛皮盘档的情况下,不能带给投资者以启示。

二、波浪理论

波浪理论(Wave Theory)是由技术分析大师艾略特(R. N. Elliott)于1983年创立的一种价格趋势分析工具。它可用以分析股市指数、价格的走势,是世界股市分析上运用得最多而又最难以为人们所了解和精通的分析工具。

艾略特认为,不管是股票还是商品价格的波动,都与大自然的潮汐、波浪一样,一浪跟着一浪,周而复始,具有相当程度的规律性,展现出周期循环的特点。因此,投资者可以根据这些规律性的波动预测价格未来的走势,在买卖策略上实施运用。

(一)波浪理论的基本特点

股价指数的上升和下跌将会交替进行。

推动浪和调整浪是价格波动两个最基本形态,而推动浪(即与大市走向一致的波浪)可以再分割成 5 个小浪,一般用第 1 浪、第 2 浪、第 3 浪、第 4 浪、第 5 浪来表示,调整浪也可以划分成 3 个小浪,通常用 a 浪、b 浪、c 浪表示,如图 7-1 所示。

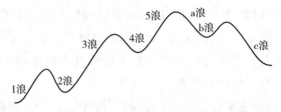

图 7-1 基本的波浪形态

在上述 8 个波浪(5 上 3 落)完毕之后,一个循环即告完成,走势将进入下一个 8 波浪循环。

时间的长短不会改变波浪的形态,因为市场仍会依照其基本形态发展。波浪可以拉长,也可以缩细,但其基本形态永恒不变。

(二)波浪的形态

第 1 浪基本上出现在两种情况下,一种情况是属于营造底部形态的第一部分,是循环的开始。由于这段行情的上升出现在空头市场跌势后的反弹和反转时期,买方力量并不强大,加上空头继续存在卖压,因此,在此类第 1 浪上升之后出现第 2 浪调整回落时,其回档的幅度往往很深。另一种情况是出现在长期盘整完成之后,这时第 1 浪行情上升幅度较大些。

第 2 浪是下跌浪,由于市场人士误以为熊市尚未结束,因此其调整下跌的幅度相当大,几乎吃掉第 1 浪的升幅。当行情在此浪中跌至接近第 1 浪的起点时,市场出现惜售心理,抛售压力逐渐衰竭,成交量也逐渐缩小时,第 2 浪调整才会宣告结束,在此浪中经常出现图表中的反转形态,如头肩底、"W"底等。

第 3 浪一般是最具爆发力的上升浪,这段行情持续的时间与上涨的幅度,通常是最长、最大的。经过第 1 浪的上涨、第 2 浪的调整之后,投资者信心恢复、换筹充分、成交踊跃,股价常出现连续大幅度的上涨。上涨过程中各种阻力位在这个时期往往被轻易突破,尤其在突破第 1 浪的高点时,是最强烈的买进讯号。

第 4 浪是行情大幅劲升后调整浪,通常以较复杂的形态出现,但调整幅度一般不超过第 1 浪的顶点。

第 5 浪是上升浪,比第 3 浪时间短、力量弱,并有可能出现失败的情况,走出双顶形态。在这段行情中,二、三类股票通常是市场内的主导力量,其涨幅常常大于那些绩优蓝筹股。

a 浪是下跌浪,在经过第 5 浪的上涨之后,开始出现成交量与价格走势或技术指标上的背离等现象,但此时市场心态仍较为乐观,大多数投资者还沉浸在获益的快乐之中,错误地认为上升行情尚未逆转,此时仅为一个暂时的回档现象,调整的速度还比较慢,有时出现平势调整或"之"字形走势。

b浪是a浪下跌之后的调整浪,上涨的空间不大。然而由于是一段上升行情,有一部分投资者也不愿意相信行情就此结束,错误地将此判断为另一波段的上涨而坠入"多头陷阱"。b浪成交量通常不大,投资者如果在第5浪的上涨之后没有逃离股市,此时是最佳的逃离机会。

c浪是一段破坏力较强的下跌浪,跌势较为强劲、跌幅大。经过第5浪的上涨之后,投资者获益已非常丰厚,而且此时悲观气氛已较为浓厚,庄家也往往是不计成本的出货,股价可能出现恐慌性的剧烈下跌或阴跌。此浪持续的时间较长久,而且出现全面性下跌。

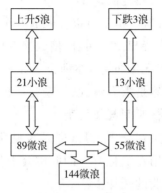

图 7-2 波浪数量分解图

从以上分析看来,波浪理论似乎颇为简单和容易运用,但实际上,由于每一个上升、下跌的完整过程中均包含有一个8浪循环,大循环中有小循环,小循环中有更小的循环,即大浪中有小浪,小浪中有微浪,因此,使数浪变得相当繁杂和难于把握;再加上其推动浪和调整浪经常出现延伸浪等变化形态和复杂形态,使得对浪的准确划分更加难以界定,这两点构成了波浪理论实际运用的最大难点。

(三)波浪理论内容的基本要点

一个完整的循环包括8个波浪,上升浪5涨3落,下跌浪5落3涨。

波浪可合并为高一级的浪,亦可以再分割为低一级的小浪。

跟随主流行走的波浪可以分割为低一级的5个小浪。

1、3、5 三个推动浪中,第3浪不可以是最短的一个波浪。

假如3个推动浪中的任何一个浪成为延伸浪,其余2个波浪的运行时间及幅度会趋一致。

调整浪通常以3个浪的形态运行。

黄金分割率奇异数字组合是波浪理论的数据基础。

经常遇见的回吐比率为 0.382、0.5 及 0.618。

第4浪的底不可以低于第1浪的顶。

波浪理论包括3部分:形态、比率及时间,其重要性以排列先后为序。

波浪理论主要反映群众心理。市场参与人越多,其准确性越高。

(四)波浪理论的缺陷

波浪理论家对现象的看法并不统一。每一个波浪理论家,包括艾略特本人,很多时候都会受一个问题的困扰,就是一个浪是否已经完成而开始了另外一个浪呢?有时甲看是第1浪,乙看是第2浪。"差之毫厘、谬以千里",看错的后果可能十分严重。一套不能确定的理论用在风险奇高的股票市场,运作错误足以使人损失惨重。

对怎样才算是一个完整的浪,波浪理论也无明确定义,在股票市场的升跌次数绝大多数不按5升3跌这个机械模式出现。但波浪理论家却曲解说有些升跌不应该计算到浪里面。数浪完全是凭个人主观而定的。

波浪理论有所谓伸展浪,有时5个浪可以伸展成9个浪。但对在什么时候或者在什么准则之下波浪可以伸展,艾略特却没有明言,使数浪变成"仁者见仁、智者见智"的事。

波浪理论的浪中有浪,可以无限伸延,亦即是牛市时可以无限上升,熊市时可以无限下跌。只要是升势未完就仍然是上升浪,跌势未完就仍然在下跌浪。这样的理论有什么用?能否推测浪顶浪底的运行时间甚属可疑。

艾略特的波浪理论是一套主观分析工具,毫无客观准则;市场运行却是受情绪影响而并非机械运行。波浪理论套用在变化万千的股市会十分危险。

波浪理论不能运用于对个股的选择上。

三、随机漫步理论

随机漫步理论(Random Walk)是一种古老的、在西方国家广为流传的一种解释证券市场价格波动的理论。该理论认为,股价是由买卖双方的交易决定的。买方和卖方都是理性的人,能够获得同样的信息,因此只有在双方都认为公平合理的价格上,交易才可能达成。任何人无法预测股价的变动,股价的变动基本上是随机的,就像一个在广场上行走的人一样,下一步将走向哪里是没有规律的。在随机漫步理论看来,各式各样的技术分析都存在预测悖论:股票市场内有成千上万的精明人士,如果众人均使用某种预测方法,并且都相信该方法的预测为真,则众人会提前采取行动,从而干扰了该预测,使其为假;反之许多能够事后被证明为真的预测,恰在于事前人们尚未信其真。

随机漫步理论对图表派无疑是一个正面大敌,如果随机漫步理论成立,所有股票专家都无立足之地。所以不少学者曾经进行研究,看这个理论的可信程度。在无数研究之中,有以下三种特别支持随机漫步理论的论调。

第一种,曾经有一个研究,用美国标准普尔指数(Standard & Poor)的股票作长期研究,发觉股票狂升四五倍,或是跌 $80\%\sim90\%$ 的只是很少数,大部分的股票都是升跌 $10\%\sim30\%$。在统计学上有正态分布的现象,即升跌幅越大的占比例越小。所以股价并无单一趋势,买股票要看你是否幸运,买中上升的股票还是下跌的股票的机会均等。

第二种,有一个美国参议员用飞镖去掷一份财经报纸,拣出20只股票作为投资组合,结果这个乱来的投资组合竟然和股市整体表现相若,更不逊色于专家们建议的投资组合,甚至比某些专家的建议表现还要出色。

第三种,有人研究过单位基金的成绩,发觉今年成绩好的,明年可能表现得最差;一些往年令人失望的基金,今年却可能脱颖而出,成为升幅榜首。所以,买基金也无迹可寻,要看你的运气,投资技巧并不实际。

随机漫步理论同样令人质疑:既然股票投资没有任何规律可循,为什么股市里的精明人士又几乎都在研究各种分析方法?为什么又会出现像巴菲特、索罗斯这样的"股神"?笔者认为,证券市场尽管变幻莫测,但还是有一定的规律可循的。对股市的分析方法并非莫衷一是,只是人们往往并未真正领会其真谛。随机漫步理论只能说是在长期的跟踪研究中具有一定的有效性,但对于一些中、短期的投资决策,其结果肯定是大相径庭的。要真正在投资过程中取得最后的胜利,就必须有常人所不具备的认识市场、分析市场的能力。

第三节 看盘的技巧

绝大多数投资者在股票买入、卖出的决策过程中所依据的主要是通过看盘所得到的数据信息。那么从这些闪闪烁烁、跳动变幻的数字、曲线中,我们可以得到些什么信息,又如何从中得到我们所需要的信息呢?

投资者日常主要是通过互联网所提供的行情报价显示的内容以及分时走势图、K线图等掌握股票交易的相关数据信息。下面就它们的主要内容及分析方法向读者作一简要介绍。

一、行情报价显示的内容

证券交易信息是由证券交易所通过互联网发送给各个券商。投资者下载并安装开户券商的证券交易终端软件之后,即可登录查看行情以及进行网上委托了。各券商的行情报价系统所提供的内容可能会略有差异,但基本上都包括:名称、开盘、成交、最高、最低、卖出、买入、总手、现手、成交量、成交额、涨跌、涨跌%、量比,以及大量的公司财务数据等。这些项目显示的数据不仅展现了各个股票价格每时每刻的变化情况,还从各个方面向投资者提供了判断股价走势的重要参考资料。

名称,即股票名称,一般为上市公司的简称。例如:浦发银行,其全称为"上海浦东发展银行股份有限公司";春兰股份,其全称为"江苏春兰制冷设备股份有限公司"等。

开盘,即该股票的开盘价,也就是该股票本交易日第一笔交易的成交价。此成交价是通过集合竞价产生的,是参与交易的投资者经过一夜思考,在参考前收盘价的基础上,通过竞价交易达成共识所形成的价格。

成交,即该股票最近一笔交易的成交价格。

最高，即该股票在本交易日内到目前为止最高的成交价格。

最低，即该股票在本交易日内到目前为止最低的成交价格。

本交易日内中出现的最高价、最低价对股价的走势可起支撑或阻力作用，是投资者在盘中交易的重要参考依据。盘中股价之所以创下高点以后回落，说明在此价位有明显的卖盘积压，当股价在此处遇阻回落又再次上升至该价位时，将遇到堆积在此处的卖盘抛压，多方只有吃进所有抛盘，才能突破前高点的阻力位继续上行，因此最高价有一定的阻力作用。多方若有效突破阻力，则在此价位遗留的未成交买盘就成了股价上涨回落的支撑力量。与此原理相同，股价在回落至本交易日的最低点时，它会受到一定的支撑，在此价位遗留的未成交买盘就成了股价回落到此价位时的支撑力量。

卖出，即该股票的全部卖出委托中最低的委托价格，也就是在行情揭示中卖出的价格。

买入，即该股票的全部买入委托中最高的买入价格，也就是在行情揭示中买入的价格。

卖出价格和买入价格也是投资者在盘中交易的重要参考依据。如这支股票目前正处在上涨的过程中，而且投资者判断该股票还将继续上涨而急切地想购得此支股票，买入委托的价格就应当在一定幅度上高于买入价格；如这支股票目前正处在下跌的过程中，而且投资者判断该股票还将继续下跌而急于想抛出手中的筹码，卖出委托的价格就应当在一定幅度上低于卖出价格，只有这样才可以保证委托的成功。

现手，即该股票最近一笔成交的手数。

总手，即本交易日该股票本截至目前成交的总手数。

成交额，即本交易日各股票截至目前成交的总金额。

涨跌，即该股票当前的成交价格比上一交易日收盘价格上涨或者下跌的金额。

涨跌％，即该股票当前的成交价格比上一交易日收盘价格上涨或者下跌的幅度（百分比）。

量比，即当日总成交手数与近期平均成交手数的比值。如果量比数值大于1，表示这个时刻的成交总手数已经放大；若量比数值小于1，表示这个时刻成交总手数萎缩。

二、分时走势图（即时走势图）

分时走势图是把股票市场的交易信息实时地用曲线在坐标图上加以显示的技术图形。坐标的横轴是开市的时间，纵轴的上半部分是股价或指数，下半部分显示的是成交量。分时走势图是股市现场交易的即时资料。

分时走势图分为指数分时走势图和个股分时走势图。

指数分时走势图。在指数分时走势图的主图部分中，中间的红色直线为上一交易日收盘指数，左侧纵坐标为指数坐标，右侧纵坐标为指数涨跌幅度坐标。图中白色曲线表示交易所对外公布的通常意义上的大盘指数，也就是加权平均指数。黄色曲线是不考虑上市公司股本的大小，将所有股票进行简单平均计算所得到的大盘指数。

根据2条曲线的相对位置关系，可以得到以下的分析结论：①当指数上涨，黄色曲线在白色曲线之上时,表示小盘股的涨幅大于大盘股;而当黄色曲线在白色曲线之下时,则表示大盘股的涨幅大于小盘股。当指数下跌,黄色曲线在白色曲线之上时,表示小盘股的跌幅小于大盘股;如果黄色曲线在白色曲线之下,则说明小盘股的跌幅大于大盘股。②指数分时走势图中的红色、绿色的柱线反映当前大盘所有股票的买卖双方力量的对比情况。如果显示为红色柱线,则表示委托买入的手数多于委托卖出手数;如果显示为绿色柱线,则表示委托卖出的手数多于委托买入的手数。红色柱线增长(绿色柱线缩短),表示买方的力量逐渐增强,指数将逐渐上涨;红色柱线缩短(绿色柱线增长),则表示卖方的力量逐渐增强,指数将逐渐下跌。③指数分时走势图下部的黄色柱线表示每分钟的成交量。

个股分时走势图。在个股分时走势图的主图部分中,中间的红色直线为该股票上一交易日收盘价,左侧纵坐标为价格坐标,右侧纵坐标为股价涨跌幅度坐标。白色曲线表示该股票相应时点上的即时成交价格,黄色曲线表示本交易日该股票自开市至当前时点的平均价格,黄色柱线表示每分钟的成交量,单位为手(100股/手)。

下面是分时走势图中经常出现的名词及含意。

买一、买二、买三、买四、买五:将投资者的全部有效买入委托按其委托价格从高到低排序,其中买一为最高申买价格;卖一、卖二、卖三、卖四、卖五:将投资者的全部有效卖出委托按其委托价格从低到高排序,其中卖一为最低申卖价格。

外盘:成交价是卖出价时成交的手数总和,也就是主动性的买入成交量。

内盘:成交价是买入价时成交的手数总和,也就是主动性的卖出成交量。

当外盘累计数量比内盘累计数量大很多,且股价也在上涨时,表明投资者看好股票的未来趋势,很多人在主动地抢盘买入股票,股价将会进一步上涨;当内盘累计数量比外盘累计数量大很多,且股价下跌时,表明投资者看空股票的未来趋势,很多人在主动的抛售股票,股价将会进一步下跌。

委买手数:买一、买二、买三、买四、买五所有委托买入手数相加的总和。

委卖手数:卖一、卖二、卖三、卖四、卖五所有委托卖出手数相加的总和。

委比:委买手数与委卖手数之差与两者之和的比值。委比旁边的数值为委买手数与委卖手数的差值。当委比为正值时,表示买方的力量比卖方强,股价上涨的几率大;当委比为负值的时候,表示卖方的力量比买方强,股价下跌的几率大。

量比:当日总成交手数与近期平均成交手数的比值。如果量比数值大于1,表示这个时刻的成交总量放大;若量比数值小于1,表示这个时刻成交总量萎缩。

现手:已经成交的最新一笔交易的手数。

在盘面的右下方数字为即时的每笔成交明细回报,分别是成交的时间、价格和成交手数。

三、K线图

K线图的分析请见第四节。

第四节 K线分析

一、K线的画法及功能

K线又称为"阴阳线",在欧美称之为"蜡烛线"(candle),是用来记录一段时间内股票行情变化的一种图形。K线图最早被日本德川幕府时代大阪的米商用来记录一天、一周或一月中米价涨跌行情,后被引入股市。因K线图有直观、携带信息量大的特点,因而在期货、外汇、黄金等市场上也流行起来,目前,它已成为世界上最权威、最通用的技术分析工具,是各类传播媒介、电脑实时分析系统中应用较多的显示股票价格走势的方式。

(一)K线的画法

K线图就是将某分析周期内股票价格变动的关键要素简单地表示在图表上。分析周期可以根据投资者的研究所需确定,可以是1天、1周或1个月,也可以是1小时、15分钟、5分钟等。反映股票价格变动的关键要素包括4个部分:开盘价,最高价、最低价、收盘价。

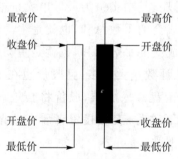

图 7-3 K线图及其含义

K线由上、下影线和实体三部分组成。上影线的上端顶点的位置表示在分析周期内的最高价,下影线的下端顶点的位置表示在分析周期内的最低价。按照分析周期内开盘价与收盘价的关系,K线又分为阳线和阴线两种,在有彩色显示的情况下,阳线多为红色空心实体,阴线多为绿色实心实体;在黑白显示中,阳线多为黑色空心实体,阴线多为黑色实心实体。收盘价高于开盘价时画为阳线,收盘价低于开盘价时画为阴线(详见图7-3)。

(二)K线的基本种类及功能

K线从形态上可分为阳线、阴线两种类型。阳线是指收盘价高于开盘价的K线,按其实体大小可分为大阳线、中阳线和小阳线;阴线是指收盘价低于开盘价的K线,按其实体大小可分为大阴线、中阴线和小阴线。K线按分析周期的不同,可分为日K线、周K线、月K线、年K线以及将一日内交易时间分成若干等份,如5分钟K线、15分钟K

线、30分钟K线、60分钟K线等。这些K线都有不同的作用,如日K线反映的是股价短期走势,周K线、月K线、年K线反映的是股价中长期走势,5分钟K线、15分钟K线、30分钟K线、60分钟K线反映的股价超短期走势。各种分析周期K线的绘制方法相同,即取得某一分析周期内开盘价、收盘价、最高价、最低价就很容易把K线图绘制出来。在这些K线图中,使用最多的是日K线。后面我们所介绍的也都是以日K线为例。

一根K线主要反映了证券价格变动过程中的4个价格:开盘价、收盘价、最高价、最低价。开盘价就是该证券在本交易日第一笔交易的成交价,此成交价是通过集合竞价产生的;最高价即该证券在本交易日内到目前为止最高的成交价格;最低价即该证券在本交易日内到目前为止最低的成交价格;收盘价是该证券在本交易日最后一笔交易的成交价,但是如果交易正在进行之中,收盘价显示的实际上是该证券的最新成交价。如果交易没有结束,这4个价格中除开盘价外,其余3个价格也都处于变动之中。

在K线中所反映的4种价格中,收盘价是最重要的一类价格。因为其他3种价格反映的只是过程,而收盘价是市场上多空双方经过一天的争斗后最终达成的结果,是多空双方一天争斗的平衡点。庄家也正是利用投资者都非常看重收盘价这一特点,在尾盘利用自己的资金优势拉高或打低收盘价,以此掩盖自己操纵股价的真实意图。这一点投资者要特别注意,设法识破庄家的意图。

K线所包含的信息是极为丰富的。仅以单根K线而言,一般上影线和阴线的实体表示股价的下压力量,下影线和阳线的实体则表示股价的上升力量;上影线和阴线实体比较长就说明股价的下跌动量比较大,下影线和阳线实体较长则说明股价的扬升动力比较强。如果将多根K线按不同规则组合在一起,又会形成不同的K线组合。这样的K线形态所包含的信息就更丰富。例如,在涨势中出现"乌云盖顶"K线组合,说明可能升势已尽,投资者应尽早离场;在跌势中出现"曙光初现"K线组合,说明股价可能见底回升,投资者应不失时机地逢低建仓。各种K线形态正是以它所包含的信息,不断地向人们发出买进和卖出的信号,为投资者看清大势、正确地买卖股票提供了很大的帮助,从而使它成为投资者手中极为实用的操盘工具。

二、单根K线的分析

K线的形态有很多种,在此介绍几种对股价后期发展变化影响较大的单根K线形态。

(一)大阳线

这种日K线示最高价与收盘价相同,最低价与开盘价相同,没有上下影线。从一开盘,买方就积极进攻,中间也可能出现买方与卖方的斗争,但买方始终占优势,使价格一路上扬,直至收盘。大阳线表示涨势强烈,股市呈现高潮,买方疯狂涌入,不计代价地买进;持有股票者,因看到买气的旺盛,抛售意愿较弱,出现供不应求的状况,后市进一步上涨的可能性较大(详见图 7-4)。

(二)大阴线

这种日 K 线示开盘价就是最高价,收盘价就是最低价,没有上下影线。从一开始,卖方就占优势,多方步步退却。市场呈一面倒趋势,直到收盘。表示跌势强烈,后市还可要继续下跌(详见图 7-5)。

图 7-4　大阳线　　　　　　图 7-5　大阴线

(三)先跌后涨型

这是一种带下影线的阳线,最高价与收盘价相同。开盘后,卖方力量较强,价格下跌。但在低价位上受到买方的还击,价格向上推过开盘价,一路上扬,并以最高价收盘。总体来讲,出现先跌后涨型,买方力量较大,但实体部分与下影线长短不同,买方与卖方力量对比不同:下影线较长,表明在低价位上已得到买方的充分认同,并在此价位买卖双方展开激烈交战,最终买方取得了胜利;如果同时阳线的实体也比较长,说明买方优势明显,后市可能会出现反转(详见图 7-6)。

(四)下跌抵抗型

这是一种带下影线的阴线,开盘价就是最高价。一开盘卖方力量就特别大,股价一路下跌,但在低位附近受到买方的还击,买方的部分失地被收回,但最终还是以阴线报收。这种 K 线表明空方的力量略占上风,多方虽已有意发起反攻,但动能稍显不足。如果下影线较长,阴线实体较短,后市买方很可能会全力反攻,并形成反转(详见图 7-7)。

图 7-6　先跌后涨型　　　　图 7-7　下跌抵抗型

(五)上涨受阻型

这是一种带上影线的阳线,开盘价即为最低价。一开盘买方力量强盛,价位一路上推,但在高价位遇卖方压力,使股价上升受阻。虽然此时卖方与买方交战结果为买方略胜一筹,但如果是阳线实体较短,上影线较长,说明买方已是心有余而力不足。这种 K 线如出现在高价区,则后市看跌可能性居大,投资者应小心为妙(详见图 7-8)。

(六)先涨后跌型

这是一种带上影线的阴线,收盘价即是最低价。一开盘,买方与卖方进行交战。买方占上风,价格一路上升,但在高价位遇卖方反攻,买方节节败退,最后在最低价收盘,卖方占优势,使买方陷入"套牢"的困境。

在交易过程中,多方虽然经过奋起反击,但终究力不从心而败下阵来,且阵地尽失。如果上影线较长、阴线实体较长,说明多方已是溃不成军,后市将会进一步下跌。尤其是这种 K 线出现在高价位区时,后市风险很大(详见图7-9)。

图 7-8　上涨受阻型　　　　图 7-9　先涨后跌型

（七）十字线型、"T"型、倒"T"型

十字线型是一种只有上、下影线,没有实体或实体很短的 K 线图形;"T"型线是一种只有下影线,没有实体或实体很短的 K 线图形;倒"T"型线是一种只有上影线,没有实体或实体很短的 K 线图形(详见图 7-10)。

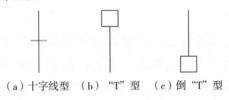

（a）十字线型　（b）"T"型　（c）倒"T"型

图 7-10　十字线型、"T"型、倒"T"型

这三种 K 线形态都有一个共同的特点,就是这种 K 线的开盘价与收盘价的相对位置几近一致,开盘价即是收盘价,买方与卖方经过一天的争斗,最终结果几乎势均力敌。但是它们所带给投资者的交易信号却有很大的区别。

十字线型常称为"变盘十字星",无论出现在高价位区或低价位区,都可视为顶部或底部信号,预示大势即将改变原来的走向。

"T"型线如果出现在下跌过程中,特别是下影线比较长的情况下,说明下档的承接力已比较强,股价底部出现的可能性非常大。

倒"T"型线出现在高价位区时,说明上档抛压严重、行情疲软,股价有反转下跌的可能。

仅就单根 K 线而言,一般从它是阳线还是阴线,上、下影线的长、短,K 线实体的大、小等方面来进行分析。阳线说明收盘价高于开盘价,一般来讲可以表明最终多方的力量要占上风;阴线说明收盘价低于开盘价,一般来讲可以表明最终空方的力量要占上风。阳线实体较长,说明上涨的动力较大,后期进一步上涨的空间较大;反之,若阴线的实体较长,说明下跌的动力较大,后期进一步下跌的空间较大。上影线的出现,说明多方曾有过发起进攻的动作,但无奈实力不济,最终还是败下阵来。上影线很长,说明多方曾孤注一掷发起攻击,结果还是悲壮地失败了。这时若再有一定的阴线实体,表示股价的下压力量是非常强的。如果这时股价处于比较高的价位,那将是很危险的。下影线的出现则说明空方曾想作进一步的打压,但是受到了多方的顽强抵抗,并最终取得了胜利。下影线很长,说明空方曾倾尽全力发起攻击,在一些持股者中出现恐慌性的抛售,但是更多的投资者认为该股价现在已低于其价值,投资价值已充分显现出来,而不断地跟进买入,从而使股价由跌转升。这时若再有一定的阳线实体,表示股价的上升力量是非常强的。如果这时股价处于比较低的价位,未来出现反转的可能性非常大。

值得注意的是,阳线和阴线仅反映了股票开盘价与收盘价的相对位置关系。阳线并不代表股价的上涨,阴线也不代表股价的下跌。因而我们在上面所作的分析仅仅是从 K 线图本身的形态来进行分析的,具有很强的局限性。比如说,同样是一根大阳线,其开盘价是处在高开、低开,还是平开的位置上,其效果是截然不同的。如果说这根大阳线主要是由于大幅度低开所造成的,那么对其分析的结论与以上分析是完全不同的。由于庄家可以比较轻松地操纵一只股票的开盘价或收盘价,因此,对单日 K 线的分析要结合具体情况进行。一般来说,通过 K 线组合分析的准确性更高些。

三、K 线组合分析

K 线图谱中蕴涵着丰富的东方哲学思想,以阴阳之变表现出了多空双方"势"的相互转换。单一的 K 线代表的是多空双方一天之内战斗结果,不足以反映连续的市场变化,而且庄家很容易利用其资金雄厚的优势"骗钱",就是故意抬高或压低收盘价或开盘价,给投资大众造成一种错觉、产生误导。庄家可以相对容易地控制一日或几日的 K 线,但要控制一周或几周的 K 线就相对较为困难。多条 K 线的组合图谱就可以更详尽、准确地表述多空双方一段时间内"势"的转化。多空双方中任何一方突破盘局获得优势,都将形成一段上涨或下跌的行情,这就是所谓"势在必行"。而随着这种行情的不断发展,又为对方积攒着反攻的能量,也就是"盛极而衰"。研判 K 线组合图谱的目的,就是通过观察多空势力强弱盛衰的变化,感受双方"势"的转化,顺势而为,寻找并参与蓄势待发的底部,抱牢大势所趋的上涨股票,规避强弩之末的顶部风险。

下面介绍的这些 K 线组合形态,不仅形象生动,易于理解和记忆,而且非常实用,能在较早的时间里,发现投资者的情绪变化,洞悉资金流向。

(一)曙光初现

在连续下跌的行情中,在阴线之后出现了 1 条低开高走的阳线,阳线的实体深入阴线实体的 1/2 以上处。这一阴一阳的组合就叫作"曙光初现"。它的市场意义是阴线所代表的下跌动能被第二根阳线所冲散,空方力量已衰竭,前景开始光明。此为见底信号,后市看涨。阳线实体深入阴线实体的部分越多,转势的信号越强(详见图 7-11)。

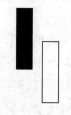

图 7-11 曙光初现

(二) 红三兵

在下跌行情之后,空方已无力继续打低股价,股价在低价区呈窄幅波动,小阳线与小阴线交替出现,成交量萎缩。经过较长时间整理之后,多方积蓄了足够的能量,伴随着成交量的均匀放大,盘面出现连续上升的3根小阳线,使股价突破盘局开始上升。这3根小阳线称为"红三兵",它的出现预示后市大幅上升的可能性很大。

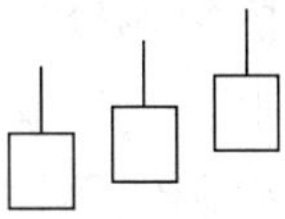

当3根小阳线收于最高或接近最高点,即上影线很短或无上影线时,称为"三个白色武士",它对后市股价拉升的作用要强于普通的"红三兵",投资者应引起足够重视(详见图7-12)。

图7-12 红三兵

(三) 旭日东升

出现在下跌趋势中,由一阴一阳2根K线组成。先是一根大阴线或中阴线,接着出现一根高开的大阳线或中阳线,阳线的收盘价已高于前1根阴线的开盘价。此类见底信号强于"曙光初现",阳线实体高出阴线实体部分越多,转势的信号越强(详见图7-13)。

图7-13 旭日东升

(四) 低档位五阳线

在低价区连续出现5条或5条以上的小阳线,说明逢低吸纳者众多,卖盘强劲,底部已经形成,多方蓄积的能量即将爆发,后市上涨的可能性极大(详见图7-14)。

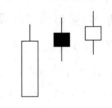

图7-14 低档位五阳线

(五) 上升两颗星

一般在涨势初、中期出现。先出现1根大阳线或中阳线,随后就在这根阳线的上方出现2根小K线(既可以是小十字线,也可以是实体很小的阳线、阴线)以消化获利盘和解套盘,如果次日出现成交量放大的阳线,即可以跟进买入股票,股价必将有一段上涨行情。少数情况下会在1根大阳线上方出现3根小K线,这时,就称为"上升三颗星"。"上升三颗星"的技术含义与"上升两颗星"相同(详见图7-15)。

图7-15 上涨两颗星

(六) 跳空下跌三颗星

此K线形态出现在连续下跌途中,由3根小阴线组成。在经历了一个较大幅度的下跌后,随之又出现了1次跳空下跌,而且与上面一根K线之间留有了一个缺口。但随后的2根小阴线基本处于横向盘整,说明恐慌盘已经涌出并消化,经过3天的整理,后期将会上涨。如果在3根小阴线后出现一根大阳线,上涨的可能性更大(详见图7-16)。

图7-16 跳空下跌三颗星

(七) 两阳夹一阴

此K线形态既可出现在涨势中,也可出现在跌势中,由2根较长的阳线和1根较短的阴线组成,阴线夹在阳线之中。两阳夹一阴,通常是在股价连续收阳线之后,股价高开或平开低走以中小阴线报收,但其后的一个交易日股价却高开高走以中长阳线收盘,并将前1根阴线收复,这是非常典型的上攻形态,往往后市还会继续上涨。这种形态一般在上升行情中的强势股或强庄股中出现较多且非常可靠,中间的一根阴线仅仅是上升中的强势调整而已。在上升行情中,除两阳夹一阴外,有时也出现两阳夹数阴的形态,也属于上攻形态和短线的买入时机,一般以2根或3根线居多,且2根或3根阴线未能将前一根阳线吞掉,其后一根阳线都将前面的数根阴线收复(详见图7-17)。

(八)顶部三只乌鸦

在上升行情中,经过连续上涨之后,在高位接连出现3根高开低收的阴线,表明空方已经占据主导地位,卖盘强劲,是股价暴跌的前兆(详见图7-18)。

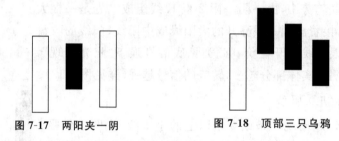

图7-17　两阳夹一阴　　　　图7-18　顶部三只乌鸦

(九)乌云盖顶

在连续上涨的行情中,在阳线的上方出现一条高开低走的阴线,阴线深入阳线实体1/2以下处。这一阳一阴的组合就叫作"乌云盖顶"。它的市场意义是长阳线所代表的上升动能被第二根阴线所冲散,多方力量已衰竭,继而进入跌势。阴线深入阳线实体部分越多,转势信号越强(详见图7-19)。

(十)倾盆大雨

此K线出现在上涨趋势中,先是一根大阳线或中阳线,在阳线之后出现一条低开低走的一根大阴线或中阴线,阴线的收盘价已低于前一根阳线的开盘价,阴线实体超过了阳线。倾盆大雨的见顶信号强于乌云盖顶,而且阴线实体低于阳线实体部分越多,转势信号越强(详见图7-20)。

图7-19　乌云盖顶　　　　图7-20　倾盆大雨

第五节　股价趋势分析

证券价格的变动趋势并不是杂乱无章、毫无规律可循的,而是有一定趋势的。技术分析就是建立在股价是按一定趋势变动这一前提之下的,趋势是技术分析中最核心的问题,技术分析的全部目的就是搞清市场价格变动的趋势。所以,"顺势而为"成了证券市场中最广泛认同的投资理念。

一、趋势的意义

简单地说,趋势就是股票价格运动的方向。

若确定了一段上升或下降的趋势,则股价的波动必然朝着这个方向运动。在上升的行情里,虽然有时会下跌,但不影响上升的大方向,不断出现的新高价会使偶尔出现的下降黯然失色。在下降行情里情况相反,不断出现的新低价会使投资者心情悲观,人心涣散。

技术分析的假设中就明确地说明了价格的变化是有趋势的,没有特别的理由,价格将沿着这个趋势继续运动。这一点就说明趋势这个概念在技术分析中占有很重要的地位,是我们应该注意的核心问题。

二、趋势的方向

一般来说,市场运动不是朝一个方向直来直去,中间肯定要有曲折,从图形上看就是一条曲折蜿蜒的折线,每个折点处就形成一个峰或谷。由这些峰或谷的相对高度,我们可以看出趋势的方向。

趋势有三种方向:上升趋势、下降趋势、横向盘整趋势。

如果图形中每个折点后面的峰和谷都高于前面的峰和谷,则趋势就是上升趋势;如果图形中每个折点后面的峰和谷都低于前面的峰和谷,则趋势就是下降趋势;如果图形中每个折点后面的峰和谷与前面的峰和谷相比,没有明显的高低之分,几乎呈水平延伸,这时的趋势就是横向盘整趋势。

三、趋势的类型

按道氏理论分类,趋势可分为三种类型。

(一)基本趋势(Primary Trend)

基本趋势是趋势的主要方向,也是股票投资者极力要弄清楚的。了解了基本趋势才能做到"顺势而为"。基本趋势是股价波动的大方向,一般持续的时间比较长。

(二)次级趋势(Secondary Trend)

次级趋势是在进行基本趋势的过程中进行的调整。正如前述,趋势不会是直来直去的,总有局部的调整和回撤过程,次级趋势正是完成这一使命的。

(三)短暂趋势(Near Term Trend)

短暂趋势是在次级趋势中进行的调整。短暂趋势与次级趋势的关系就如同次级趋势与基本趋势的关系一样。

四、趋势线

趋势线是指将2个或2个以上的相继低点或高点联成的线。

上升趋势线是由依次上升的向上反弹低点连接而成的直线。

下降趋势线是由依次下降的上冲高点连接而成的直线。

横向趋势线是横向波动中水平低点的连接线。

五、支撑与压力

(一)支撑与压力的意义

支撑是指股价下跌到某一个价位附近,会出现买方增加卖方减少的情况,从而使股价暂停下跌或反弹上升。这个起着阻止股价继续下跌的价格就是支撑线所在的位置。所谓压力是指股价上升到某一个价位附近,会出现卖方增加买方减少的情况,从而使股价上涨受阻或反转下跌。这个起着阻止股价继续上升的价位就是压力线所在的位置。

支撑线和压力线的作用是阻止或暂时阻止股价向一个方向继续运动。我们知道,股价的变动是有趋势的,要维持这种趋势,保持原来的变动方向,就必须冲破阻止其继续向前的障碍。比如说,要维持上升行情,就必须突破上升的压力线的阻力和干扰,创造出新的高点。由此可见,支撑线和压力线迟早会有被突破的可能,它们不能长久地阻止股价保持原来的变动方向,只不过是使它暂时停顿而已。

只要支撑线或压力线被足够大的价格变化切实地击破了,它们就互换角色,演变成自身的反面,即支撑线变成了压力线,压力变成了支撑线。也就是说,支撑线和压力线的地位不是一成不变的,条件是它被有效的足够强大的股价变动突破(详见图7-21)。

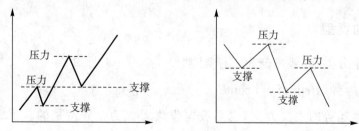

图 7-21 支撑线和压力线

（二）支撑与压力的形成

一支股票价格的发展在什么价位上会遇到压力？在什么价位上会受到支撑？如果投资者能够确切地掌握，对其正确的投资决策具有极大地帮助。

1. 支撑与压力形成的原因

股价在某一区域之所以会形成压力或支撑，不外乎有两方面的原因。

一是在这一区域很大程度上决定了投资者的持股成本。如果股价高于这一价格区域，就会使相当一部分投资者获利或解套；如果股价低于这一价格，就会使相当一部分投资者套牢或亏损。当股价高于投资者的持股成本时，前期套牢的投资者在忍受了长时间套牢的煎熬之后，好不容易盼到解套而都想逃离，纷纷卖出股票；前期在较低的价位上买入的投资者现在也有一定的获利，也都意识到股价进一步上行的压力会非常大，而会趁早获利了结；有意买入的投资者却会担心给别人抬轿子，买入的热情与信心显著不足。在此价位上，解套盘、获利盘的大量涌出及买方力量的削弱，必然使股价进一步上行的阻力非常大。当股价低于投资者的持股成本时，股价进一步下跌，必然会导致大多数的投资者被套牢，惜售的心态使投资者不愿意割肉卖出自己手中的股票，使股价进一步下跌的动力不足；同时买入的投资者会认为现价买入，持股成本肯定是最低的，使得买方的力量进一步增强，从而使股价受到一定的支撑。

二是在这一区域投资者的心理反应影响了股价的上涨或下跌，从而产生了一定的支撑或压力。

图 7-22　压力与支撑的转化

2. 支撑与压力形成的主要几种位置

（1）前期密集成交区。股票交易曾在这一区域内出现反复的波动和巨大的成交量，说明在这一区域换手率很高，投资者的持股成本与此十分接近。那么当股票价格再次接近这一价位区间时，就会受到抵抗而形成压力或支撑。

（2）前期高点、前期低点。投资交易的过程中，投资者总是自觉不自觉地与前期以及历史上的高点与低点进行比较。当股价达到或接近前期的高点，卖方力量的增强和买方力量的削弱导致在此价位形成一定的压力;当股价达到或接近前期的低点时,买方力量的增强和卖方力量的削弱导致在此价位形成一定的支撑。

(3)黄金分割位、百分之五十位等。黄金分割是一个古老的数字,对它的各种神奇的作用和魔力,数学上至今还没有明确的解释。黄金分割位、百分之五十位等,对在价格涨跌过程所起的支撑或压力作用,主要是对投资者心理方面作用的影响所致。

(4)整数点位。在股票价格指数变化中重要的指数点位对股票价格指数变化所起的支撑或压力作用也是非常重要的,主要也是投资者心理方面作用的影响。

分析一条支撑线或压力线对当前股价影响的重要程度有3个方面:一是股价在这个区域停留时间的长短;二是股价在这个区域伴随的成交量大小;三是这个支撑区域或压力区域发生的时间距离当前这个时期的远近。很显然,股价停留的时间越长,伴随的成交量越大,离现在越近,则这个支撑或压力区域对当前股价的影响就越大,反之就越小。

3. 支撑与压力突破的确认

支撑线和压力线对股价的变化趋势会产生一定的影响,但是它不可能永远制约着股价的变化。当股价的发展趋势真正形成之时,这些支撑线、压力线同样不堪一击。

支撑位、压力位的突破有真突破和假突破两种情况。所谓假突破就是指股价在一定时期内突破了支撑线或压力线,但是很快又回到了压力线的下方(或支撑线的上方)。这说明市场中有突破的意愿,但是时机尚未成熟,突破的力量还不充足。

对支撑线和压力线是否被突破的判断在实际操作中具有十分重要的意义。一些重要的支撑线,如果支撑住了股价,投资者就应该开始买入;如果一旦被确认向下突破,就不应该买入,甚至要"逃命",因为这一个支撑位被突破后,离下一个支撑位之间可能会有较大的空间。同样,对于一些重要的压力线如果一旦被确认向上突破,其上涨的空间也将被打开,是投资者买入的最佳时机。

对于支撑线或压力线是否真的被突破,决不能仅仅看股价是否已经超越了支撑线或压力线,而是要看支撑线或压力线之间是否实现了角色互换。如果支撑线或压力线被足够大的价格变化切实地击破了,它们就互换角色,演变成自身的反面,即支撑线变成了压力线,压力线变成了支撑线。一般来说,当股价突破压力线或支撑线之后都要有一个回抽确认的过程。如果股价向上突破压力线之后,回抽至原压力线附近,受到了强而有力的支撑,而继续拐头向上,并且伴随着成交量的放大,那么这种突破就可以说明是一种真正意义上的向上突破,是投资者跟进买入的最佳时机。但是股市的变化绝不是千篇一律的,不能机械地去认识回抽确认的过程。如在一些大的行情中,股价回抽的幅度很小,没到原压力线附近就已拐头向上,甚至还有一些根本就没有回抽确认而一路上涨。如果投资者不管在什么情况下都是机械地去等待回抽至原压力线附近再拐头向上时才买入,也将会丧失获利的机会。因此,在判断一些支撑位或压力位是否真正实现了突破时,最好还要结合当时的股市的环境、成交量的变化、股票的内在价值等因素综合判断。

六、轨道线(通道线、管道线)

有时在一段时间内,股价会始终在支撑线与压力线之间的区间内波动。这 2 条平行的支撑线与压力线之间的区间称之为轨道。

在划出趋势线后,通过第一个波峰或波谷作出这条趋势线的平行线,这 2 条平行线就构成轨道线。按股价的运动方向,可将轨道分为上升轨道、下降轨道和水平轨道(详见图 7-23)。

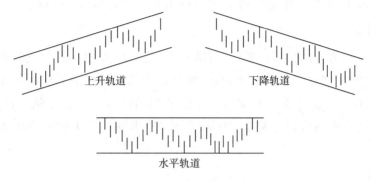

图 7-23 股价轨道图

当轨道线得以确认之后,只要大趋势不变,股价将在轨道内运动。投资者就可以依据轨道线上、下轨的位置,进行高抛低吸的操作。

如果在 1 次波动中,股价在离轨道线较远的位置就开始改变运动的方向,这往往是股价运动趋势将要改变的征兆,意味着市场已经没有力量继续维持原有的上涨或者下跌的趋势了。

七、缺口分析

缺口是指股票价格在大幅度上涨或下跌的过程中有一段价位上没有发生交易而形成的交易真空区域。

缺口,有些人也把它称之为"跳空",但二者之间是有重要区别的。跳空是指本交易日的开盘价高于或低于上一交易日的收盘价。如上一交易日的收盘点位是 1680 点,本交易日的开盘点位是 1688 点。这时就可以将其描述为"本交易日跳空 8 点高开"。但是这并不意味着本交易日就留下了 8 点的缺口。因为,上一交易日的最高点位可能已达 1690 点,或者本交易日的最低点位是 1678 点,这都使得在 1680 点到 1688 点之间并没有存在交易真空。所以,跳空不一定会留下缺口。但是如果有了缺口,则必然存在跳空。跳空只是反映了开盘之初的市场状况,主要是参与集合竞价的投资者的态度的反映;而缺口反映了整个交易日的市场状况,是多空双方一天争斗的结果的反映。

缺口分为四种类型:普通缺口、突破缺口、中继缺口、竭尽缺口。

(一)普通缺口

普通缺口常出现在横向整理的一些密集交易区域内,并不会影响股价在短期内的走势。所以,普通缺口一般幅度较小,且会在短期内被封闭,它几乎没有操作上的意义。

(二)突破缺口

突破缺口一般出现在股价新的运动趋势发生之初,主要是在整理形态完成后突破盘局时产生的缺口,表明股价已突破盘局并将以相当的动能向突破方向推进。突破缺口的出现,表明多空双方力量对比已经发生了显著的变化。如果股价突破支撑线或压力线后以一个很大的缺口跳离前期形态,且伴随着成交量的放大,则表明突破十分强而有力。突破缺口不会在短期内被封闭,它在技术上有重要的参考价值。

(三)中继缺口

中继缺口也称为"持续缺口"或"测量缺口"。它一般发生在股价突破形态确立后急速上升途中,表明多空双方力量对比悬殊,股价还会按照目前的趋势持续运行。中继缺口又称为"测量缺口",是因为这种缺口可帮助我们估计未来后市涨跌的幅度:如果在行情急速移动的过程中出现两个缺口,则这两个缺口中间的距离就是股价未来进一步上涨的空间。

(四)竭尽缺口

竭尽缺口是股价已达到运动趋势的终点,即将进入反转形态而产生的缺口。在急速的上升或下跌中,疯狂地抢筹或恐慌性抛售是导致竭尽缺口出现的主要原因。如果这时伴随着成交量的巨额放大,就可以将其判断为是竭尽缺口。竭尽缺口出现,表明股价的顶部或者底部已经到来了。

第六节 股价形态分析

股价形态记录了股票价格变化的轨迹。某种股价形态的出现,是多空双方力量的对比结果。根据股价形态的变化规律,我们可以依此判断股价未来的走势。

根据股价形态所反映的意义,可以分为两类:一类为反转形态,出现这种图形后,股价运行方向就会改变,由原来的上升趋势转为下跌趋势,或由原来的下跌趋势转为上升趋势。其中属于底部反转的形态有:头肩底、W底、圆底、三重底、V形反转等;属于顶部反转的形态有:头肩顶、M头、圆顶、三重顶、倒置V形等。另一类为整理形态,此类形态是股价变化趋势中的中继形态。出现这种形态后,股价会继续按照原有的走势运动。此类形态有三角形、旗形、楔形、矩形等。

一、反转形态

(一)头肩顶和头肩底形态

头肩顶和头肩底是反转形态最为可靠、反转强度较大的一种形态。头肩形态一共出现3个顶和2个底,中间的高点比另外2个都高,称为头,左右2个相对较低的高点称为肩,这就是头肩形名称的由来。

如图7-24所示,股价走势在构筑出左肩后,上涨的趋势就发生了变化,这时的趋势线变成了图中所标注的颈线,尽管仍然创出了新高,但上涨势头已经有了受阻的信号。当股价自右肩跌破颈线位之后,颈线就变成了压力线。股价在遇到颈线时受阻回落,这时下跌的趋势已是不可阻挡。

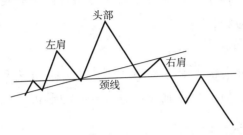

图 7-24 头肩顶形态

图中的颈线极为重要,在头肩顶形成之前,它是支撑线。头肩顶形态形成之后,颈线就变成了压力线。确认突破颈线的原则一般是当股票的收盘价突破颈线幅度超过股价的3%。

颈线突破后,股价下跌幅度的测度是:从突破点算起,股价将至少要跌到与形态高度相等的距离。形态高度是指从头部到颈线的距离。

头肩底是头肩顶的相反形态,二者的区别主要在于成交量变化的时间不同。头肩顶主要是在左肩和头部放量,在突破颈线位后有所放量;头肩底在形成左肩、头部时并没有明显的放量,而在右肩反弹时开始放量,尤其是在突破颈线位后上涨时,放量显著(见图7-25,7-26)。

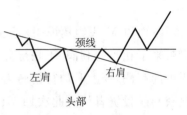

图 7-25 头肩底形态

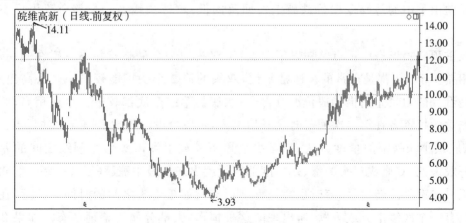

图 7-26 头肩底后的大幅拉升

(二)复合头肩底和头肩顶形态

复合头肩形态是头肩形态的变形走势,其形状和头肩形态十分相似,只是肩部、头部、或两者同时出现多于一次,主要有四肩一头、两肩两头、四肩与不明显的头等形态。

复合头肩形态的最小涨、跌幅度的测度方法和普通的头肩形态一样,但复合头肩形态的颈线很难画出来,因为每一个肩和头的回调幅度并不相同,不会全都落在同一条线上。因此,复合头肩形态的颈线位的确定可以根据情况折衷确定。复合头肩形态的威力往往较普通的头肩形态为弱。

(三)双重顶和双重底

双重顶和双重底因形似英文字母 M 和 W,所以又称 M 头和 W 底,这 2 种形态在实际操作中出现非常频繁。如图 7-27 所示是这种形态的形状。

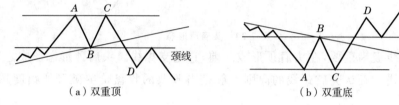

图 7-27

下面以 M 头为例说明双重顶、底的市场含义:股价持续上升至 A 点,这期间为投资者带来了相当的利润,于是部分投资者意识到股价进一步上行的压力非常大,从而抛出手中的筹码,令上升的行情转为下跌。当股价回落到 B 点时,短线投资者以及一些前期已获利的投资者认为此次回调已经到位而再次买入,于是行情开始回复上升。但与此同时,对该股信心不足的投资者会因觉得错过了在第一次的高点出货的机会而马上在市场出货,加上在低点回补的投资者亦同样在这一水平再度卖出,强大的沽售压力令股价再次下跌。此时,多数投资者已经认为该股短期内再继续上升的可能性已不存在,因而不断抛出手中的筹码令股价跌破上次回落的低点(即颈线),于是整个双头形态便告形成。

双重顶(底)形态应重点掌握以下要点:①双头的 2 个最高点并不一定在同一水平,二者相差少于 3% 都是正常的。通常来说,双头的第二个头可能较第一个头高出一些,原因是看好的力量企图推动股价继续再升;双底的第二个底都较第一个底稍高,原因是先知先觉的投资者在第二次回落时已开始买入,令股价没法再次跌回上次的低点。②M 头、W 底最小涨跌幅的量度方法,是至少会再下跌或上涨由头部至颈线之间的差价距离。一般来说,双底或双头的涨、跌幅度都较量度出来的最小涨、跌幅大一些。③双重顶(底)不一定都是反转信号,有时也会是整理形态。如果 2 头之间的时间非常近,在它们之间只有一个次级上升或下跌,所出现的这种情形,大部分属于整理形态。如果 2 头之间出现的时间相距甚远,而且中间又经过了几次次级下跌或上升,那么,所出现的这种情形大部分属于反转形态。通常形态形成的时间相隔不少于一个月。④M 头中双头都有明显的高成交量,但第二个头部的成交较一头部显著减少,反映出市场的购买力量已在转弱;W 底的第二个头成交量并无显著放大,但在突破颈线时,必须有成交量的急剧放大。⑤通常突破颈线后,会出现反抽(详见图 7-28)。

图 7-28　双重顶后的大幅下跌

（四）三重顶和三重底

三重顶(底)可以视为双重顶(底)的扩展,其原理与双重顶(底)基本相同,通常出现在长期或中期趋势的反转过程中,一旦形成突破趋势之时,其力度一般要远远大于双重顶或双重底。

三重底(顶)的形成在一般情况下,是控盘主力为了消磨投资者的耐心,特意制作的图形形态。在三重底(顶)波谷之间的距离与时间一般都不必相等,其中的峰顶值也不一定需要在同一水平线上(详见图 7-29)。

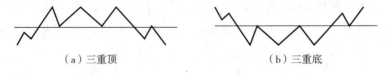

（a）三重顶　　　　　　　　　（b）三重底

图 7-29

投资者一般应在已经形成了明显突破后回档确认时迅速果断地作出操作决策。因为在形态形成的过程中,控盘主力若还未完全达到自己的既定目标,就已经改变了以前的主意,投资者的贸然行动,只能适得其反。

三重底(顶)涨跌幅的量度方法,也是至少会再上涨或下跌由头部至颈线之间的差价距离。

（五）圆弧顶和圆弧底

圆弧形的图形形态是股票价格呈弧形上涨或下跌(详见图 7-30)。圆弧形态的形成条件是当股价经过大幅度涨升(或下跌)之后,市况开始进入一种牛皮盘档的局面,每天的升跌幅度很少,上下波动几乎呈水平状态,成交量也大幅度萎缩。在各种图形形态之中,圆弧顶(底)所酝酿的时间是最长的。当圆弧底开始在形态上露出其形成的迹象时,是投资者绝佳的买入时机;而当圆弧顶开始在形态上露出其形成的迹象时,投资者则必须果断地、不惜代价地离开。

(a) 圆弧顶　　　　　　　　(b) 圆弧底

图 7-30

在圆弧形中成交量很重要。无论是圆弧顶还是圆弧底,在它们的形成过程中,成交量都是两头多、中间少。越靠近顶或底成交量越少,到达顶或底时成交量达到最少。圆弧形形成所花的时间越长,今后反转的力度就越强。一般来说,圆弧形态一旦形成,其反转的深度和高度是难以测度的。

(六) V 形顶和 V 形底

V 形底的形成过程一般如下,股价经过连续下跌之后,投资者已如惊弓之鸟,极为恐慌,这时若再有一些利空消息的出现,会导致恐慌性的抛盘大量涌出,使股价再一次呈现出快速下挫的加速状。当股价跌到一个相当低的位置之后,抛压大为减轻,一些投资者开始反思这段时间的下跌是否有"矫枉过正"的嫌疑,并认为经过此轮的下跌之后,股价已远远背离其价值。这时若再配合有一定的利好消息或澄清公告,将会促使大量的买单涌入市场,并完全控制了局面,在这种情形下,大势随即掉头向上。

V 形顶的形成过程则刚好相反。在市场大势连续性上升之后,持股的投资者获利已经十分丰厚,随着股价的连续上涨,卖方的力量开始逐渐占据上风,这时若再伴有一定的利空消息,抛盘一旦涌出,大势即骤然转变方向,掉头向下(详见图 7-31)。

(a) V形底　　　　　　　　(b) V形顶

图 7-31

在 V 形底出现时,成交量一般都是逐渐地由小到大,并在 V 形最低处形成近期成交量峰值。此时的成交量越大,则日后的上升攻势越猛烈。在 V 形顶出现时,成交量的变化则一般不是很明显,但是在 V 形顶部形成的前一两个交易日之中,成交量同样也会形成近期成交量的峰值,股价上下波动的幅度也会加大。这也意味着买方力量已经日趋穷尽,大势则基本上已经到了强弩之末。

V 形形态的形成一般都伴有重大的利好或利空消息,趋势反转极为迅速,一经确认,其杀伤力是相当惊人的。如果时机把握好的话,可以在短时间内获利丰厚的回报,但这需要具备超人的勇气和胆识,以及敏锐的判断应变能力。根据 V 形态势把握买卖的时机,首先应当在 V 形底部开始形成之际,果断进场抄底。前期下跌的幅度越大,则后市上涨的空间就越大。而在 V 形顶部开始露出迹象之时,投资者要果断地离开牛气冲天的市场,抛售套现,以免延误时机,惨遭套牢。

在 V 形形态下抢反弹的风险是十分巨大的。对于普通投资者而言,V 形反转是操作性很差的一种形态,难以把握。

二、整理形态

整理形态不改变股价运动的基本走势,经过此类形态进行必要的调整后,股价会继续按照原有的走势运动。

(一)对称三角形

对称三角形出现在股价经过了一定幅度的上涨之后,进入一个沿水平轴横向调整阶段,而且其波动幅度逐渐缩小。此时买卖双方的力量在该段价格区域内势均力敌,暂时达到平衡状态。对称三角形成交量随幅度愈来愈小的股价变动而递减。当股价突然跳出三角形时,成交量随之变大。

对称三角形的形成一般应有 6 个转折点;对称三角形在距三角形底边一半或 3/4 处突破时功能明显,愈接近其顶点而未能突破界线时,其力量愈小;向上突破需伴有成交量的放大;对称三角形突破后,一般会有反抽确认的过程(详见图 7-32)。

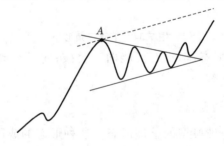

图 7-32 对称三角形

对称三角形突破后涨幅的量度方法是:过 A 点作平行于股价运行所构筑三角形的下边直线的平行线,两者构成股价突破后的运行轨道,这就是股价今后至少要达到的位置。

(二)上升三角形

上升三角形是对称三角形的变形体,与对称三角形的区别是股价盘整的高点基本上是一条直线。

上升三角形形态的形成是在股价经过了一定幅度的上涨之后,进入一个横向调整阶段。股价在某水平呈现出强大的卖压,价格从低点回升到这一水平时便受阻回落,但买方的力量相对强些,股价未回落至上次低点即告弹升,支撑点越来越高(详见图 7-33)。

上升三角形属于整理形态,但亦有可能朝相反方向发展。上升三角形在突破时若无大成交量配合,也有可能向下突破,投资者不宜贸然进场。

上升三角形被突破后,也有测度涨跌幅度的功能,测度的方法与对称三角形类似。

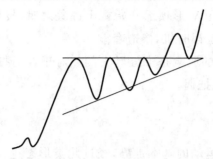

图 7-33　上升三角形

(三)下降三角形

下降三角形同样是多空双方在某价格区域内较量的表现,然而多空双方力量对比却与上升三角表所显示的情形相反,空方压力相对强于多方的支撑,因此突破后的方向一般是选择向下(详见图 7-34)。

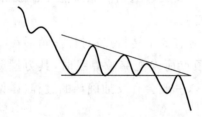

图 7-34　下降三角形

下降三角形属于整理形态,但也有可能向上突破;向下突破时一般不需要大成交量的配合。

(四)矩形

矩形又称"箱形",是一种典型的整理形态。这种形态的成因就是多空双方的力量在矩形范围内完全达到均衡状态,使股价在这个箱体内作横向延伸运行。从另一个角度分析,矩形也可能是投资者因后市发展不明朗而不知所措所造成的(详见图 7-35)。

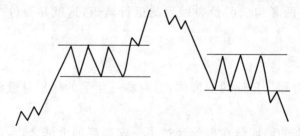

图 7-35　矩形

一般来说,如果原有的趋势是上升,那么经过一段矩形整理后,股价会继续原有的趋势,多方会占优并采取主动,使股价向上突破矩形的上界;如果原是下降趋势,则空方会采取行动,突破矩形的下界。

矩形形成的过程中,其成交量一般是不断减少的。当股价突破矩形上限的水平时,必须有成交量激增的配合;但若跌破下限水平时,就不需伴有高成交量。矩形实现突破后,股价经常出现反抽,这种情形通常会在突破后的3天至3周内出现。向上突破的反抽将止于顶线水平之上;往下突破的反抽,将受阻于底线水平之下。矩形在形成过程中极可能演变成三重顶或三重底形态,即可能由整理形态变为反转形态。因此在对矩形进行操作时,一定要等到突破之后才能采取行动。一般而言,波幅较大的矩形比波幅小的矩形形态更具威力。

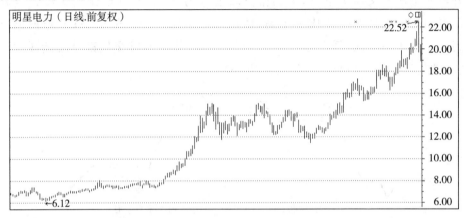

图 7-36　矩形整理后继续上涨

（五）旗形

旗形是在股价急速上升或下跌中途出现的一种整理形态。在股票价格的曲线图上,这种形态出现的频率较高,一段上升或下跌行情的中途,可能出现好几次这样的图形。旗形通常在急速而又大幅的市场波动中出现,股价经过一连串紧密的短期波动后,形成一个稍微与原来趋势呈相反方向倾斜的平行四边形。旗形走势又可分作上升旗形和下降旗形(详见图 7-37)。

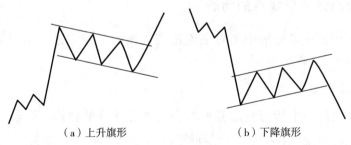

图 7-37　旗形

旗形是个整理形态,即形态完成后股价将继续原来的趋势,上升旗形将向上突破,而下降旗形则是往下跌破。上升旗形大部分在牛市尾声中出现,下降旗形大多在熊市开始时出现,表明股价可能作跳水式的下跌。因此这阶段中形成的旗形十分细小,可能在三四个交易日内已经完成。旗形出现之前,应有一个旗杆,这是由于价格作直线运动形成的。旗形形成之前和被突破之后,成交量都很大。在旗形的形成过程中,成交量逐渐减少。

旗形涨、跌幅的测度的方法是突破旗形涨、跌幅度等于整支旗杆的长度。旗杆的长度是从形成旗杆的突破点开始,直到旗形的顶点为止。

（六）楔形

楔形也分为上升楔形和下降楔形。上升楔形指股价经过一次下跌后有强烈技术性反弹,升至一定水平又掉头下落,但回落点较前次为高,又上升至比上次反弹点高的新高点后,再回落形成高点一个比一个高,低点亦一个比一个高的形态；下降楔形形态则相反,高点一个比一个低,低点亦一个比一个低。两种楔形成交量都是逐渐减少。楔形形态被突破之后,成交量都很大(详见图7-38)。

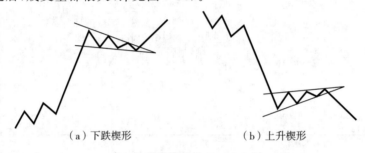

（a）下跌楔形　　　　　（b）上升楔形

图 7-38　楔形

在上升楔形中,尽管两边都向上倾,似乎多头趋势更浓,但实际上并非如此。因为在上升楔形中,股价上升,上档压力并不大,但投资人的兴趣更小,股价虽上扬,可是每一个新的上升波动都比前一个弱,最后当需求完全消失时,股价便反转回跌。下降楔形的市场含义和上升楔形正好相反。

楔形一般为整理形态,但也可能出现变异,发展为反转形态。

三、股价形态分析应注意的问题

股价形态分析是技术分析中相对来说比较成熟的分析方法。尽管如此,在实际应用中也应认真分析、正确使用。

（一）正确判断形态的类型

股价发展变化过程中所形成的各种形态在外界环境的作用下,特别是在人为因素的干扰下很可能会出现变异。如一个矩形整理形态就很容易演变为三重顶或三重底的反转形态。另一方面,站在不同的角度,对同一个形态也会有不同的理解。例如,头肩顶（底）形态是被公认的顶部和底部的反转形态,但是,如果从更大的范围和更长的时间来看,它有可能仅仅是一个更大的波动过程中的中间持续形态。在实际的投资行为中,对这样的形态我们究竟应该怎样判断呢？这个问题其实是对变动趋势"层次"的判断问题。

因此,我们在分析时应该使用尽可能宽的时间区间,因为时间区间宽的形态所包含的信息更多。

(二)依据准确的形态信号会导致获利不充分

依据准确的形态信号指导投资者的操作,得到的利益往往不充分,机会也就将丧失。尤其是在我国证券市场中趋势的持续性比较差、时间短、幅度小的情况下,如果等到突破后才行动,获利的空间已十分有限,形态分析意义也就没有多大了。

(三)形态规模的大小会影响预测结果

形态的规模是指价格波动所留下的轨迹在时间和空间上的覆盖区域。形态规模大,表明在形态完成的过程中,价格的上下波动所覆盖的区域大,在技术图形上所表现出来的就是价格的起伏大,从开始到结束所经过的时间跨度大。相反,小规模的形态所覆盖的价格区域小,时间长度也短。对形态的规模大小,可以用几何学中"相似"的概念来解释。规模大的形态是规模小的形态的"放大"。当然,对大小的判断将会涉及主观的因素。

从实际应用的角度讲,规模大的形态和规模小的形态都对行情判断有作用,不能用简单的一句话说清楚两者的区别。在实践中,一些投资者认为,规模越大的形态所作出的结论越具有战略的性质,规模越小的形态所作出的结论越具有战术的性质。从形态的度量功能看,规模越大的形态高度就越大,对今后预测的深度就必然越大。因此,他们认为在实际中应尽量使用规模大的形态。因为形态规模越大,其结果越具有稳定性和持续性,越不容易被改变。

(四)形态涵盖面的限制

我们所介绍的各种形态仅仅是有代表性的几种,这些形态不可能涵盖证券市场中形形色色的所有形态。在实际操作过程中要对不同情况的市场现况进行具体分析,切不可机械地套用教科书中所介绍的各种形态,按图索骥地进行操作。

第七节 移动平均线分析

移动平均线(MA)(Moving Average)是以道·琼斯的"平均成本概念"为理论基础,采用统计学中"移动平均"的原理,将一定时期内的股票价格平均值连成曲线,用来显示股价的历史波动情况,进而反映股价指数未来发展趋势的技术分析方法。它是道氏理论的形象化表述。移动平均线是目前股票市场上最富灵活性、使用范围最广泛,也是构造方法最简便易行的技术指标分析方法。并且由于它具有客观而精确的趋势信号,所以构成了绝大部分自动顺应趋势系统运作的基础。

一、移动平均线的种类及计算方法

（一）移动平均线的种类

移动平均线依计算周期分为短期（如5日、10日）、中期（如30日）和长期（如60日、120日）移动平均线。

移动平均线依算法分为算术移动平均线、加权移动平均线、平滑移动平均线等，最为常用的是下面介绍的算术移动平均线。

（二）移动平均线的计算

移动平均线的数值一般是以收盘价来进行统计的。"平均"的意思是指某一段时期的收盘价的算术平均数；"移动"的意思是指在计算中始终只采用最近一定天数的收盘价数据，随着交易日的延展逐日向前推移。

移动平均线的基本思路是消除偶然因素的影响，坚定地追踪股票价格的趋势，直到这个趋势发生根本性的变化为止。

移动平均线的绘制方法，是先求其移动平均值，再据此在坐标图上绘制成线。

移动平均数的计算公式是：

$$移动平均数 = \frac{\sum_{i=1}^{n} P_i}{n}$$

式中：P_i 为第 i 天股票的收盘价，n 为计算周期。一般 n 定为5,10,30,60……最常用的是5日、10日和30日的移动平均线。

假如我们要统计的是10日移动平均线，那么不管时间如何推移，我们只需统计最近10个交易日的收盘价的平均值，这样把每天算出的10天平均值连接成一条曲线，这就是10日移动平均线，简称 MA(10)。

计算周期是移动平均线的关键参数。计算周期越短，移动平均线的反映越灵敏，越贴近股价的走势，但又不可避免地产生过多的伪信号，令投资者无所适从；计算周期越长，移动平均线越平滑，受股价变化的一些偶然因素的干扰越小，但是反映也越迟缓。因而有必要找出最适合市场和个股的计算周期，使这条移动平均线既能够敏感地发出市场趋势变化的信号，又能够避免出现过多的市场"噪音"。这就要在移动平均线的敏感与迟钝之间寻找到一个最佳的平衡点。对于那些希望敏锐地发现市场趋势变化的投资者来说，他们更多的关心5日、10日等短期移动平均线的变化情况；对于那些中长线投资者来说，他们更多的关心20日、30日、60日等中长期移动平均线的变化情况。在计算机已广泛普及的情况下，移动平均线的计算已经是一个非常简单的问题。只要在软件的设置中设定不同时间参数，K线图上就可以标注出相应的移动平均线。

二、移动平均线的意义

在上升行情初期，短期移动平均线从下向上突破中长期移动平均线，形成的交叉叫作黄金交叉。预示股价将上涨,是买入信号。如 5 日均线上穿 10 日均线形成的交叉;10 日均线上穿 30 日均线形成的交叉均为黄金交叉。

当短期移动平均线向下跌破中长期移动平均线形成的交叉叫作死亡交叉。预示股价将下跌,是卖出信号。如 5 日均线下穿 10 日均线形成的交叉;10 日均线下穿 30 日均线形成的交叉均为死亡交叉。

在上升行情进入稳定期,5 日、10 日、30 日移动平均线从上而下依次顺序排列,向右上方移动,称为多头排列,预示股价将大幅上涨,是买入信号。

在下跌行情中,5 日、10 日、30 日移动平均线自下而上依次顺序排列,向右下方移动,称为空头排列,预示股价将大幅下跌,是卖出信号。

在上升行情中股价位于移动平均线之上,走多头排列的均线可视为多方的防线;当股价回档至移动平均线附近,各条移动平均线依次产生支撑力量,买盘入场推动股价再度上升,这就是移动平均线的助涨作用。不过,这种图表在股价水平已经相当高时,并不一定是买进讯号,只能作参考之用。

在下跌行情中,股价在移动平均线的下方,呈空头排列的移动平均线可以视为空方的防线,当股价反弹到移动平均线附近时,便会遇到阻力,卖盘涌出,促使股价进一步下跌,这就是移动平均线的助跌作用。

当移动平均线由上升转为下降出现最高点和由下降转为上升出现最低点,是移动平均线的转折点,预示股价走势将发生反转。

三、葛兰维尔移动平均线八大法则

美国著名股票分析家葛兰维尔根据 200 天移动平均线与每日股价平均值的关系提出了买进和卖出股票的 8 条法则(详见图 7-39)。

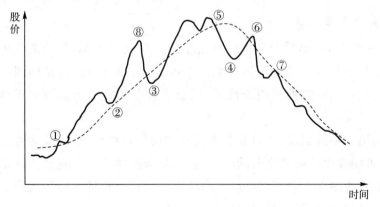

图 7-39 葛兰维尔移动平均线八大法则

移动平均线从下降逐渐走平且略向上方抬头,而股价从移动平均线下方向上方突破,为买进信号(如图 7-39 中①)。这是因为,移动平均线止跌转平,表示股价已呈上升趋势,而此时股价再突破平均线而向上延升,则表示当天股价已经突破卖方压力,买方已处于相对优势地位。

股价在移动平均线之上,且向移动平均线靠近,在尚未跌破平均线又再度上升时,宜买进(如图 7-39 中②)。因为在这种情况下,往往是表示投资者获利回吐,但由于承接力较强,股价在短期内经过重整后,又会强劲上升,因而是买进时机。

股价位于移动平均线之上运行,回档时跌破移动平均线,但短期移动平均线继续呈上升趋势,此时为买进时机(如图 7-39 中③)。这是因为移动平均线移动较为缓慢,当移动平均线持续上升时,若股价急速下跌并跌入平均线之下,在多数情况下,这种下跌只是一种假象,几天后,股价又会回升至移动平均线之上,故也是一种买进时机。

当移动平均线下降,股价位于移动平均线以下运行,突然暴跌,距离移动平均线很远,极有可能向移动平均线靠近,此时为买进时机(如图 7-39 中④)。

以上 4 点,是移动平均线的买入时机,下面 4 点则为移动平均线的卖出时机。

移动平均线从上升逐渐走平,而股价从移动平均线上方向下跌破移动平均线时说明卖压渐重,股价将继续下跌,投资者应卖出所持股票(如图 7-39 中⑤)。

移动平均线持续下降,而股价在突破平均线上升后又回落到平均线以下时,表明股价大势趋跌,宜卖出(如图 7-39 中⑥)。

移动平均线呈下降态势,股价位于移动平均线下方运行,反弹时未突破移动平均线而再次下降,表明股价疲软,此时为卖出时机(如图 7-39 中⑦)。

移动平均线呈上升态势,股价位于移动平均线之上运行,连续数日大涨,远离移动平均线,说明近期内购买股票者获利丰厚,市场上随时会产生获利回吐的卖压,股价极可能出现回跌,投资者宜卖出所持股票(如图 7-39 中⑧)。

四、乖离率(BIAS)

(一)乖离率的含义

乖离率,简称 Y 值,是移动平均原理派生的一项技术指标,其功能主要是通过测算股价在波动过程中与移动平均线出现偏离的程度,从而得出股价在剧烈波动时因偏离移动平均趋势而造成可能的回档或反弹,以及股价在正常波动范围内移动而形成继续原有趋势的可信度。

我们都知道,"物极必反"。如果股价偏离移动平均线太远,不管在移动平均线之上或之下,都有可能发生反向变化而趋向平均线,从而产生一个买进或卖出的时机。而到底距离移动平均线多少才是买卖时机呢?乖离率就是通过计算股价偏离移动平均线的百分比值,从而定量的对买卖时机的选择给予提示。

(二)乖离率的计算公式

$$N \text{ 日的乖离率} = \frac{\text{当日收盘价} - N \text{ 日内移动平均收盘价}}{N \text{ 日内移动平均收盘价}} \times 100\%$$

式中:N 日为设立参数,可按需要选用移动平均线日数,一般确定为 6 日、12 日、24

日和 72 日,亦可按 10 日、20 日、30 日、60 日设定。

(三)乖离率的应用法则

乖离率分正乖离率和负乖离率。当股价在移动平均线之上时,其乖离率为正,反之则为负,当股价与移动平均线一致时,乖离率为 0。随着股价走势的强弱和升跌,乖离率周而复始地穿梭于 0 点的上方和下方,其值的高低对未来走势有一定的测市功能。一般而言,正乖离率越高时,表示短期内多头获利回吐可能性也越大,呈卖出讯号;负乖离率越低时,表示空头回补的可能性也越大,呈买入讯号。对于乖离率达到何种程度方为正确之买入点或卖出点,目前并没有统一原则,使用者可凭观图经验及对行情强弱的判断得出综合结论。一般来说,在大势上升时,如遇负乖离率,可以顺势买进,因为进场风险小;在大势下跌时,如遇正乖离率,可以待回升高价时,卖出所持股票。

乖离率作为操作依据的可信程度与计算乖离率所选择的时间参数有关,与分析对象在证券市场中的活跃程度有关,还与使用的时期有关。除去由于一些突发事件造成的股价暴涨暴跌,从而使乖离率短期内达到高值的情况,短、中、长线的乖离率一般也有一定的规律可循。表 7-1 所给数据就是以乖离率作为买卖依据的参考值。

表 7-1 乖离率指标的运用法则

乖离率计算周期	买进时机	卖出时机
5 日	-3%	$+3.5\%$
10 日	-4.5%	$+5\%$
30 日	-16%	$+16\%$

表中虽已给出了结果,但仅供参考,毕竟在实践当中,股价的波动是频繁而又无规律的。而且,从我国现行证券市场来看,由于市场还未完全成熟,股票价格暴涨暴跌的现象常常可见,所以投资者只能把乖离率作为移动平均值应用的辅助指标。假如仅依据乖离率来进行投资决策的话,往往难以实现投资者的盈利预期。

五、平滑异同移动平均线(MACD)(Moving Average Convergence Divergence)

MACD 是 Geral Appel 于 1979 年提出的一项利用短期(常为 12 日)移动平均线与长期(常为 26 日)移动平均线之间的聚合与分离状况,对买进、卖出时机作出研判的技术指标。

(一)MACD 的计算方法

MACD 是由正负差(DIF)和异同平均数(DEM)2 部分组成的,其中 DIF 是核心,DEM 只起辅助作用。

DIF 是快速平滑移动平均线与慢速平滑移动平均线的差,快速平滑移动平均线采用的是短期时间参数,慢速线采用的是长期时间参数。现在我们以较流行的 12 天和 26 天时间参数为例,对 DIF 的计算过程进行介绍。

快速平滑移动平均线采用12天参数,其计算公式为:
今日 EMA(12)=[2/(12+1)]×今天收盘价+[11/(12+1)]×昨日 EMA(12)
慢速平滑移动平均线采用26天参数,计算公式为:
今日 EMA(26)=[2/(26+1)]×今天收盘价+[25/(26+1)]×昨日 EMA(26)
DIF=EMA(12)−EMA(26)

单独使用 DIF 也能进行市场走势分析,不过,要想 MACD 预测的信号更全面可靠,还需使用 DEM 这个指标进行辅助分析。(DEM 也就是 MACD,为了避免与指标的原名混淆,在此用 DEM 表示。)

DEM 实际上是连续一段时间的离差(DIF)的算术平均值,只要找到 DEM 的时间参数,即可以得出 DIF 的算术平均数,计算方法与移动平均线相同。(DEM 一般用9日 EMA 的平均值计算。)

(二)MACD 的应用法则

当 DIF 由下向上突破 MACD,形成黄金交叉,既白色的 DIF 上穿黄色的 MACD 形成的交叉;同时 BAR(绿柱线)缩短时,此为买入信号。

当 DIF 由上向下跌破 MACD,形成死亡交叉,既白色的 DIF 下穿黄色的 MACD 形成的交叉;同时 BAR(红柱线)缩短时,此为卖出信号。

顶背离。当股价指数逐波升高,但 DIF 及 MACD 不是同步上升,而是逐波下降,与股价走势形成顶背离时,预示股价即将下跌。如果此时出现 DIF2 次由上向下穿过 MACD,形成2次死亡交叉,则股价将大幅下跌。

底背离。当股价指数逐波下行,但 DIF 及 MACD 不是同步下降,而是逐波上升,与股价走势形成底背离时,预示着股价即将上涨。如果此时出现 DIF2 次由下向上穿过 MACD,形成2次黄金交叉,则股价即将大幅度上涨。

MACD 主要用于对大势中长期的上涨或下跌趋势进行判断,当股价处于盘整或指数波动不明显时,MACD 买卖信号较不明显;当股价在短时间内上下波动较大时,因 MACD 的移动相当缓慢,所以不会立即对股价的变动产生买卖信号。

(三)MACD 的缺点及弥补方法

由于 MACD 是一项中、长线指标,买进点、卖出点和最低价、最高价之间的价差较大。当行情牌小幅变动或盘整时,投资者按照信号进场后可能随即又要出场,买卖之间可能已经没有利润,甚至还要赔点价差或手续费。当一两天内涨跌幅度特别大时,MACD 来不及反应。因为 MACD 的移动相当缓和,与行情的移动相比有一定的时间差,所以,一旦行情迅速而大幅度地涨跌时,MACD 不会立即产生信号,因而无法发生作用。

为了弥补 MACD 指标的缺陷,当行情处于盘整或者小幅波动时,应避免采用 MACD 交易。同时投资者可根据个人的爱好和需要,将日 K 线图转变为小时或者周期更短的图形。或者修改 MACD 的参数。例如:快慢速 EMA 及 DIF 的参数分别为12、

26、9,将其改为 6、13、5 可以调整 MACD 的信号速度。(注意:不论放大或缩小参数,都应尽量用原始参数的倍数)。

第八节 技术指标分析

一、相对强弱指标(Relative Strength Index)

(一)相对强弱指标(RSI)的计算方法

相对强弱指标(RSI)是由美国人威尔德(Wells Wider)于 1978 年创制的一种通过特定时期内股价的变动情况计算市场买卖力量对比,判断股票价格内部本质强弱,推测价格未来的变动方向的技术指标。

RSI 的计算方法相当简单:找出包括当天在内的连续 N 个交易日的收盘价,用每一天的收盘价减去上一天的收盘价,就会得到一组数字。很显然这其中有正值,也有负值。我们把其中的正值找出来,计算其平均值;把负值也找出来,计算其平均值。用 N 日的平均上升幅度比上 N 日的平均上涨幅度与 N 日的平均下跌幅度(绝对值)之和,得到的就是 RSI(N),公式为:

$$RSI(N) = \frac{N 日内平均上升幅度}{N 日内平均上升幅度 + N 日内平均下跌幅度} \times 100$$

一般短期 RSI 设 N=6,长期 RSI 设 N=12。RSI 值永远在 0~100 之内变动。

(二)相对强弱指标(RSI)的应用法则

当 RSI 值高于 80 进入超买区,股价随时可能形成短期回档。

当 RSI 值低于 20 进入超卖区,股价随时可能形成短期反弹。

当白色的短期 RSI 值在 20 以下,由下向上交叉黄色的长期 RSI 值时为买入信号。

当白色的短期 RSI 值在 80 以上,由上向下交叉黄色的长期 RSI 值时为卖出信号。

短期 RSI 值由上向下突破 50,代表股价已经转弱。

短期 RSI 值由下向上突破 50,代表股价已经转强。

股价一波比一波高,而 RSI 却一波比一波低,形成顶背离,行情可能反转下跌。

股价一波比一波低,而 RSI 却一波比一波高,形成底背离,行情可能反转上涨。

将 RSI 的 2 个连续低点连成一条直线,当 RSI 向下跌破这条线时,为卖出信号。

将 RSI 的 2 个连续峰顶连成一条直线,当 RSI 向上突破这条线时,为买入信号。

为了确认 RSI 是否进入超买区、超卖区,或是否穿越了 50 中界线,应尽量使用长期 RSI,以减少骗线的发生。如短期 RSI 下穿 50 中界,但长期 RSI 未下穿,说明其上升走势并未改变,下穿 50 的短期 RSI 为"骗线"。

在 80 以上或 20 以下容易发生钝化现象,因此,买之后经常发生继续超买,或超卖之后还要超卖,这在久涨或久跌之后的行情中比较常见。在这种情况下应参照其他的指标综合判断。

二、威廉指标(W%R)

(一)威廉指标(W%R)的计算方法

威廉指标(W%R)由 Larry Williams 创制,是一种利用振荡点来反映市场超买超卖现象、预测循环周期内的高点和低点,从而提出有效的信号来分析市场短期行情走势、判断股市强弱分界的技术指标。

威廉指标的计算公式为如下。

$$W\%R = \frac{Hn - C}{Hn - Ln} \times 100$$

式中:C 为当日收盘价;L_n 为 n 日内最低价;H_n 为 n 日内最高价;n 为分析周期,一般设为 10 日或 20 日。

(二)威廉指标(W%R)的应用法则

当 W%R 下跌至 80 以下水平后,再向上突破 80 超卖线时,为买进信号。

当 W%R 上升至 20 以上水平后,向下跌破 20 超买线时,为卖出信号。

当 W%R 由超卖区向上爬升时,只是表示行情趋势转向,若是突破 50 中轴线,便是涨势转强,可以考虑追买。

当 W%R 由超买区向下滑落,跌破 50 中轴线后,可以确认跌势转强,应追卖。

当 W%R 进入超买区,并非表示行情会立即下跌,在超买区内波动,只是表示行情仍然处于强势之中,直至 W%R 回头跌破"卖出线"时,才是卖出信号;反之亦然。一次信号可考虑卖出所持股票的一半或 1/3。

若 W%R 向下碰触底部 4 次,则第 4 次碰触时,是一个相当好的买点;相反,若 W%R 向上碰触顶部 4 次,则第 4 次碰触时,是一个相当好的卖点。

W%R 可与 RSI 结合起来确认市场强弱转换。当 RSI 上穿或下穿 50 时,观察 W%R 是否同步上穿或下穿 50,如果是,则强弱转换的信号较为可靠。

三、随机指标(KDJ)(Stochastics)

随机指标(KDJ)由乔治·蓝恩(George Lane)创制。它综合了动量观念、强弱指标及移动平均线的优点,用来度量股价脱离价格正常范围的变异程度。

(一)随机指标(KDJ)的计算方法

KDJ 指标考虑的不仅是收盘价,而且有近期的最高价和最低价,这避免了仅考虑收盘价而忽视真正波动幅度的弱点。

要计算 KD 值,首先要计算出最近时期的未成熟随机值 RSV(Row Stochastic Value)。

$$RSV = \frac{C - L_n}{H_n - L_n} \times 100$$

式中:C 为当日收盘价;L_n 为 n 日内最低价;H_n 为 n 日内最高价;n 为时间参数,一般取值视需要而定,通常取为 9。

RSV 值说明当日收盘处于 N 日内最高、最低价位幅度内的位置百分比,该数值越大说明越接近最高价。RSV 值是 W%R 的相反值,两者之和等于 100,而 SRV 值亦永远为 0~100。

随机指标 K 值和 D 值的计算

$$\%K_t = \frac{1}{3}RSV_t + \frac{2}{3}\%K_{t-1}$$

$$\%D_t = \frac{1}{3}K_t + \frac{2}{3}\%D_{t-1}$$

$$\%J_t = 3 \times \%D_t - 2 \times \%K_t$$

K、D 的初始值一般定为 50。

(二)随机指标(KDJ)的应用法则

K 值大于 80 时,短期内股价容易向下出现回档;K 值小于 20 时,短期内股价容易向上出现反弹;但在极强、极弱行情中 K、D 指标会在超买、超卖区内徘徊,此时应参考其他指标以确定走势的强弱。

在常态行情中,D 值大于 80 后股价经常向下回跌;D 值小于 20 后股价易于回升。在极端行情中,D 值大于 90,股价易产生瞬间回档;D 值小于 15,股价易产生瞬间反弹。但这种瞬间回档或反弹不代表行情已经反转。

当 K 值在 50 以下的低水平,形成一底比一底高的现象,并且 K 值由下向上连续 2 次交叉 D 值时,股价会产生较大的涨幅。

当 K 值在 50 以上的高水平,形成一顶比一顶低的现象,并且 K 值由上向下连续 2 次交叉 D 值时,股价会产生较大的跌幅。

K 线由下向上交叉 D 线失败转而向下探底后,K 线再次向上交叉 D 线,2 线所夹的空间叫作向上反转风洞。当出现向上反转风洞时股价将上涨。反之叫作向下反转风洞。出现向下反转风洞时股价将下跌。

当 J 值大于 100 时,股价会形成头部而出现回落;J 值小于 0 时,股价会形成底部而产生反弹。

当出现"底背离"时,即行情连创新低,而 KD 值无法再创新低,是比较可靠的买入信号;当出现"顶背离"时,即行情连创新高,而 KD 值无法创新高,是比较可靠的卖出时机。

四、动向指标(DMI)(Directional Movement Index)

动向指标(DMI)又称为"趋向指标",是威尔德(Welles Wilder)于 1978 年提出的一种用于判断行情是否已经发动的技术指标。其基本原理是通过分析股票价格在上升及下跌过程中供需关系的均衡点,即供需关系受价格变动之影响而发生由均衡到失衡的循环过程,从而提供对趋势判断的依据。

(一)动向指标的计算方法

动向指标的计算比较复杂,运算的基本程序为如下。

计算趋向变动值DM。趋向变动值是前后2个交易日最高价、最低价的比较,取2日最高价差和最低价差中的较大者代表价格变动趋向。也就是说,前后2个交易日最高价之差大于最低价之差,计为上升动向;前后2个交易日最高价之差小于最低价之差,计为下降动向;前后2个交易日最高价之差等于最低价之差,计为无动向。

计算真实波幅TR。TR是取以下3项差额的数值的最大值:当日最高价与最低价之差,当日最高价与上一交易日收盘价之差,当日最低价与上一交易日收盘价之差。

计算动向方向线(DI)。

$$上升方向线:+DI_n = \frac{+DM_n}{TR_n} \times 100$$

$$下降方向线:-DI_n = \frac{-DM_n}{TR_n} \times 100$$

式中:n为计算周期的天数,威尔德认为最适当的周期为14日。$+DM_n$、$-DM_n$和TR_n就是分别将14日的$+DM$、$-DM$和TR值加以累加求得。

计算出每日动向指数DX和平均动向指数ADX。

$$DX = \frac{DI_{DIF}}{DI_{SUM}} \times 100$$

式中:DI_{DIF}为$+DI$与$-DI$的差额(绝对值);DI_{SUM}为$+DI$与$-DI$的和。

动向指数是上升方向线与下降方向线的差占两者之和的比率。比率越大,走势动向越明显;比率越小,动向趋势越不明显。由于动向指数的波动幅度较大,为使动向指数表现得比较平滑,一般以平均动向指数ADX作为最终的分析指标。

$$ADX = \frac{上一交易日的ADX \times 13 + 本交易日的ADX}{14}$$

(二)动向指标的应用法则

走势在有创新高的价格时,$+DI$上升,$-DI$下降。因此,当$+DI$从下向上突破$-DI$时,股价将上涨,为买进讯号。

在有创新低的价格时,$+DI$下降,$-DI$上升。因此,当$-DI$从下向上突破$+DI$时,股价将下跌,为卖出讯号。

当ADX脱离20—30之间上行,不论当时的行情是上涨或下跌,都预示股价将在一段时间维持原先的走势。

当ADX位于$+DI$与$-DI$下方,特别是在20之下时,表示股价已经陷入泥沼,投资者应远离观望。

在一般的行情中，ADX 的值高于 50 以上时，若突然改变原来的上升态势调头向下，无论股价正在上涨还是下跌，都代表行情即将发生反转。此后 ADX 往往会持续下降到 20 左右才会走平。但在极强的上涨行情中，若出现 ADX 在 50 以上发生向下转折，仅仅下降到 40~60，随即再度回头上升，在此期间，股价并未下跌而是走出横盘整理的态势。随着 ADX 再度回升股价向上猛涨，这种现象称为"半空中转折"，也是大行情即将来临的征兆。但投资者在实际操作中仍应遵循 ADX 高于 50 以上发生向下转折，即抛出持股离场观望，在确认"半空中转折"成立后再跟进的原则。

五、累积能量线（OBV）（On Balance Volume）

累积能量线（OBV）又称"能量潮"，是美国投资分析家葛兰维尔（Joe. Granville）于 1963 年首次提出的。它的理论基础是"能量是因，股价是果"，成交量是股价变化的先行指标，利用累积成交量变动就可以观察市场内人气是否聚集或涣散，进而分析股价走势。

（一）OBV 指标的计算方法

OBV 指标是根据每天价格的变化情况，将每日的成交量按照正负方向进行累计。若当天股价上涨，成交量为正值；反之，为负值；若平盘，则为零。

能量潮 OBV 的计算公式为：

$$当日\ OBV = 前一日的\ OBV \pm 今日成交量$$

将每日计算的 OBV 逐点连成曲线，就是累积能量线。

（二）OBV 指标的应用法则

OBV 线呈 N 字形波动，当 OBV 线超越前一次 N 字形的高点时，则记下一个向上的箭头；当 OBV 线跌破前一次 N 字形的低点时，就记下一个向下的箭头。累计 5 个向下或向上之箭头，即为短期反转讯号；累计 9 个向下或向上之箭头，即为中期反转讯号。

当 OBV 线在连续小 N 字形变化后，又出现大 N 字形变化状态，则行情随时可能出现反转。

OBV 线如果持续一个月以上横向移动后突然上冲，预示大行情随时可能发生。

六、腾落指数（ADL）（Advance Decline Line）

腾落指数是用来分析股票市场大盘情况的技术指标，它不能用于个股的分析。它是以股票每天的涨跌家数为计算对象，观察市场人气的盛衰和大势的内在动量，以判断后市走势的技术指标。

（一）腾落指数（ADL）的计算方法

腾落指数就是将市场上每天股价上涨的家数减去股价下跌的家数（无涨跌不计）后累积得到的。

$$ADL = 上一交易日的\ ADL + 本交易日上涨家数 - 本交易日下跌家数$$
$$= 全部交易日上涨家数之和 - 全部交易日下跌家数之和$$

(二)腾落指数的应用法则

腾落指数与股价指数比较类似,两者均为反映大势的动向与趋势,不对个股的涨跌提供讯号,但由于股价指数在一定情况下受制于权重大的股票,因此当一些大盘股发生暴涨与暴跌时,股价指数有可能反应过度,从而给投资者提供不实的信息,腾落指数则可以弥补这一类缺点。

腾落指数须和股价指数二者同时上升,则可以认为 ADL 验证了指数的上升,短期内大盘反转向下的几率不大;当大盘下挫时,ADL 同步下降,与指数的下降保持同步,那么短期内大盘见底的可能性不大。

股价指数上升,腾落指数却下降,这是大盘下跌的前奏,应该引起投资者的足够注意;股价指数下降,腾落指数上升,这是一种背离现象,说明大盘触底反弹的几率甚高,投资者应该考虑买进。

当大盘进入较高位置,但 ADL 却一直走平甚至下降,这是大盘涨势将尽的信号;当大盘落到较低的位置,ADL 却没有同步下降,而是开始走平甚至上升,这暗示着跌势将近尾声,反弹一触即发。

股市处于多头市场时,腾落指数呈上升趋势,其间如果突然出现急速下跌现象,接着又立即扭头向上,创下新高点,则表示行情可能再创新高。

股市处于空头市场时,ADL 呈现下降趋势,其间如果突然出现上升现象,接着又回头,下跌突破原先所创低点,则表示另一段新的下跌趋势产生。

七、涨跌比率(ADR)(Advance Decline Ratio)

(一)涨跌比率(ADR)的计算方法

涨跌比率又称"回归式的腾落指数",是依据一定期间内,股价上涨的股票家数与股价下跌的股票家数之间的比率来判断市场状况。

$$ADR = \frac{N 日内股价上涨股票家数移动合计}{N 日内股价下跌股票家数移动合计}$$

N 值一般取 10 日,也有用 14 日或 24 日,甚至更长 6 周、13 周、26 周等。

(二)涨跌比率(ADR)的应用法则

ADR 值的变动区间应该是 0 以上的较大范围,那么经常出现的区间是 0.5~1.5 之间,在这个区间内多空双方基本处于平衡状态,没有特殊的超买或超卖现象;当涨跌比率大于 1.5 时,表示股价长期上涨,有超买现象,股价可能要下跌;当涨跌比率小于 0.5 时,表示股价长期下跌,有超卖现象,股价可能出现回升。

涨跌比率在 2 以上或 0.3 以下,表示股市处于大多头或大空头市场的末期,是严重的超买超卖区。

ADR 在市场上涨刚开始时,其值会迅速放大,并且可能一下就接近 ADR 在常态状况下的上限,这说明买盘力量足够大,大盘综合指数将会被推上一个新台阶。在这种情形下应当及时调整 ADR 的上下限区域。

ADR 与大盘综合指数同进同退,说明市场短期反转的可能性不大;如果 ADR 与综合指数相背离,说明短期内会有反弹或回调的情况出现。

八、超买超卖指标(OBOS)(Over Bought and Over Sold)

OBOS 是通过计算一定时期内市场跌涨股票家数之间的差异来了解市场买卖气势强弱,以预测市场走势的技术指标。

(一)超买超卖指标(OBOS)的计算方法

$$OBOS = N 日内上涨家数移动总和 - N 日内下跌家数移动总和$$

N 为 OBOS 的计算参数,一般设定为 10 天。时间参数越长,那么 OBOS 的表现就越平稳;时间参数越短,OBOS 的表现就越活跃。OBOS 较平稳时,其发出的信号便迟钝些;OBOS 较活跃时,发出的信号便灵敏些。针对投资者对大盘分析的时间偏好不同,可选择不同的时间参数。

(二)超买超卖指标(OBOS)的应用法则

OBOS 的数值可为正数亦可为负数。OBOS 为正值时,离 0 越远,市场越强;OBOS 为负值时,离 0 越远,则市场越弱;OBOS 围绕 0 窄幅波动时,市场处于牛皮盘整状态。

当 OBOS 达到一定正数值时,大势处于超买阶段,可选择时机卖出;反之,当 OBOS 达到一定负值时,大势处于超卖阶段,可选择时机买进。但是 OBOS 指标难以准确地给出其数值大或小到什么值时是采取行动的信号。这要根据每个股票市场上市交易的总股票家数而定,也需要交易者在日常交易中观察统计,不断地总结 OBOS 在表现极端时的市场运动状况。

当股票指数的趋势与 OBOS 的走势出现背离现象时,是大势可能反转的征兆。

OBOS 在高位出现的双顶、三顶与在低位出现的双底、三底时,可按形态分析理论作出买进或卖出的抉择。

九、心理线指标(PSY)(Psychological Line)

心理线指标是建立在研究投资人心理趋向的基础上,将一定时期内投资者趋向买方或卖方的心理事实转化为数值,形成人气指标,用以分析股价的未来走势。

(一)心理线指标(PSY)的计算方法

心理线的计算方法比较简单,其公式如下。

$$PSY = \frac{N 日内上涨的天数}{N} \times 100$$

式中:N 可根据需要自行设定,一般取 N 为 5、10、20、30 等。

(二)心理线指标(PSY)的应用法则

心理线超过 75 时为超买,低于 25 时为超卖,在 25～75 区域内说明多空双方基本处于平衡状态。

一段上升行情展开前,超卖的低点通常会出现 2 次;同样,一段下跌行情展开前,超买的高点会出现 2 次。第二次所出现超卖的低点或超买的高点一般是买入或卖出的良机。

当心理线降至 10 或 10 以下时,是很强的超卖,此时是短线抢反弹的机会。当心理线升至 90 以上时,应果断卖出。

心理线主要反映市场心理的超买或超卖。因此,当心理线在常态分布时应持观望态度。

十、AR、BR 和 CR

(一)人气指标(AR)

股价反映了市场多空双方力量斗争的结果。多空双方的力量又表现在市场人气上。市场人气旺盛,说明买盘活跃,股价就会节节高升;市场上人气低落时,交易稀疏冷清,买盘不济,而卖盘不计成本地争相出逃时,股价自然就会下跌。那么,什么地方是人气旺盛与低落地平衡区域呢?经分析人们认为开盘价作为市场的均衡价值区较为恰当。这是因为在经过一夜的分析与思考之后,投资者都在自己心目中选择了一个自己认可的交易价格,并依此参与集合竞价而产生开盘价,因此选择开盘价为多空均衡价值区具有较高的可信度。

1. 人气指标(AR)的计算方法

$$AR(n) = \frac{\sum_{i=1}^{n}(H_i - O_i)}{\sum_{i=1}^{n}(O_i - L_i)} \times 100$$

式中:n 为时间参数,一般为 26 天;H_i 为第 i 日的最高价;O_i 为第 i 日的开盘价;L_i 为第 i 日的最低价。

2. 人气指标(AR)的应用法则

(1) AR 值为 100 时,说明多空双方势均力敌;AR 值在 80～120 之间波动时,大盘应为盘整行情,不会出现剧烈波动。

(2) AR 值走高时表示行情活跃,人气旺盛,过高则可能超买,投资者应择机退出;AR 值走低时表示行情沉闷,人气衰退,过低则可能超卖,投资者可伺机介入。AR 值的高度没有具体标准,一般情况下,AR 值上升至 150 以上时,股价随时可能回档下跌;AR 值跌至 70 以下时,股价随时可能反弹上升。

(3) AR 的走势可能会与股价的走势发生背离,其分析方法与其他技术指标相同。

(二)买卖意愿指标(BR)

BR 与 AR 极为相似,也是用来揭示当前情况下多空力量对比结果的技术指标,只是 BR 选择股票上一交易日的收盘价作为多空力量平衡点。

1. 买卖意愿指标(BR)的计算方法

$$BR(n) = \frac{\sum_{i=1}^{n}(H_i - C_{i-1})}{\sum_{i=1}^{n}(C_{i-1} - L_i)} \times 100$$

式中:n 为时间参数,一般为 26 天;H_i 为第 i 日的最高价;C_{i-1} 为第 i-1 日的收盘价;L_i 为第 i 日的最低价。

2. 买卖意愿指标(BR)的应用法则

(1)一般认为,当 BR 处于 70~150 之间的区域时,多空双方的力量是相对均衡的,可能某一方稍占优势,但都足以令市场发生根本性的突破。那么在这个震荡区间里,短线高手们可以低进高抛赚短差,但建议普通投资者在场外观望。

(2)BR 值大于 150 之后,说明市场多头力量逐渐强大,当 BR 值到达 300~400 以上时,股价可能会随时回落,是卖出信号。应注意市场随时有可能因超买而出现反转向下的情况。

(3)BR 值处于 70 以下时,说明市场空头力量已经占据主动,当 BR 小于 40 时,股价可能会随时反弹,是买入信号。

(4)BR 值在高位时与股价走势出现背离,是较准确的见顶信号;BR 在位低时与股价走势出现背离,是较准确的见底信号。

(5)BR 在极特殊的情况下会出现负值。但这种负值并不影响 BR 的分析效果,在分析时,我们可以将负值视作零值。

(三)中间意愿指标(CR)

CR 与前面 2 类指标的构造原理及分析方法均相似。不同的是 CR 选择的多空平衡点是上一交易日的中间价。

1. 中间意愿指标(CR)的计算方法

$$CR(n) = \frac{\sum_{i=1}^{n}(H_i - M_{i-1})}{\sum_{i=1}^{n}(M_{i-1} - L_i)} \times 100$$

式中:n 为时间参数,一般为 26 天;H_i 为第 i 日的最高价;M_{i-1} 为第 i-1 日的中间价;L_i 为第 i 日的最低价。

上一交易日的中间价是通过对上一交易日的最高价、最低价、开盘价与收盘价进行加权平均而得到的,其各个价格的权重可以由分析者自行确定,目前比较流行的中间价计算方法有4种：

$$M = \frac{H+L}{2} \text{ 或 } M = \frac{C+H+L}{3} \text{ 或}$$

$$M = \frac{2 \times C + H + L}{4} \text{ 或 } M = \frac{C+H+L+O}{4}$$

2. 中间意愿指标(CR)的应用法则

(1)CR指标越低，买入越安全；CR指标越高，持股的风险越大。

(2)CR指标的具体取值与BR指标有些不同，低值要比BR指标高，高值要比BR指标低。一般认为，CR处于90~110时，多空力量处于均衡状态；当CR高于110时，说明多头占优；当CR小于90时，则空头占优。

(3)CR在形态及趋势的分析上，适用于AR、BR的分析方法；CR上出现的背离，其分析意义也与其他技术指标的分析意义完全相同。在依据CR指标进行投资决策时，最好在CR指标第二次发出信号时采取行动，这样可有效地降低风险。

复习思考题

一、名词解释

1. 技术分析　　　　2. 道氏理论　　　　3. 随机漫步理论
4. 波浪理论　　　　5. 量比　　　　　　6. 分时走势图
7. 买一　　　　　　8. 卖一　　　　　　9. 委比
10. 外盘　　　　　11. 内盘　　　　　12. 支撑
13. 压力　　　　　14. 缺口　　　　　15. 普通缺口
16. 突破缺口　　　17. 中继缺口　　　18. 竭尽缺口
19. 黄金交叉　　　20. 死亡交叉　　　21. 多头排列
22. 空头排列

二、简答题

1. 技术分析的假定前提是什么？
2. 简述技术分析与基本分析的区别。技术分析方法在使用过程中应注意哪几方面的问题？
3. 支撑与压力形成的原因是什么？一般会在哪些位置上形成支撑与压力？
4. 股价的反转形态、中继形态的典型特征主要有哪些类型？
5. 股价形态分析应注意哪几方面的问题？
6. 简述葛兰维尔移动平均线8大法则。
7. 简述技术分析指标的内涵及应用法则。

三、分析题

1. 某股票本交易日分时走势图如下所示,试绘制出该股票本交易日的K线图,计算其涨跌幅度,并预测下一交易日股价的走势。

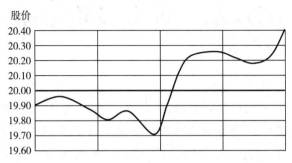

2. 在下图中K点,MACD指标是否发出了卖出信号?为什么?

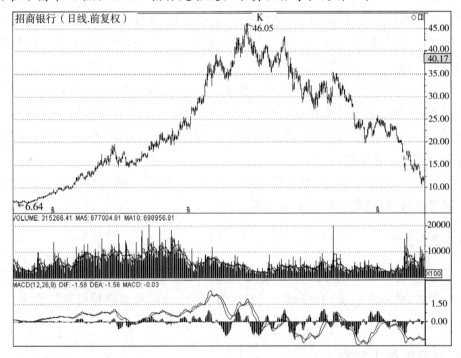

第八章　证券投资策略

证券投资表面上看来很简单,股价每天都在涨涨跌跌,只要是低买高卖就可以获取投资收益。在现实生活中的确也不乏对股市一窍不通却获利丰厚的投资者。如有在证券营业部门口看自行车的老太太,根据她所看自行车的数量作为买卖股票的参考而收益颇丰。也有卖报的、卖盒饭的,甚至一些大字不识的农民,凭借着自己对股票价格波动规律的直观理解却取得了丰厚的投资回报。但是决不能因此认为证券投资就是如此的简单。事实上,在他们所依据的这些简单的投资理念的背后,也蕴含了丰富的哲理。股市上的一些道理确实是很简单的,如"物极必反","没有只跌不涨的股票,也没有只涨不跌的股票",但是如何把握这个度,有效地控制自己的情绪和心态,却不是每一个投资者所能做到的,甚至可以说是大多数投资者都做不到的。因此,要想成为一个成功的投资者,在具备了一定的证券知识和市场分析能力的基础上,还必须掌握一些成功有效、随机应变的投资方法和策略。

投资策略的选择也不能一概而论,应根据每一位投资者的具体情况具体分析。在确定投资策略时,投资者应明确下列因素。

一、资金因素

投资者可用于证券投资的资金的数量是选择投资策略的重要前提。如果投资者的资金数量很少,他可能只能满仓操作,且投资方向单一;但是如果投资者的资金雄厚,他就可以有较大的投资策略选择空间。

二、抗风险能力因素

每个投资者的风险承受能力不同。如果对投资收益及本金的依赖性很强,投资者就应该选择安全可靠、收益稳定的证券投资策略;如果对投资收益及本金的依赖较弱,投资者则可以选择风险程度较高、但收益也可能较大的投资策略。

三、时间、信息因素

投资者能够在证券投资上投入的时间和精力,以及获得信息的渠道、手段和时效性均有不同。如果这些条件都不充裕,就不应选定价格波动较大的短线股票作为投资对象,而应选择购买绩优股和成长股等长线品种。

四、心理因素

投资者的心理素质是影响投资成败的关键。对于一些优柔寡断、计较一时得失的投资者应该远离股市或避免进行风险较大的短线股票投资。

五、知识和经验因素

"不要选择自己所不熟悉的股票",同样也不要选择自己所不熟悉的投资策略。投资者应当根据自己的经验和知识结构,选择自己所熟悉的行业和上市公司,运用自己易于掌握的投资策略进行投资。

第一节 选时策略

"选股不如选时",选择有利的建仓时机对提升投资收益水平有决定意义,甚至比选择哪种股票更为重要。台湾著名投资家邱永汉说过:"买卖股票是赚是赔,并非由于所买的股票不同,主要是决定于时机的先后而已。"当牛市行情到来的时候,一般表现为个股的普涨,这时选股就显得不是那么重要,首当其冲的就是抓紧时间建仓。对于一支个股而言,它在上涨的过程中投资者可以获利,它在下跌的过程中也存在反弹机会,投资者同样可以获利,这就是一个买入与卖出时机的选择问题。"没有只涨不跌的股票,也没有只跌不涨的股票"。再好的股票也有下跌的时候,它就可能会导致投资者出现亏损;再差的股票也有上涨的时候,它就可能会使投资者获利。对于同一只股票,有的投资者在它身上获利丰厚,赚得盆满钵满;也有的投资者在它身上损失惨重,赔得身无分文。从这个意义上来讲,股市上没有股票的好坏之分,只有赚钱与赔钱的区别。而是否赚钱就在于买入与卖出时机的选择是否恰当。

确认具体操作时机最常采用的是下列方法。

一是探底(买入时机的选择)。股价见底一般经过持续下跌、反复筑底、探底回升三个阶段。股价见底之后的回升阶段是投资者买入时机的最佳选择。买入时机的形成一般具有三个特征。其一是成交量。股价在见底之后开始回升,成交量会有一个明显的递增甚至是数倍放大的过程,这一点最为关键。这就如同原来相对静止状态的"航船"要加速行驶,没有强大的动力推动是不可能的。其二是消息面上的配合。此时的消息面一般为利多,至少应当是真空,而不会是利空。其三是技术指标。作为辅助工具,各主要技术指示一般表现为低位"金叉"、底背离等。

二是寻峰(卖出时机的选择)。股价是否见顶是难以作出准确的界定的,往往与股价上涨的空间、所经历的时间以及当时大盘的走势有关。一般来说股价见顶具有以下几种特征:一是股价狂升后成交量骤增,但此时股价却滞涨甚至下跌;二是股价在经过了一定时间和一定幅度的上涨之后，在高位出现连续数日阴阳交替、十字线及上影 K 线，说明追涨意愿已不足，股价将下跌；股价在高位区域已形成了顶部反转形态。投资者在股价达到峰值时卖出自然是离市的最佳时机，但把握的难度非常大，但最迟也要在下跌反弹时离市。

在见底和到顶之间的时段是投资者最常遇到的情况，所以更为重要，需要审时度势，在充分利用自己所掌握的技术手段进行分析判断的基础上，力争在较低价位购入，在较高价位抛出。

一、大势投资时机的选择

股市中常说，看大势赚大钱！由此可见，把握股市中大势的时机是非常重要的。这里所讲的"大势"是指证券市场的总体走势。证券市场的总体走势是受诸多因素影响的，如国民经济的发展状况、财政政策、金融环境、国际收支状况、国家汇率的调整等。

"股市是国民经济的晴雨表"。因此要正确地研判证券市场的总体走势，就必须正确地研判国民经济的发展规律。经济的发展是具有一定的周期性的。经济周期是由经济运行内在矛盾引发的经济波动，是一种不以人们意志为转移的客观规律。与经济状况息息相关的股市也必然会呈现这种周期性的波动。当国民经济衰退、萧条时期，上市公司经营状况恶化，百业不振，失业人口增加，国民收入减少，投资热情下降，股市行情必然随之疲软下跌；当国民经济处于复苏、繁荣时期，上市公司经营状况好转，国民信心增强，投资者的投资热情得以恢复，股价也会呈现上涨走势。因此，当国民经济处于萧条阶段的尾声，并开始出现复苏迹象时，这时政策与市场的要求和利益趋向一致，证券市场必定会有较好的表现，正是投资者买入股票的最佳时机；当国民经济处于繁荣阶段的末期，并开始出现衰退迹象时，股票价格在迭创新高之后已成强弩之末，这时投资者就应当将手中的股票择机售出。

另外，国家的财政政策、金融环境、国际收支状况、国家汇率的调整等也都对投资者投资时机的选择产生着重要影响。国家实行扩张性财政政策时，可增加社会总需求，使上市公司业绩提高，从而推动股票价格的上涨；而当国家采取紧缩型的财政政策，将抑制社会需求，削弱上市公司的盈利能力，从而引起股票价格的下跌。当国家金融环境宽松时，很多游资会从银行转向股市，市场资金充足，股价往往会出现升势；当国家金融环境严紧时，市场资金紧缺，利率上调，股价通常会下跌。当国际收支发生顺差，刺激本国经济增长，会促使股价上升；当国际收支出现巨额逆差，出口增长减缓，出口增长对国民经济的拉动作用就会降低甚至消失，股价就会下挫。汇率上升时，本币贬值，本国产品的竞争力将增强，出口型企业的股价就会攀升；汇率下降时，本币升值，本国产品的竞争力将减弱，出口型企业的股价就会下跌。因此，投资者应当根据上述因素的变化，科学地选择买入、卖出股票的时机。

二、行业投资时机的选择

行业是一个企业群体。在这个企业群体内,由于其产品的同质性以及原材料、市场的相关性而使各企业处于一种彼此紧密联系的状态。因此,在一个行业内的上市公司具有较显著的"板块"效应。

一般来说,在国民经济中地位重要,发展前景广阔,潜力巨大的行业往往会得到国家政策的支持和社会资金的青睐,股价上涨的空间也相对较大;而那些在国民经济中地位下降,发展前景暗淡的行业,股价的上涨空间也相对有限。投资者选择了发展前景好的行业,并不一定会得到好的投资回报。因为投资者在买入这些行业的股票时,可能这些行业的股票由于长时间的上涨,价格已大大超过股票的价值,存在回归的强烈要求而出现下跌;同样,投资者选择了夕阳产业的股票也不一定赔钱亏损,因为在买入这些行业的股票时,可能这些行业的股票由于长时间的低迷、下跌,价格与价值严重背离产生了强烈的反弹要求而出现上涨。由此可见,投资时机的选择依然是投资成功与否的关键。

(一)成长型行业投资时机的选择

成长型行业的运动状态与经济活动总水平的波动变化一般并没有直接的关系。这一行业中企业的销售收入、利润的增长主要是依赖于通过技术进步不断推出新产品、通过技术创新降低产品成本等手段取得的,它们的资本扩张速度和利润增长速度都非常快,经营状况受宏观经济的周期性波动的影响很小,而且可以长时期地保持稳定、高速地增长,如生物工程、电子技术等高科技企业,新能源、新材料企业等。因此,对这样一些行业投资时机的选择比较简单,只要该行业处于成长阶段,且该行业多数公司的股价还没有严重透支其业绩及其成长速度,可以说每一次回调都是买入的良好时机。

(二)周期型行业投资时机的选择

周期型行业内企业的产品一般具有较高的收入弹性,它们的运行状态与宏观经济的周期性变化息息相关,如钢铁企业、煤炭企业、电力企业、房地产企业等。当宏观经济处于复苏、繁荣阶段时,这些企业也会紧随其扩张,销售收入及利润的增长都十分迅速;当宏观经济处于衰退、萧条阶段时,这些企业也会随其败落而步入衰退。因此,当宏观经济处于复苏阶段初期时,是买入周期型行业上市公司股票的最佳时机;当宏观经济处于繁荣阶段末期,即将进入衰退阶段时,投资者应抓紧时间抛出周期型行业上市公司股票。

(三)防御型行业投资时机的选择

防御型行业的运动状态与宏观经济活动的周期性变化没有什么直接的联系,不论宏观经济处于其经济周期的那个阶段,这些企业一般都呈现出稳定、或缓慢增长的态势。同样,这些公司的股票一般不会像上两种类型的企业一样有大幅度的波动,投资时机的选择也较为困难,一般只是作一些高抛低吸。由于防御型行业上市公司股价变化的特性,决定了对此类上市公司较好的选择是作收入型投资,而非资本利得型投资。

三、个股投资时机的选择

投资者要对证券市场的投资时机进行分析、对行业的投资时机进行分析,但最终还是要落实到对个股的投资上来。因此选择好个股的投资时机才会对投资者的投资收益产生直接的影响,因而也就显得更为重要。

前面我们已经述及,投资时机的选择包括两个部分,一是买入时机的选择,二是卖出时机的选择。卖出时机的选择在买入股票时就必须考虑了。投资者在买入股票以后,如果手中的股票已经出现了见顶的信号,或者是已经证明了买入时机的选择是错误的,这时投资者都应当将手中的股票果断卖出。下面我们所要阐述的是在一些什么情况下较容易形成买入时机。

(一)新股发行时投资时机的选择

一级市场与二级市场是相互影响的。由于投入交易市场的资金总量基本确定,新股成批上市发行时,二级市场必定抽走一部分资金进入一级市场去申购新股。如果同时公开发行股票的企业很多,较多的资金转入一级市场,会使二级市场的供求状况发生变化,股价会有向下波动的趋势,此时入市容易获得较合适的价格。当然这一影响也会随着新股发行方式的改变而发生变化。如 2002 年 5 月 21 日,证监会颁布了《关于向二级市场投资者配售新股有关问题的补充通知》。通知中规定,"沪深两市投资者均可根据其持有的上市流通股票的市值自愿申购新股。发行公司及其主承销商采用向二级市场投资者配售方式发行新股的,其基本原则是优先满足市值申购部分,在此前提下,配售比例应在 50% 至 100% 之间确定。"这样,如果所有的股票都采用向二级市场投资者全额配售的方式,一级市场上所沉淀的申购资金也就不存在了,它对二级市场资金的影响也就消失了。

我国目前原始股的收益一般都是相当可观的,中签获得原始股是广大投资者梦寐以求的事情。但是随着我国新股发行方式的改变,一级市场和二级市场的收益及风险将逐步趋于一致。近年来我国新股跌破发行价的情况就屡有发生。投资者如何分析新股的投资机会,是否参与新股的发行应当从以下几方面进行判断。

一是新股的定价分析。新股的定价分析就是根据二级市场同类股票的现有一般价格水平来确定新股的理论市场价位。所谓同类股票主要是指在行业或板块属性、流通股本的大小、每股收益及含权与否等方面的因素或指标基本相同。当二级市场同类股票的价格高于发行价,则新股具有一定的炒作空间,可参与发行申购,并考虑参与上市竞价。

二是新股发行时机的分析。新股发行和上市的节奏较慢,市场资金较为充裕,投资者炒作新股的热情较高,这种情况下一般会有较理想的投资收益。大盘的趋势对炒作空间也有很大的影响:大盘在上行的过程中,随着整个市场市盈率的提高,新股的炒作空间也相应增大;大盘在盘整过程中,但是个股的炒作热点不断涌现,这时投资者也会对新股青睐有加;大盘低位走平,或经过较深跌幅和较长时间跌势后,有见底企稳征兆时,也是新股有良好表现之时;有时大盘在阴跌、盘落的过程中,盘中的热点难以发掘,此时投资者也容易把注意力转向新股。

(二)新股上市时投资时机的选择

在股票市场,新股一族往往是机会众多、生命力强大的投机对象。

首先,新股发行价位大多低于同类股票的市场价位,从而形成发行差价利益。较低的发行价格同时还为股票上市提供了较大的炒作空间,从而为其在二级市场上的优良表现提供了基础。其次,就新股而言,各股份公司为了顺利发行新股,迅速获得资金,往往利多消息频传,后市行情看涨的潜力相对较大。再者,承销商为了维护自己的市场形象,也会想方设法开辟通道、筹集资金,打响新股上市后的第一炮。还有就是有些大户也会抓住新股在上市第一天没有涨跌幅限制、上档无套牢筹码压力、炒作时散户容易跟风等特点入场坐庄。投资者在此时入市,可能是在跟进一个小高潮,易于较快获得收益,立定脚跟。但是炒作新股也必须慎重考虑其风险,鉴别选择其真实的机会。

对新股投资机会的发现和判断可以从以下几方面考虑。

一是承销商的实力及炒作特点。主要是根据承销商以往所承销的股票的市场表现,了解承销商资金实力大小及操作水平,判断新股上市后的炒作空间和走势特点从而决定是否介入以及介入的时机。

二是新股的持股结构。当新股的股东数量少,股权较为集中时,这些大户为套现获利,一般都是尽力使股价开盘一步到位,新股上市往往呈现高开低走的特征,这时投资者一定不要急于介入。股份高度分散的新股在二级市场上的表现一般差异较大,要进行具体的分析。此外,新股的发行价、发行时间及上市时间对股票上市后的表现亦有直接影响。

三是新股的炒作题材。新股上市之初的表现与其是否具备炒作的题材有很大的关系。如有的股票将要进行大比例的送配,有的股票将要进行资产重组或资产置换,有的股票将要享受政策的大力扶持等。这些股票上市炒作的空间较大,并可有效地增加庄家的炒作信心和炒作手段。

四是新股上市当天的市场表现。新股上市当天的市场表现对其后期走势将会产生巨大的影响。如果新股上市当天股价低开高走,并且伴有较高的换手率,这些股票的后期一般会有较出色的表现。如果新股上市当天股价高开低走,成交十分清淡,这些股票后期一般难有上佳表现。新股上市当天换手率是一个非常重要的判断指标。因为是第一天上市,因此当日的成交量是真实可靠的,不可能存在庄家对敲造量,因此依此判断具有较强的可靠性。一般而言,新股上市当天换手率高于70%,且开盘竞价成交量达到上市新股流通总股本的5%以上,上市的第一个小时内换手率高于30%,全日大单成交比例高于70%,这基本上可以说明有机构投资者看好这只股票,且有较深的介入,投资者可以适量跟进。

(三)股票分红送配前后投资时机的选择

在股份公司分红送配前,未来股价的趋势变数较大,炒作的题材也会增多,容易产生出较多的投资机会,因此对这一时期股票的走势投资者应当予以特别的关注。

一些业绩优良、回报丰厚的上市公司有可能走出"抢权行情"。由于投资者对这些股票的未来走势十分看好,大都愿意参与公司的分配而想在分配前拥有这家公司的股票,从而将股价逐步推高。由于除权后股价的间断性下跌使股价处于较低水平,因而后期上涨的空间也相应较大。在其他一些利多因素的配合之下,这些股票还有望走出填权行情。有些绩优股不仅能够填满权,而且可能超过除权前的价位。对于这样一些股票,在上市公司公布分配方案之后,投资者可以择机购入等待填权。但是也有一些股票,在公司公布分配方案之后可能会走出一波"逃权行情",就是持有这些股票的投资者都不看好这只股票的未来走势,纷纷想在除权除息日到来之前卖出手中的股票,不愿意参与除权。这样就可能导致在除权除息日到来之前股价会走出逐波下探的走势。有些股票在除权以后可能还会进一步向下寻求支撑,而走出贴权行情。对于这样一些股票,在上市公司公布分配方案之后,投资者应当在除权前尽快抛出手中的股票。当然,在上市公司分红送配前后股票价格的变化是十分复杂的,如有的股票可能会先走出抢权行情,而后又走出贴权行情;也有一些股票先走出逃权行情,而后又走出填权行情。这就要求投资者认真、全面地进行分析,正确地作出判断和投资决策。

对于除权除息前后投资时机的分析,应当考虑以下几方面的因素。

对于一些成长性好、业绩优良的股票,在公司有大比例送配的分配方案公布后,一般会走出抢权或填权行情。特别是这些公司未进行或很少进行大比例送配时,这种可能性更大。

有些上市公司尽管在成长性以及业绩方面都有较好的表现,但是在除权前的抢权行情将股价拉得过高,已透支其业绩。如果没有实质性的利好,其股票除权后再走出填权行情的可能性就很小了。这时投资者应当尽快离场观望为好。

有些股票在除息除权前投资者并不看好,并相应走出了逃权行情。但如果股票在除权前跌幅较大,已显现出较高的投资价值,除权后走出填权行情的可能性就比较大,这时投资者介入的风险相应较小。

对股票价位高低的判断不能简单地以目前价位为依据。因为一些股票在经过了多次除权以后,尽管目前价位并不高,但是当复权以后,它的实际价位可能就已经相当惊人了。因此在对股票价位进行分析时,应当将目前价位与复权以后的实际价位综合起来分析。

第二节　选股策略

一、选股的原则

(一)股性灵活原则

俗话说:"千人千脾气,万人万模样。"人是如此,证券市场上成百上千种不同的股票也同样各自有其波动的特性,即所谓的股性。股性活跃的股票,股价波动的幅度较大,各类题材丰富,大盘涨时它涨得多,大盘跌时,它也会有下跌,但是下跌途中一般会有较强的反弹,即使被套解套的机会相应较多,因而股民都乐意去炒它。而股性呆滞的股票,股价波动的幅度很小,只会随大市作小幅波动,也很少有可供炒作的题材,炒作这种股票常常赚不到什么钱。

股票的习性是在长期的炒作中形成的,是由于大众对它的看法趋于一致造成的,一般难以突变。但股性也不会永远不变,有时通过机构长时间的努力,或者由于经济环境出现大的改变,可能会改变一些股票的股性。

对于大多数的投资者来讲,参与股市主要是为了谋取短期差价,波动幅度大的股票则成为他们首选投资目标。当然,波动幅度大也意味着风险大,如何掌握低买高卖的时机就成为关键。投资者要努力去了解和把握自己所确定投资对象的股性,能够判断市场环境或条件发生变化后,股票价格变动的规律,从而在投资过程中掌握主动。当然也有一些冷门股在长期沉寂之后突然拉升,有时甚至会有一些惊人表现,但这一般都是在大行情到来之后,投资者在不断挖掘炒作题材过程中的价值发现,或者是由于一些重大题材所致。但是如果一只股票长期波幅太小,那么还是少碰为妙,股性虽然会有变化,但绝不是一朝一夕形成的,不如等它真正活跃起来之后再选择它。

(二)公众选美原则

现代西方经济学家,股票投资专家J·M·凯恩斯曾有一名言:"股票投资好比是选美投票。"这句话的意思并不是说要将票投向自认为最美的美女,而是说在选美投票时,只有自己的选票投向了美女皇后,你的选票才有真正的意义。在选股时也要以公众的眼光和审美观为准,顺势而为,而不能以自己的眼光为依据,一意孤行。对于某一只股票,如果大量的投资者都看好它,并希望持有这种股票,其股价就会上涨;如果多数投资者都不看好,持有这种股票的投资者都想把手中的股票抛出去,而又没有人愿意购买,其股价肯定就会下跌。在证券市场上,个人的力量是微不足道的,如果你想通过你个人的力量改变市场走势,那只是螳臂挡车,自取灭亡。只有借助公众的力量,才有可能在投资的过程中获取收益。实际上在各类投资时机的选择上也都体现了这一点。比如说,股票经过一段时间的下跌之后,又进行了较长时间的盘整,伴随着成交量的放大,股价逐步推高,这时是买入股票的最佳时机。这时股价的上涨、成交量的放大实际上体现了广大投资者均认为这支股票在经过了较长时间的下跌、盘整之后,已经具有了较高的投资价值。

"人弃我取,人取我弃",对股市中这种逆势操作的做法又当如何解释呢?事实上这种做法不是对遵循"公众选美"原则、顺势而为选股的否定,而是从另一角度对这一原则的诠释。"人弃我取,人取我弃"并不是一种简单的逆势而为,而是源于投资者对股市走势的先知先觉。正是他们提前看清了这支股票不久就会得到广大投资者的充分认同,而先人一步,选择了更加有利的时机。"人弃我取"之时正是这只股票极度低迷,持有这种股票的投资者已是悲观绝望,股票价格已是严重地低于其价值,而且其投资价值已将被广大投资者认同之时;"人取我弃"之时则正是这支股票极度狂热,持有这种股票的投资者已被一个个美丽的神话所迷惑,痴迷地期待股价的狂涨、收益的剧增,股价已是高处不胜寒,并且这一境况已被广大投资者认同之时。

(三)涨升潜力原则

投资者投资股市,其主要目的就是要通过低买高卖博取差价。因此,投资者在买入股票以后,总是期望股票能有一个令人满意的涨幅,这样就必须选择有一定涨升潜力的股票进行投资。

涨升潜力是相对而言的,它有短线的涨升潜力和长线的涨升潜力之分。对于短线的涨升潜力有7%～8%,甚至3%～5%时投资者可能就感到非常满足;而长线的涨升潜力则根据投资者持股时间的长短而定。选择有短线涨升潜力的个股应着重从股价的走势形态上来考虑,选择那些底部形态特征明显、伴有成交量的配合、各主要技术指标已经显现出走强迹象的个股;选择有长线涨升潜力的个股,则可不必过多地计较那一、两个百分点的盈亏,而着重选择那些业绩优良、行业成长性好的低价蓝筹股。低价股应当说是长线投资的首选。价格低,这本身就是一个优势,往往意味着低风险。同时,低价的特性使得炒作成本下降,容易引起主力的关注。由于比价效应,低价股上涨时获利的比率更大,获利空间与想象空间均更广阔,常常会成为大黑马。

二、选择成长股

成长股是指迅速发展中的上市公司所发行的预期利润会持续增长的股票。这种公司一般是隶属于一些新兴产业,公司规模不大,产品的技术含量较高,产品附加值大,公司规模扩张快,市场拓展迅速,尤其是利润的增长显著。公司成长率越大,股价上扬的可能性也就越大。"买股票是买公司的未来,买未来是买增长的收益"。成长股的市盈率可能很高,虽然现期业绩可能仍属较低档次,但是它能提供不断增长的收益,给投资者提供了更多的期待与想象,也提供了更加广阔的炒作空间,这也正是成长股与绩优股的不同之处。

选择成长股应考虑以下因素:其一,上市公司所在行业的成长性好,如国家政策重点扶持的行业,包括产业发展链上的薄弱行业、经济发展中的龙头行业和支柱行业以及国家重点开发地区的主导产业;朝阳行业,主要是一些高新技术、知识密集型产业,如微电子及计算机、激光、新材料、生物工程、邮电通讯等。其二,企业要有成长动因,这种动因包括产品、技术、管理及企业领导人等重大生产要素的更新以及企业特有的某种重大优势等。其三,企业规模较小,小规模企业发展的空间较大,因而成长条件较为优越。其四,利润总额的增长率较快。

三、挖掘题材股

题材股也称为"概念股",是指具有可供市场炒作之用的题材的股票。而题材是指一些比较抽象、朦胧,具有经济意义和时效性的消息。而正是这些抽象、朦胧的消息,才为投资者提供了丰富的想象和广阔的炒作空间。例如,大多数投资者对物联网并没有太多的认识,但是他们却都知道这是一项高新技术,有着广阔的发展前景;再加上媒体的反复宣传,进一步强化人们的思维定式,这就为与此相关的上市公司股票的炒作提供了一定的题材。再比如分红送配题材只存在于分红方案公布之前,方案公布后,股价将快速到位,炒作也就停止了。

所谓炒作题材,说穿了就是以炒作一只股票为借口,用以激发市场人气。有些题材具有实质的内容,有些题材则纯粹是空穴来风,甚至是刻意散布的谣言。市场上题材很多,但能形成概念、引发行情的却只是少数。什么样的题材会制造出题材股呢?

(一)市场主力所关心、需要的题材

证券市场上能够左右股价走势的还是一些主力资金,只要他们所认可某一题材,他们就可以利用其手中雄厚的资金拉动股价,从而进一步强化这种题材的作用。

(二)能强烈激发市场人气的题材

合资合作、股权转让、资产重组、含权等题材一直在我国证券市场中备受投资者瞩目,这与我国证券市场发展特点有很大的关系。在我国证券市场中的一些经营亏损、甚至严重资不抵债的垃圾股,却引得投资者乐此不疲、反复炒作,其原因就在于在这些股票确实存在着一些可能通过资产重组,剥离不良资产、注入优质资产、改善经营状况,"由乌鸡变凤凰"的情况,也确实有一些投资者在一些ST、*ST股的炒作中获利丰厚。因此像这样的一些题材很容易得到投资者的认同,从而激发市场人气。

投资者在参与炒作一些题材股时,一定要认真分析,一般情况下不要过深地介入。因为一方面有些题材的来源并不可靠,有可能是一些子虚乌有的虚假信息;另一方面,即使是一些真实的题材,也往往并没有多大的实际价值。如股权转让,股东的变化并不意味着公司主营业务和公司业绩发生变化,对股票价格也并不会产生根本的影响。

四、捕捉热门股

热门股是指交易量大、股票换手率高、股价涨跌幅度也较大的股票。热门股的形成往往由于国家经济政策的变化、市场环境的变化或者投资者投资理念的变化等原因,某些股票的投资价值得到了投资者广泛认同的结果。比如2002年下半年到2003年上半年一年的时间里,我国的汽车板块持续走强,成为当时最大的热门。其原因首先在于中国加入WTO之后投资者担心进口汽车会对国内汽车产生较大的冲击,因此造成了股价的深幅下跌,为后期的上涨留足了空间。其次,近年来我国经济的调整发展,人民生活水平的提高以及国家对汽车产业的大力支持,使我国的汽车工业得以在维持了较高利润率水平的情况下,实现销售收入大幅度增加,这些就使汽车股的热门成为可能。

要想捕捉到热门股,必须能够较为准确地预测出股市上热门股的兴衰,并及时果断购进。判别一只股票是否属于最近热门股的主要指标是换手率,若在较长的一段时间内该股票能够保持较高的换手率,说明有大量的资金进出该股,投资者已对其有所重视,这只股票也就可以热起来了。另外还应当从价位高低、走势形态上来判断。如果换手率一直保持较高的水平,而均线呈空头排列,说明主力资金是在撤离,此时切不可贸然介入。在捕捉热门股时,投资者要树立随机应变的投资观念。因为热门股受多重因素的影响,每一种因素的变化都可能会改变投资者的认同度。同时,热门股与冷门股也是相对而言的,冷门股可能转化为潜力股、热门股。热门股也绝非永远热,即便捕捉到了热门股,也切莫死抱不放,要适可而止。

五、寻找潜力股

成长股与潜力股的区别在于成长股的发展潜力被认为是必然的,有一个较长的持续期;潜力股则是由于具有某种将来的、隐蔽的或为大众所忽视的利多因素,而存在着推动股价上升的潜在力量。寻找潜力股就在要求投资者要认真地分析哪些股票具有上涨的潜力,并选择适当的时机介入。有时投资者可能介入的时机过早,这就需要有坚定的信心,耐心地等待,等待时机的到来。经常有一些投资者发现并购入了潜力股,但是经过了一段时间以后,依旧看不到发动行情的迹象,最终沉不住气而另择其他股票。结果刚刚抛出,大行情就发动了,白白丧失了一次极好的获利机会。

潜力股的寻找思路主要有以下几种。

(一)长期低迷的股票

"三年不开市,开市吃三年"。一些长期低迷的冷门股票有可能会受到市场的关注而成为潜力股。

(二)有利好不涨的股票

有些股票有重大的利好消息,却因股性较死或者是市场环境较差而没有作出反应,特别是有多个利好消息积淀的股票很有可能成为潜力股。

(三)同板块均被低估的股票

如果同板块中多数个股价值普遍被严重低估,其股价水平显著低于市场的平均水平,或价格显著低于其内在价值,这一类股票很容易吸引主力资金的入驻,有可能成为潜力股。

对于上述的这些股票,投资者应当密切关注。如果发现成交有所活跃,有资金入注迹象,可及时介入。

六、咬定绩优股

绩优股又称之为蓝筹股,是指业绩优良、收益丰厚且稳定的公司所发行的股票。

绩优股的投资报酬率相当优厚且稳定,股价的波动幅度不大。在牛市行情中,绩优股一般是在其他股票上涨一定幅度以后,才会缓慢上涨。但当熊市行情到来,其他股票大幅滑落时,绩优股往往能坚守阵地。"涨时重势,跌时重质",在市场行情低迷时,绩优股常常成为市场追捧的对象,购入此类股票,不失为稳定获利的一种选择。一旦在合适的价位购入绩优股后,不宜再频繁买卖,而应将其作为中长期投资的对象。虽然其股价波动幅度不大,但是仅分红送配就可以给投资者带来比较可观的收益,特别适合作为上班族投资者长线投资的首选品种。

七、浅尝投机股

投机股是指那些易被投机者人为操纵而使价格暴涨暴跌的股票。我国的证券市场中一些ST股、*ST股经营亏损,甚至严重资不抵债,从基本面看已经没有什么投资价值,但是由于它们存在着较多的重组、股权变更等机会,使较多的投资者存有"乌鸡变凤凰"的幻想,在证券市场"羊群效应"的作用下,极易产生跟风效应,因而是较为典型的投机股。投机股易涨易跌,投资此类股票可以在短时间内赚取相当可观的利润,当然同时也要承担较大的投机风险。

由于投机股的股价容易暴涨暴跌,可能会在短时间内给投资者带来比较可观的收益,也可能在短时间内给投资者带来巨大的损失,因而一般的投资者需采取审慎的态度,不要轻易介入。从我国证券市场的现实来看,投机气氛较为浓厚。证券市场中ST股、*ST股在股市低迷时一般会有表现的机会,若时机合适,投资者可用少部分资金参与炒作,但一定要快进快出,浅尝辄止。若盲目跟风,极易被高位套牢,而成为大额投机者的牺牲品。

第三节 买卖策略

投资者在进行了全面、科学的分析之后,确定了投资的对象并选择了恰当的时机。但证券投资是一项非常复杂的活动,如何根据自己的资金数量、抵御风险的能力等因素进行买卖,也需要具有很强的技巧性。特别是当投资对象的确定以及投资时机的选择上存有问题时,如何正确地运用买卖策略,弥补损失,减少投资失误就变得尤为重要。如果买卖策略运用得当,则可以增加收益或减少损失;但是如果不注重买卖的技巧,即使选对了股票,买入的时机也没有什么问题,却仍难取得理想的投资收益。

一、投资三分法

投资三分法是一种兼顾了证券投资的安全性、收益性的特点,运用简单的投资组合思想,在较低的风险水平上,追求投资收益最大化的一种买卖策略。具体的操作方法如下。将用于投资资产的1/3购买债券或优先股股票,1/3投资于普通股股票,还有1/3作为机动资金留在手上。投资于债券或优先股股票的资金虽然收益率相对较低,但是它可以给投资者带来相对稳定、可靠的收益;用于普通股的投资虽然具有较高的风险,但往往也可以获得较高的收益;而保留在手上的机动资金则可以在股票被套时用作补仓,也可以在股市出现较好的投资机会时进行追加投资。正所谓进可攻,退可守。投资三分法在牛市行情中的获利可能比将资金全部用于股票投资收益要低,但是它可以大大降低投资风险,避免全军覆没。新股民一般都是在牛市行情到来时,看到股民都在赚钱,经不住诱惑而进入股市的。入市之初不断涨升的行情也往往使他们获得不错的收益,从而使得他们飘飘然起来,认为学炒股也不过如此,禁不住孤注一掷,把所有的资金都押在上面,一直是满仓操作,甚至有些人还借贷资金用于炒股。但随着行情的反转,他们很快就伤痕累累地败下阵来。股票毕竟是一个高风险的投资品种,投资过程中一定要注意规避风险,尤其是新股民,在没有深入地认识股市之前,切莫让胜利冲昏了头脑,忘记了股票凶残的另一面。

二、固定金额操作法

固定金额操作法是投资三分法的延续,它是指投资者按照事先拟定的计划,将一定数额的资金投放于股票,其余部分的资金则全部购买债券或进行储蓄,并将投资股票的资金数量确定,同时确定一个股票市值变动的百分比额度(如 5%)。当股价变动时,投资者所持股票的市值也会发生变化。当股票市值增加达到这个百分比额度(5%)时,就出售股票的增值部分用来购买债券或储蓄,保持股票的市值不变;当股票的市值减少了预定的百分比额度(5%)时,就出售相应数量的债券或取出储蓄用来购买股票,依然保持股票的市值不变。

固定金额操作法不需要对股价的短期趋势进行判断,只需要按照预定的投资计划去进行调整即可。但这种方法有些过于机械,在持续上升或下跌行情中可能丧失应得利益或增加持股风险,投资者可在实施过程中,根据具体情况进行适当的调整。如当时若判断股价会持续走强,或持续下跌,可将股票市值变动的百分比额度由 5% 调整为 8% 或更高。

三、金字塔式投资法

这一操作方式简单地说就是"越跌越多买,越涨越多卖"。在股价下跌时,投资者首批买进股票后,如果价格继续下跌,第二次加倍购入,以此类推,可一路往下进行第三次、第四次加倍买进,以加大低价位购进股票占全部股票的比重,降低平均持股成本。当股价上升时,则需要每次逐渐减少买进的数量,以保证最初按较低价格买入的股票在购入股票总数中占有较大的比重。这种买入方法呈金字塔形,故称为金字塔式操作法。

卖出股票同样可采用金字塔式操作法。当股价上涨后,每次加倍抛出手中股票,股价的上升得越高,卖出的股票数额越大,以保证高价卖出的股票在卖出股票总额中占较大比例,从而获取最大利润。

运用金字塔式操作法买入股票,先要对资金做好安排,初次买入时要保持较轻的仓位,以保证股价变化时有足够的后续资金。

四、逐次等额买进摊平法

逐次等额买进摊平法是金字塔式操作法的一种简化,即若第一次买进高价圈的股票后被高档套牢,投资人可等股价下跌到一定程度后,分次买进与和第一次数额相等的股票。

逐次等额买进摊平法操作更为简单。如果第一次买进后行情下跌,第二次再买进同等数量的股票后,行情仍下跌,等下跌到一定程度后,就第三次买进同等数量的股票。这样,如果股价反弹到回到第二次买进时的价位,全部资金平均即可保本;如果股价反弹到第一次买进的价位时,第一次买进的股票已可以保本,而后两次买进的股票则已经获利,全部资金平均即可获利。

运用这种操作法,同样也要注意严格控制第一次投放资金的数量,必须留存足够的现金作以后的等额摊平之用。如果投资人准备分三次来购买摊平,则第一次只能买入三分之一,第二次和第三次再各买进三分之一。

五、"拔档子"操作法

"拔档子"操作法是股市买卖活动中常用的操作方式之一,它可以使多头降低成本、保持实力。所谓"拔档子"就是投资人在股价较高时卖出自己的持股,等价位下降以后,再补回来。投资人"拔档子"并非对股市看坏,也不是真正有意获利了结,只是希望趁价位高时,来个"多翻空",先行卖出,以使自己赚回自己的一段差价。通常"拔档子"卖出与买回之间不会相隔太久,最短期的可能只一两天,最长也不过一两个月。

"拔档子"有两种操作方法。

行情上涨一段后,投资者见价位已上涨不少,或已经遇到了较为重要的阻力区,就将自己的持股先行卖出,多翻空,等股价回落一定幅度之后,投资者判断股价将会再度扬升时再将股票购回。这是多头在推动行情上升时,先使股价略为回落来化解上升阻力,以便于推动行情再度上升。

在处于下跌行情时,投资者趁价位仍高时卖出手中的股票,等股价回落一定幅度之后再买回。这是套牢的多头或多头自知实力弱于空头时,在股价尚未跌至谷底之前的下跌过程中先行卖出,多翻空,等股价跌落后再买回反攻空头。

投资者运用"拔档子"方式时一定要对股票的走势作出准确判断,否则可能会两面挨耳光。比如刚刚出手的股票不跌反涨,让投资者懊悔不已。

六、保本投资法

在经济形势不明朗,股市行情低迷且变化不定、难以捉摸时,保本投资法者用来避免自己血本耗尽的一种技术操作方法。

投资人采用保本投资法时,必须先确定自己的"本"。这里所指的"本",并不是投资者用于购买股票的总金额,而是指投资者认为在最坏的情况下必须保存的资金实力,也就是处于停止损失点的基本金额。不同的投资者所确定的保本的数额可能具有较大的差异。如有的投资者可能经济实力雄厚,用于投资股票的资金只是其很小的一部分,即使全部损失掉也无足轻重,他可能所确定的"本"的比率就非常低。也有的投资者用于投资股票的资金可能已经是其全部资产,他所确定的"本"的比率就可能比较高。

保本投资的关键在于如何作出卖出决策。在制定卖出决策的时候,首先要定出心目中的"本";其次要确定卖出点或停止损失点。

确定获利卖出点是针对行情上涨所采取的保本投资策略。获利卖出点是投资者在获得一定数额的投资利润时,决定卖出的那一点,这时的卖出,并不一定是将所有持股全部抛出,而是卖出其所欲保的"本"的那一部分。例如,假设投资者以每股 10 元的价格购买某股票 1 000 股,其投资的总金额为 10 000 元。该投资者所要保的"本"占总投资金额的比例为 60%,即 6000 元。如果目前行情是上涨的,当投资者所持有股票的市值达到投资总额加上其所保的"本"时即达到获利卖出点时,这时股票的市值为 10 000 元 + 6 000 元 = 16 000 元,也即股价应为 16 元。当达到获利卖出点时,投资者就应当卖出一部分股票。这时卖出的数量是投资者开始所确定的需要保本的金额,即 6000 元,约 400 股。

第一次保本之后,投资者可以再确定要保的第二次"本",其比例可以按第一次保本的比例来定,也可以重新确定一个比例。一般来说,投资者可将第二次保本比例定低一些,等到价格上升到获利卖出点时,再卖出一部分,行情如果持续上升,可持续地卖出获利,以此类推,可作多次获利卖出。

确定停止损失点是针对行情下跌所采取的保本投资策略。这种策略是指当投资者买入股票后,股价下跌,当股价下跌到投资者心中所确定的"本"时,就要全部卖出所持股票,以免蒙受过在损失。如前例,假若股价跌至 6 元,投资者所持股票的市值为 6 000 元时,投资者就把持股全部卖出,正好保住要保的"本"。

通过上述分析可以看出,保本投资法中投资者所确定的"本"的比率越高,说明投资者对风险的控制越严,同时投资者的获利要求也越高。这正好与股市中一条投资法则相吻合,即:遇有亏损立刻卖出,遇到赚钱时却不要急于出脱。但这一方法同样具有过于机械的特点,在实际操作过程中可以灵活掌握。一般来说,可以将停止损失点确定的高一些,严格注意控制风险;将获利卖出点确定的低一些,适当降低获利期望。适当降低获利期望同样也是防范风险的一种措施。

七、以静制动法

股票市场上品种繁多,涨跌错落,特别是当牛市行情到来的时候,各类股票都有一定的表现机会。对投资者来说,最理想的情况当然是踏准节奏,使自己所购入的股票都是当时的强势股,但这一般来说是难以做到的。投资者经常遇到的情况却是买进的股票马上停涨或下跌,而没买的股票却上涨不止。采用以静制动法,就是尽量避免此类情况的发生。

当股市处于轮炒阶段,行情走势是此起彼伏,这时投资者不应为某些强势股票所诱惑,而是对股票近期涨价幅度进行比较后,选择数种涨幅较小或还未涨价的股票买进持有,并耐心地等待股价上涨。这就是所谓的以静制动法。这种方法不主张追涨,因为追涨的风险较大,往往是当投资者判明涨势并买入时,此股已到顶或进入调整。东扎一头,西扎一头,到头来尽管是疲于奔命,却很可能是赚了指数赔了钱。而此时采用以静制动法,则具有获取较大收益的可能性。因为在此类行情中,涨幅较小或还未涨价的股票一般是一些交易清淡的冷门股,在其他股票上涨一定幅度以后,由于比价效应以及对炒作题材的深入挖掘,这类股票的价值极易被主力机构所认识,并产生黑马行情。

八、多元化投资法

多元化投资也就是一种投资组合,它是通过将资金分布于不同的投资对象以规避风险的一种策略。风险与收益是并存的,收益越大,往往风险也就越高。理性投资者具有厌恶风险和追求收益最大化的基本行为特征。而选择多种投资对象进行投资组合,比如债券、储蓄、股票、集邮等,就可以"东方不亮,西方亮",在一个投资项目收益不佳时,有其他投资项目予以弥补。

具体到股票市场,投资者很难准确预测出每一种股票价格的走势。假如贸然把全部资金投入一种股票,一旦判断有误,将造成较大损失。如果选择不同公司、不同行业性质、不同地域、不同循环周期的股票进行组合投资,就会相应降低投资风险。

九、最大风险法

依据最大风险法,又称大中取大法,是一种以获得最大收益为着眼点,甘冒最大风险去获取最大收益的一种股票投资方法。

当投资者拟定购买某只股票后,将股票前景分为好、中、差三种方案自然状态,相应制定大量、中量、小量三种购买方案,然后确定各种购买方案在不同的自然状态下的收益值。采用最大风险法,就是确定每一购买方案在各种不同的自然状态下收益的最大值,比较后再取其中最大的,这一数值所对应的购买方案就是最优方案。

最大风险法进行购买方案的选择时,是以出现最好情况并获得最大收益为决策前提,它体现了投资者勇敢的冒险精神和企望一鸣惊人的决策思想,对客观情况总是抱着乐观的态度,总是朝着有利于自己的方向考虑问题,但事实往往大相径庭。因而这一方法具有较强的赌博性质。

十、最小风险法

最小风险法又称为"小中取大法",是一种力争最大限度地降低购买股票风险的投资方法。采用这种方法的投资者在确定购买某只股票后,将股票前景分为好、中、差三种方案自然状态,相应制定大量、中量、小量三种购买方案,然后确定各种购买方案在不同的自然状态下的收益值。投资者以三种方案可能发生的三个最小收益值中的最大值所对应的方案为最优方案。

最小风险法体现了投资者的稳妥思想和谨慎行为,遇事谨小慎微,不求有功,但愿无过,总是从最坏处考虑问题,不想为获厚利而去冒风险。因为这种方法的着眼点是风险最小,所以这是一种相对稳妥的投资方法。

十一、最小后悔法

股市风云难测,时机稍纵即逝,难免有事过后悔的时候:后悔没有买 A 股而买了 B 股,后悔没有在低位买进,在高位卖出,后悔买的数量太多或太少,不一而足。最小后悔法是一种在确定购买某只股票后,将可能发生的不同经营状况下所引起的后悔因素降低到最小的方法。

后悔值又称机会损失值,指的是在一定的自然状态下,由于未采取最好的行动方案,失去了取得最大收益的机会而造成的机会损失。因此,后悔值的计算就是以某一状态下各方案收益值的最大值,分别减去该状态下各方案的收益值。找出每一方案在各种自然状态下后悔值的最大值,再取其中最小的,其所对应的购买方案就是最优方案。这一方法也称之为最小的最大后悔值法。

在最大风险法与最小风险法中,投资者都是站在较为极端的立场上依照自己对风险的态度来确定企业处于不同自然状态下的最优购买方案。这样的方案选择依据对于普通投资者而言都是难以接受的。相比较而言,最小后悔法具有相对的科学性与合理性。

十二、等级投资法

等级投资法又称为"等级投资公式",其着眼点不在于股票市场的长期趋势,而是利用股市短期价格变化来获利。它的具体操作方法是:投资者在选定一种股票作为投资对象后,需要确定一个标准价位和一个股价变动的幅度等级(价差或百分比)。当股价从标准价位每下降一个等级,投资者就买进一定数量的股票;而当股价从标准价位每上升一个等级,投资者就卖出一定数量的股票。这样就可能通过使股票的卖出价高于买入价而从中获利。

等级投资法简单易行,适合初入股市对股市缺乏经验的投资者。但这种方法不宜在股价持续上涨或者持续下跌的行情中使用。如果市场处于牛市行情中,股价持续上涨,这种分段抛售的方法就可能使投资者失去本来可以获得的更大利润;反之,如果市场处于熊市行情中,股价持续下跌,投资者按照预定的等级标准不断地购买股票,就有可能在高位被"套牢",而失去止损或减少损失的机会。这种方法较适合在牛皮盘档行情中使用,一旦遇到持续的上涨或下跌,应果断修正计划。

十三、分散常数操作法

投资者将一定数量的资金按一定比例分别投资于几种股票,并确定一个价格波动幅度作为常数,当某种股票价格上涨的幅度超过了这个常数就迅速将该股票卖出,收回的资金再投资于另外几种中价格看涨的股票。而当这支股票价格的上升幅度也超过了计划的常数时,也立即卖出,回收的资金又用于另外几种股票。这种方法适用于经验不足、资金实力不大的投资者。只要投资者保证一开始买入的股票不在高位,这种方法即可以保证一定收益又能避免较大风险。

十四、固定比率操作法

固定比率投资法也称为"定率法"或"不变比例投资计划法"。此方法是投资者将收益与风险程度不同的各种证券进行投资组合,其投资分为两大部分,一部分是防御性部分,主要由风险较小、收益较为稳定的债券构成;另一部分是进攻性部分,主要由风险较大、价格差别较大的普通股构成。投资者根据自己的目标和对风险的承受能力,确定防御性部分投资和进攻性部分投资各自所占的比率,并根据计划比率,将资金分别投放于股票和债券,并确定好股票市值变动调整比率。当股票价格上升达到这个比率时,就出售股票的增值部分用来购买债券以维持拟订比率;当股价下跌到预定的比率时,就出售相应数量的债券用来购买股票以维持当初所确定的比率。

固定比率投资法实质上是固定金额操作法的一种演变形式,只不过是固定金额操作法是依据事先所确定的股票投资金额进行调整,固定比率投资法则是依据事先所确定的股票投资比率进行调整,一个是定量,一个是定率。因此固定比率投资法同样具有固定金额操作法的优点与不足,在股价行情持续地上涨或下跌情况下是不宜采用的,应及时地进行调整。

十五、可变比率投资法

可变比率投资法亦称为"变率法"或"可变比率投资计划法"。这种方法是以固定比率投资法为基础,确定投资于债券和股票的投资比率和股票的预期价格趋势线,根据股价的变动,在一定范围内调整两种投资的相对比率。例如,投资者通过计算投资股票的价格指数确定预期价格趋势线。当股价位于趋势线上时,股价市值与债券市值的比率为50:50。如果股票价格超过趋势线5%时,就卖出10%的股票,并增持相应的债券;如果股票价格超过趋势线10%时,就卖出30%的股票,再增持相应的债券。如果股票价格低于趋势线 5% 以及 10% 时,就采取反向的操作方法,即卖出债券,并增持股票。

采用这种方法投资者可以不必逐次选择投资时机,只要对股价变动作出及时反应即可,同时它还克服了固定比率投资法不论在任何情况下,一律按固定比率持有股票和债券的呆板做法,显得比较灵活;但需要对股价变化进行持续的监视,操作起来比较麻烦。

十六、定点计算投资法

定点计算法是一种在股价连续上升阶段确定抛出股票时机以减少后悔的方法。当股价有了一定的升幅时,如果投资者不能准确判断股价未来走势,可以先出手一定比例的股票;如果股价继续上升了同样的幅度,投资者就再次卖出一定比例的股票。每次卖出股票的比例可以是相同的,也可以采用倒金字塔式操作法。这样既可以使股票全部出手后的收益大大超出在出现第一升幅时一次抛出收益,又可以规避没有等到最后升幅时股价就下跌所造成的损失,从而减少后悔。采用这种方法要承担股价只有一两个升幅就出现下跌所形成的风险。

十七、趋势投资法

趋势投资法又称为"道氏投资法"。道氏理论认为,股票价格运动具有自身的惯性,大趋势一旦形成,就会持续一段时间,不可能骤然转向。趋势投资法的假定前提就是股价的变化趋势形成后,便会持续相当长的一段时期。对于没有能力操纵股市的普通投资者,顺应这种趋势作出投资决策就会较多得到收益的机会。

采用趋势投资法的投资者不会追求在最低点买入,而是要在次低点买入;不会追求在最高点卖出,而是要在次高点卖出。投资者在股价趋势确切地出现反转向上的信号时,才顺应趋势买入股票;在股价走势确切地出现反转向下的信号时,便把股票全部卖出。这种方法用在长线投资中操作简单明了,不为小的波动干扰,但不适用于短线投资。

十八、滤嘴投资法

投资者在行情上涨时,往往既怕抛出股票后行情继续上涨,丧失可能得到的收益,又怕继续持有价格回落丧失既得利益;在行情下跌时,既怕丧失趁机补仓,低价购进的机会,又怕补进之后价格继续下跌。滤嘴法就是帮助投资者比较稳妥地解决这类问题的方法。

采用滤嘴投资法的投资者需要事先确定一个"滤嘴",也就是一个百分点。投资者在由最低价开始上扬这样一个百分点时买入,在由最高价开始回落这样一个百分点时卖出。在长期的涨势或跌势中,采用滤嘴投资法是一种比较稳妥的投资方法。但在"牛皮"市中这种投资方法会造成买卖过于频繁,甚至会导致投资错误,给投资者带来损失。

十九、渔翁撒网法

渔翁撒网法又称为"风险分散法",实际上就是一种简单的投资组合,只不过组合的比例在不断地调整。具体操作方法是,投资者在上升行情中进行短线操作时,当难以确定投资于何种股票时,为了减少损失,可以像渔翁撒网那样同时购买多种股票,当其中的某种或某些股票上涨到一定比率时就卖掉它。当出现牛市行情时,各种股票可能会轮番上涨,获利的可能会比较大;如果意外出现跌势,因为资金是分散在多种股票上,可避免只选一、两种股票投资所承担的风险。

二十、反渔翁撒网法

采用渔翁撒网法虽然可以有效地规避风险,提高获利机会,但是"强者恒强,弱者恒弱",如果不断地卖出优质股票却没有获得较大的价差,而手中最终积攒下的都是劣质股票,就可能会使投资者丧失获取更大投资收益的机会。为避免上述缺陷,可以采用反渔翁撒网操作法,即投资者有选择地购进多种股票后,那种股票价格最先上升就追加买进,而后择机卖掉价格下跌或长久不动的股票,以使投资组合中获得较多的强势股票,提高总体获利水平。

二十一、博傻主义投资法

博傻主义操作法是一种典型的投机方法,也是散户跟庄的惯用手法。投资者预计股价上涨的趋势还将持续一段时间而追高买进,伺机在价格更高时出手获得价差。由于是在高位时买进,投资者形象地自诩为"傻瓜",但可能会有人比自己更傻,因此就可能"傻瓜赢傻瓜"。

投资者在运用博傻投资法时的风险很大。因为如果没有人比自己更"傻",投资者就将被高位套牢。因此在运用这一策略时,所选股票必须具有很好的前景,要具备较高的投资价值;同时要密切关注股市的人气,只有大家普遍乐观时股价才有可能继续上扬,"博傻"才能成功。一些心理承受能力较弱以及风险承担能力较差的投资者最好不要使用这一策略。

二十二、股票箱投资法

股票箱投资法是当股价处于箱形整理的过程中投资者所采取的一种投资方法,其理论基础源自股票箱理论。股票箱理论认为,股价的运动就像箱子里的皮球在上下跳动。当股价回落一定幅度之后,就像皮球落在了箱子底部,遇到支撑力就会反弹起来;当股价反弹一定幅度之后,就像皮球碰到了箱子顶部,遇到阻力就又会下跌。因此,股票箱投资法就是要求投资者根据股价变动的趋势,找出股价变动的压力线和支撑线。当股价回落的支撑线并开始出现反弹时买入股票,当股价反弹至压力线并开始出现回落时卖出股票。通过低买高卖,获取投资差价。

股价的变动不可能完全按照股票箱理论运行,也常常会突破原来的压力线或支撑线。这时投资者就要寻找新的压力线和支撑线,在股价新的运行箱体还没有确认之前,投资者最好不要贸然操作。

二十三、逆我投资法

逆我投资法是一种反向思维操作法。当市场的情绪感染你趋于购入股票时,反而应考虑卖出股票;当市场情绪使你觉得应该卖出股票时反而购入。这是因为,市场上大多数投资者纷纷大量购入股票时,股价往往也已是强弩之末,风险也与日俱增,"不要想赚最后一分钱",还是获利了结为上;而股价下跌后,大多数投资者都已是悲观绝望,纷纷卖出股票,这时反转的时机可能就要到来了,也正是买入股票的最佳时机。这种"逆水行舟"的方法说起来简单,实际上却体现了投资者先知先觉的认知能力和"众人皆醉我独醒"超前思维方式。投资者要真正能够做到这样的超凡脱俗是很不容易的。

第四节 跟庄策略

进入了股票市场,也就进入了智慧与金钱较量的战场。这里没有刀光剑影,却常常危机四伏;没有旌幡鼓号,却屡见人仰马翻。成功获利的神话使每个人跃跃欲试,受损被套的伤痛却难以引起旁观者的警醒。庄家大户是引起股票市场中价格波动的主要动量。他们凭借实力翻云覆雨、推波助澜,导致股价跌宕起伏,正是这种潮起潮落所创造的各种机会,成就了很多人的淘金梦想,吸引着众多的散户投资者,加入这场逐鹿中原的大战。

所谓庄家是指一些资金雄厚,能够通过各种手法操纵股价的涨跌,并从中获利的个人或机构。庄家具有以下几点特征:通常拥有数千万甚至数亿元的雄厚的资金实力和较强的融资能力,能够操纵至少一只股票的价格;拥有具备高超股票操作技能的职业操盘手;通常与传媒、上市公司及业内有关人士建立并保持着良好关系;善于利用市场环境,包括利用法律的漏洞、监管的空白等。而散户投资者形孤影单,没有组织,没有丰富的操盘知识,除少量资金之外,只有道听途说的一些似是而非的小道消息。庄家盘踞在主动的位置,他们把握散户的一切弱点,按照预谋,有步骤地营造出各种各样的市场假象,使散户历经无所适从、满怀希望、心灰意冷等心理折磨。最终,趋利发展为贪婪,避害演化为恐惧。使散户在不应持有股票时买进,在应该买进或持有时抛售,不知不觉地进入追涨杀跌的误区,庄家则在这一片混乱之中坐收渔翁之利。

然而庄家并非不可战胜。庞大的资金是庄家的绝对优势,也是庄家的致命弱点。"船大调头难",巨额资金进出一只股票不是一件容易的事。不管庄家如何老谋深算,操盘手法如何炉火纯青,都难免在盘面上留下痕迹。只要散户能够把握庄家的操盘规律,洞察出庄家的真实意图,判断出庄家的真实动向,充分利用散户资金量小,进出股市快速、隐秘的先天优势,就可以领先一步,战胜庄家。

知己知彼是取胜的先决条件。散户要战胜庄家,就必须掌握庄家的活动规律,认清庄家的真实意图。根据坐庄时间的长短,可以分为短线庄家、中线庄家和长线庄家。短线庄家除了具有快进快出的特点之外,还具有投入资金量小、控盘程度低、目标获利程度比较低、筹码收集期短且隐蔽性较强的特点,拉升迅速,一般不经过洗盘阶段。中、长线庄家从确定坐庄对象到完成派发整个过程一般分为五个阶段,即:进庄前的准备阶段、吸货阶段、洗盘阶段、拉升阶段、出货阶段。下面我们应用技术分析手段,主要分析中、长线庄家在各阶段所表现的盘面特征,并提供相应的参考对策。散户投资者就可以从庄家在盘面上留下的一些蛛丝马迹中识别庄家的意图,并采取相应的对策。

一、主力进庄前的准备阶段

庄家要进入某只股票坐庄之前,所进行的工作比起散户来要复杂得多,他们要有详细的立项报告,仔细分析所要炒作股票的依据,建仓的时机以及完整的操作计划。稍有不慎,可能会造成比散户更惨重的损失。如有的庄家进庄之后,因时机不当无力将股价拉高,陷入泥淖难以自拔;也有的庄家进庄之后由于资金接济不上而中途流产;还有的庄家将股价拉起来之后自己却无法脱身,到头来只落得为别人抬轿的结局。因此庄家在进庄之前必须进行认真的分析。

庄家选股同样也是从技术面和基本面这两个角度去分析。从基本面来看,对坐庄对象的背景如何、有没有什么隐藏的利空、又哪些利多因素、有没有可供炒作的题材、想象的空间有多大、这只股票在散户当中的号召力是否强等都必须进行认真的研究。从技术面来看,坐庄股票必须是有利于炒作的,比如盘子的大小要与庄家资金实力般配,盘子太小的股票会使感到池水太浅,难以容身;盘子太大的股票又会使庄家力不从心。同时还要掌握目前筹码分布情况、持股成本情况、是否有庄家隐身其中、股价走势是一种什么状态等。从实践来看,庄家所选股票一般具在以下特征:

股本适中,筹码容易收集,易于控制;

有重大利多信息的股票,如有大比例送配;

公司业绩好,在散户中影响力较强;

可能有资产重组、股权变动;

想象空间大的股票,比如高科技股之类。

庄家在选定了坐庄对象之后,还必须确定合适的进货时机。一般庄家进货都选择以下几种时机进货:

宏观经济形势由衰退开始复苏之时;

个股底部构筑完整之时;

人心极度悲观,股价严重超跌,投资价值凸显之时;

可能有股权争夺之时;

公司有重大利多消息之时。

二、吸货阶段

通常主力机构在制定操作计划之后,即在市场中默默吸货,直到能控制大局之后再进行拉升。在这一阶段,庄家往往耐心地、不动声色地收集低价位筹码,并常以散布利空消息或打压的方式来设法打穿重要的技术支撑位,动摇投资者持股信心,吓出散户的止损盘,反复震荡吸货。

庄家吸货的方式主要有:压低吸货、低位横盘吸货、拉高吸货。

(一)压低吸货

庄家往往通过手中已掌握的部分筹码打压股价,并常借助于市场上的利空消息,使股价形成向下突破的态势,引起技术派散户恐慌,动摇持股者的信心并抛售股票,同时也让空仓者不敢介入,而庄家则在低价位区全部接住抛售的股票,从而达到吸货的目的。

(二)低位横盘吸货法

此类庄家往往极具耐心,吸货过程非常漫长。由于股价长时间在一个很小的区间内窄幅波动,使投资者,特别是一些中短线投资者失去了持股的耐性,抛出这些股票。这就保证了庄家在低价位吸足筹码。

(三)拉高吸货

采用这种建仓方式的庄家主要是发现一些机会,而快速建仓,快速拉升。如有些股票在经过长时间的横盘整理后,使很多投资者失去耐心和信心。这时通过小幅拉升股价,将获利盘、解套盘纷纷引出,甚至一些担心再度被套的投资者也乘机把手中的股票抛出。而庄家则将抛盘全部接走。虽然与压低吸货和低位横盘吸货相比,其建仓成本会略高一些,但是却可以在短短几天之内成功完成快速建仓,为机会到来之前拉升争取了时间。

三、洗盘阶段

洗盘也称为"震仓"。在庄家大幅拉升时,如果一旦有大量浮筹中途抛货砸盘,庄家就要付出更多的拉升成本,这是庄家绝对不能容忍的。因此庄家在低位吸纳了一定筹码即将进行大幅拉升时,一般先要派出小股力量试探一番,先将股价小幅拉升数日,看看市场跟风盘多不多,持股者心态如何,随后再进行数日的打压,这就是洗盘。庄家洗盘的主要目的在于提高其他投资者的平均持股成本,把短线跟风客赶下车,以减小进一步拉升股价的压力。同时,在高抛低吸中,庄家也可以赚取可观的差价,以弥补拉升段付出的成本。如果庄家在拉升过程中跟风不足,投资者持股心态不稳,庄家认为拉升的时机尚未成熟,也可能顺势打压,进一步获取一些廉价筹码,并再次寻找拉升的最佳时机。庄家认为拉升的时机已经基本成熟时,则通过洗盘震出意志不稳的投资者,为即将开始的大幅拉升扫清障碍。当然也不排除一些短线庄家在一些环境较好的情况下不经过洗盘阶段而直接进入拉升过程。

庄家洗盘结束是投资者黄金建仓时机。庄家洗盘过程一般也不是一次完成的,伴随着股价的大幅拉升,震仓也同步进行。每当股价上一个台阶之后,庄家一般都洗一次盘,一则可以使前期持筹者下车,将筹码换手,提高平均持仓成本,防止前期持筹者获利太多,中途抛货砸盘,从而使庄家付出太多的拉升成本;二则提高平均持仓成本,以利于庄家在高位出货离场,不至于出现庄家刚一有出货迹象,就把散户投资者吓跑的情况。此阶段的交易策略应灵活掌握,如是短暂洗盘或者是横盘震荡,投资者可持股不动;如发现庄家进行长时间的深度洗盘,则最好先逢高出货,洗盘快结束时,再逢低进场。

庄家洗盘的方式主要有 2 种,一种是打压式洗盘,一种是横盘震荡式洗盘。

(一)打压式洗盘

庄家在底部收集了足够的筹码之后,将股价拉起,脱离横盘整理状态后就开始洗盘。一般是通过手中所掌握的部分筹码,制造出一些如高开低走的长阴线、长上影线的十字星、射击之星等具有典型顶部特征的 K 线形态,并通过对敲等手段,做出巨大的成交量,给人以头部出现,将要破位下跌的感觉,将一些意志不坚定的投资者清洗出局,随即将股价急速拉高。

(二)横盘震荡式洗盘

庄家在进行了一定幅度的拉升之后便作长时间的横盘整理,消磨散户的持股信心,使投资者对自己的决策产生怀疑而退出,从而达到洗盘的目的。在横盘震荡式洗盘的过程中,小阳线、小阴线交替出现,即使是连续出现阴线,股价也未下跌很多,而相应的成交量却可能逐日减少,说明盘面浮动筹码越来越少,横盘整理换手充分,市场成本与当前股价接近,市场上的获利抛盘已十分稀少,这时股价可以轻装上阵,步入新的一轮上升行情。

散户在掌握了庄家洗盘操作中的规律之后就可以采取相应的对策。一般在洗盘过程中,市场上几乎没有利好传闻,偶尔还会有坏消息传出,使很多投资者在股价的震荡中心态不稳,对后市产生怀疑。这时,明智的投资者应该观察大趋势,只要整体的上升趋势没有改变,利空消息没有导致股价大幅下落,就应对后市怀有信心,持有股票;同时也应深信,庄家费尽心机筹划并长时等待的吸货绝不会稍有动作就告结束,气势汹汹洗盘动作无非是吓跑那些不明真相、缺乏心理承受能力的散户,这时只有比庄家更有耐心,才能享受到下一阶段拉升股价的成果。

四、拉升阶段

当庄家煞费苦心地完成吸货、洗盘操作之后,就要进入拉升阶段。主力拉升股价的方法主要是通过联合传媒,散发小道消息,或者与上市公司合作,发布朦胧的利多公告等,引起投资者的关注,号召散户追高。同时庄家在经过了吸货、洗盘之后,不仅成功控制了大局,抬高了股票的平均价格,还洗掉了盘面大量浮动获利筹码,他们就可以轻而易举地通过操纵股票价格,做出良好的技术形态以吸引技术派人士跟进,同时通过"对倒"的方法自买自卖,营造放量向上突破的态势。庄家的拉抬加上散户的追涨助涨,股价节节升高。由于筹码锁定程度很高,股价极容易飞涨,迫使空头加补,这就是我们常说的轧空行情。

良好的技术形态和接连不断的朦胧利好消息,会令越来越多的投资者加入追涨行列。一般来说庄家不会一步将股价拉升到位。当股价偏离短期移动平均线太多时,说明短线获利丰厚,继续向上拉升将会遭获利盘的抛压,拉升的阻力会加大,这时庄家经常主动强制调整,令股价走平或回调。当股价回落到10日均线附近时,说明短期调整后的平均持股成本已经抬高,短线客已无获利空间,庄家这时再配合利好消息向上拉升。对于散户投资者来说,只要成交量没有突然大幅度地放大就可以耐心持有,争取多坐一段顺风轿子。当拉升处于中后阶段时,股价上涨幅度越来越大,上升角度越来越陡,成交量越放越大。若成交量呈递减状态,那么这类股票要么在高位横盘一个月左右慢慢出货,要么利用除权使股价绝对值下降,再拉高或横盘出货,投资者可择机离场。当个股的交易炽热、成交量大得惊人之时,大幅拉升阶段也就快结束了,这时投资者绝对不能进货。如果持筹在手,则应时刻伺机出货。

五、出货阶段

庄家处心积虑地长久炒作,目的就是要在高价位区将股票卖出获利。出货是庄家操作中最关键的一环,也是最难的一关,它直接决定做庄的成败。在此阶段,庄家会使出浑身解数,诱惑散户去接最后一棒,散户只有拒绝引诱才能最终战胜庄家。

一般来讲,庄家出货的手法有以下三种。

一是震荡出货法。庄家在自己的拉升目标实现之后,在高价区反复震荡,制造在该区域进行高位整理的假象,期间往往还有利好消息不断出现,庄家甚至喊出更高的目标价位,使散户以为股价还会再创新高,持股者不肯抛出,空仓者跟进买入,庄家则在反复震荡之中分批出货。这种出货方式时间长,常用于大盘股或重要的指标股出货操作。

二是拉高出货法。拉高出货是庄家大幅拉高,通过对倒等方式制造出进一步放量走高的假象,吸引散户全面跟进,进而完成出货操作。这种出货方式速度快,一般两三天就完成派发。但这种出货方式庄家风险很大,只能在行情较为火爆并伴有刺激性强的突发性重大利好消息、人气旺盛、投资者跟风意愿强烈的中小盘股才能稍有把握成功出货。

三是打压出货法。采用这种出货方式的庄家往往不计成本地派发筹码完成出货操作。由于股价快速下跌,有些投资者希望进场抢反弹,特别是在大势转好时,股价下跌可能会吸引大量空仓者。有时庄家也不是一次完成派发,而是在股价下跌一段之后,通过对倒并突然大幅拉升,造成超跌并见底的假象,再行大量派发。采用这种出货方式一般是因为庄家发现了突发性的利空,或者某种原因迫使庄家迅速撤庄。这种出货方式阴险毒辣,容易将股性破坏,一般庄家不愿采用。

市场主力操纵股价并不是件轻松的事,因为资金大,又要考虑到散户的心态、大势走向等等。而散户的行动比主力灵活得多,这就为散户赚钱创造了条件。散户捕捉庄家行踪的方法不外乎两种:其一是从成交量上分析,从走势上看出主力意图。要做到这一点,必须加强看盘功夫的锻炼,全面掌握各种技术分析方法。散户不仅要分析每日成交量的变化,还要看每笔成交成交量的变化。如当股价呈现底部状态时,每笔成交量出现大幅跳升,则表明该股开始有大资金关注;若每笔成交量连续数日在一较高水平波动而股价并未出现较明显的上升,更说明大资金正在默默吸纳该股。散户捕捉庄家行踪的另一种方法,是从庄家制造的种种市场气氛中看出主力的真实意图,即从市场气氛与庄股实际走势的反差之中发现问题。在主力吸货的时候,常常会有种种利空消息出来,庄家出货时又会散布出许多利好消息。散户平时要加强对个股的基本分析及炒作题材分析,借以找出可能被主力介入的个股。除了多注意关于上市公司的各种报道之外,更须多注意筹码归向分析,追踪盘面的浮码多少。如果发现浮码日益减少,应密切注意。散户只要能够透视庄家的行踪,看清庄家的真实意图,就可以战胜庄家,与"庄"共舞。

复习思考题

一、名词解释

1. 填权   2. 抢权   3. 逃权
4. 题材股 5. 热门股 6. 潜力股
7. 投资三分法 8. 吸货 9. 洗盘

二、简答题

1. 简述股票投资时机选择时的相关策略。
2. 简述选股的相关策略。
3. 如何选择买入和卖出时机?
4. 股票买卖的主要策略有哪些?简述金字塔式投资法和"拔档子"操作法的操作过程。
5. 庄家操作股票的过程一般经历哪几个阶段?各阶段一般都是如何操作的?

参考文献

[1]吴晓求.证券投资学(第2版)[M].北京:中国人民大学出版社,2004.2.
[2]吴晓求.证券投资学(第3版)[M].北京:中国人民大学出版社,2009.2.
[3]霍文文.证券投资学(第3版)[M].北京:高等教育出版社,2008.4.
[4]霍文文.证券投资学[M].北京:高等教育出版社,2000.7.
[5]范从来、夏江.证券投资通论[M].南京:南京大学出版社,2008.7.
[6]郑超文.股票、期货、外汇技术分析详解,1996.4.
[7]曹凤岐、刘力、姚长辉.证券投资学(第二版)[M].北京:北京大学出版社,2000.8.
[8]张龄松.股票操作学[M].北京:中国财经出版社,1994.6.
[9]贺强.中国证券市场与投资分析[M].北京:企业管理出版社,1997.7.
[10]何孝星.证券投资理论与实务[M].北京:清华大学出版社,2004.8.
[11]邢天才、王玉霞.证券投资学(第二版)[M].大连:东北财经大学出版社,2007.10.
[12]林俊国.证券投资学(第三版)[M].北京:经济科学出版社,2006.8.
[13]赵锡军、李向科.证券投资分析[M].北京:中国金融出版社,2003.6.
[14]葛红玲.证券投资学[M].北京:机械工业出版社,2011.6.
[15]中国证券业协会.证券发行与承销[M].北京:中国财政经济出版社,2010.6.
[16]中国证券业协会.证券市场基础知识[M].北京:中国财政经济出版社,2010.6.
[17]中国证券业协会.证券投资基金[M].北京:中国财政经济出版社,2010.6.
[18]中国证券业协会.证券投资分析[M].北京:中国财政经济出版社,2010.6.
[19]中国证券业协会.证券交易[M].北京:中国财政经济出版社,2010.6.